049fr Foto: gk

## REISE KNOW-HOW im Internet

Aktuelle Reisetipps und Neuigkeiten
Ergänzungen nach Redaktionsschluss
Büchershop und Sonderangebote

## www.reise-know-how.de
## info@reise-know-how.de

Wir freuen uns über Anregung und Kritik.

Weitere KulturSchock-Titel:

Afghanistan, Ägypten, Argentinien, Australien, Brasilien, China/Taiwan, Cuba, Ecuador, Finnland, Indien, Iran, Irland/Nordirland, Italien, Japan, Jemen, Kambodscha, Kleine Golfstaaten/Oman, Laos, Marokko, Mexiko, Mumbai, Pakistan, Peru, Polen, Rumänien, Russland, Slowenien, Spanien, Thailand, Thailands Bergvölker und Seenomaden, Tuareg, Türkei, Ukraine, Ungarn, USA, Vietnam, Vorderer Orient

KulturSchock – Familienmanagement im Ausland
KulturSchock – Leben in fremden Kulturen

*„Lieben kann man überall, Geld gewinnen kann man überall, das äußere Wohlsein erreichen kann man überall. Aber um nichts glücklich sein, durch die Straßen streichen und die Häuser mit dem Blick umfangen: Gott sei Dank, dass ihr alle da seid! Zum Nachbar ja sagen, immer nur runde Ecken vorfinden, betrunken sein, weil man diese Luft einatmet: das kann man nur bei dir."*

*Kurt Tucholsky,* Dank an Frankreich (Ein Pyrenäenbuch)

## Impressum

Gabriele Kalmbach
**KulturSchock Frankreich**

erschienen im
Reise Know-How Verlag Peter Rump GmbH
Osnabrücker Str. 79
33649 Bielefeld

© Peter Rump 1990, 2006
**3., neu bearbeitete, aktualisierte Auflage 2009**
Alle Rechte vorbehalten.

**Gestaltung**
   Umschlag: Günter Pawlak (Layout), Klaus Werner (Realisierung)
   Inhalt: Günter Pawlak (Layout), Anna Medvedev (Realisierung)
   Abbildungen: H. E. Latzke (hel), Klaus Werner (kw),
      fotolia.com, alle weiteren die Autorin

**Lektorat:** Klaus Werner
**Lektorat** (Aktualisierung): Dhaara P. Volkmann

**Druck und Bindung:** Fuldaer Verlagsanstalt GmbH & Co. KG

**ISBN 978-3-8317-1415-5**
Printed in Germany

Dieses Buch ist erhältlich in jeder Buchhandlung Deutschlands,
der Schweiz, Österreichs, Belgiens und der Niederlande.
Bitte informieren Sie Ihren Buchhändler
über folgende Bezugsadressen:

**Deutschland**
   Prolit GmbH, PF 9, D-35461 Fernwald (Annerod)
   sowie alle Barsortimente
**Schweiz**
   AVA-buch 2000, Postfach, CH-8910 Affoltern
**Österreich**
   Mohr Morawa Buchvertrieb GmbH,
   Sulzengasse 2, A-1230 Wien
**Niederlande, Belgien**
   Willems Adventure,
   www.willemsadventure.nl

Wer im Buchhandel trotzdem kein Glück hat,
bekommt unsere Bücher auch über
unseren **Büchershop im Internet:**
**www.reise-know-how.de**

008fr Foto: gk

Gabriele Kalmbach

# KulturSchock
# Frankreich

# Inhalt

# Vorwort

Neidvoll stellen Besucher fest, dass es im Nachbarland offenbar einfacher ist, zu „leben wie Gott in Frankreich". Die Franzosen gelten als geistreich, charmant und wohlerzogen, als Individualisten, Genussmenschen und Lebenskünstler, als prunkliebend und etwas sorglos, aber auch als überheblich und snobistisch. Charme, Esprit, Savoir-vivre, Nonchalance und Manieren sind nicht ohne Grund zu festen Begriffen auch im deutschen Sprachgebrauch geworden. Deutsche dagegen sind in den Augen der Franzosen pflichtbewusst und autoritätshörig, pedantisch, pünktlich, fleißig, ordentlich, kinderfeindlich, grausam und laut. Wie stark sind die Bilder von den jeweiligen Nachbarn eigentlich noch von Klischees geprägt? Was ist dran an den Vorurteilen?

Frankreich liegt nah und viele waren schon einmal dort. Warum also ein Buch über Kulturunterschiede, die doch bei direkten Nachbarn so groß gar nicht sein können? Wir wissen doch recht viel über „die Franzosen": Unser Frankreichbild setzt sich zusammen aus Erfahrungen von eigenen Reisen, mit französischen Besuchern, aus Lektüre und Werbung, aus Sprachlehrbüchern und Berichterstattung in den Medien.

Und doch erinnert sich jeder an Situationen der Irritation oder Hilflosigkeit in Frankreich. Befremdenden Situationen, unverständlichen Verhaltensweisen und andersartigen Denkschemata begegnet man ständig aufs Neue. Warum ignorieren uns alle Taxifahrer, obwohl wir heftig winken? Warum war der Kellner beleidigt? Warum ist für die Franzosen Kernkraft kein Thema? Warum hat die Frauenbewegung in Frankreich so wenig Einfluss? Warum sagen Bretonen und Korsen, sie seien keine Franzosen? Warum sind die Deutschen so unbeliebt?

Angefangen bei kleinen Eigenheiten im Alltag bis hin zu den „großen" Themen wie Ökologie oder Wirtschaft: Aus Unkenntnis der französischen Denk- und Verhaltensweisen entstehen Missverständnisse. Den Kulturschock erlebt man nicht in weiter Ferne, sondern auch in nächster Nähe. Nur auf den ersten Blick scheint der Kontakt zu unseren Nachbarn problemlos und selbstverständlich. Manchmal begreifen Deutsche und Franzosen einander nur schwer. Immer wieder erleben selbst informierte und sprachkundige Reisende Überraschungen, Pannen und Enttäuschungen.

Häufig genug lassen sich Missverständnisse aufklären, wenn die Hintergründe bekannt sind. Die folgenden Kapitel liefern keine isolierten Daten, Fakten oder Statistiken, sondern geben Tipps bei Besonderheiten und Charakteristika im französischen Alltag, liefern Hinweise für das kulturelle Verständnis, erläutern französische Eigenarten und Empfindlichkeiten ebenso wie Fallstricke und Fettnäpfchen für Ausländer.

Über eine Nation oder gar ihren Nationalcharakter zu sprechen, ist am einfachsten aus Zuneigung, aus Überzeugung, aus Patriotismus oder aus Abneigung und Feindschaft. Eine Analyse zu wagen, ist weitaus schwieriger, wenn nicht unmöglich. Statistiken gibt es genug, über Alkoholkonsum und Sterblichkeitsraten, über Scheidungsquoten, das Bruttosozialprodukt und die Kinderrate. Zwar ist auch Frankreich demografisch flächendeckend erfasst, doch jede Analyse solcher Zahlen ist schon Interpretation, „objektive" Aussagen gibt es nicht. Kein Porträt „des Franzosen" entspricht einer realen Person, dennoch sind Sätze wie: „die Franzosen sind so und so" immer wieder zu hören, finden bestimmte Charakteristika allgemeine Zustimmung.

Herauszufinden, wie der „typische Franzose und die typische Französin" nun wirklich sind oder Unzutreffendes richtig zu stellen, ist aber nicht Vorhaben dieses Buchs. Hier geht es darum, an ein paar Beispielen zu zeigen, welche Vorurteile und Stereotype am hartnäckigsten überleben und noch immer das Frankreichbild prägen. Mit Zitaten werden die zähsten Klischees illustriert; darunter sind positive Vorurteile, die Frankreich verherrlichen, wie negative, die es verteufeln.

Gabriele Kalmbach

# ERINNERUNGSORTE UND EPOCHEN –
# FRANKREICHS GESCHICHTE

## Die glorreiche Nation: historische Epochen, Ereignisse und Personen

*„Wie bei den Chinesen und wie bei den Griechen ist es nicht so sehr eine Zollunion, nicht so sehr eine durch Militär oder Verwaltung zusammenge-haltene Sache, sondern ein fester Kulturkreis, in den nur eindringen kann, wer seine Geschichte, seinen sprachlichen Unterbau und seine Literatur genauestens kennt. Es ist die stillschweigende und absolute Voraussetzung der gleichen Bildung, der gleichen Bildungsstoffe, der gleichen literarischen Jugenderlebnisse - sind die nicht vorhanden, fühlt er die Fremdheit."*

(*Kurt Tucholsky*, „Wiedersehen mit Paris", 1927)

„Lieux de mémoire", Erinnerungsorte, heißt ein mehrbändiges Buch- und Forschungsprojekt des französischen Historikers *Pierre Nora* (7 Bände mit ca. 5700 Seiten). Erinnerungsorte sind nicht nur Orte im geografischen

Colonne de Juillet auf der Place de la Bastille in Paris

Wortsinn, sondern auch Personen und literarische oder symbolische Kristallisationspunkte des kollektiven Gedächtnisses, an denen sich ein nationales Bewusstsein, eine französische Identität festmachen lässt: Von Napoléon bis zur Marseillaise, vom Panthéon bis zur Trikolore, vom 14. Juli bis zur Krönungsstadt Reims wird in 130 Beiträgen erörtert, welche Inhalte und Symbole Bestandteil sowohl der Geschichte Frankreichs als auch des Gedächtnisses der Nation sind. *Nora* geht es darum, zu zeigen, wie sehr diese Erinnerungsorte, dieser Rückgriff auf die eigene Geschichte, Sinn und Selbstbewusstsein stiften. Zwischen Vergangenheitswahrnehmung, Gegenwart und Zukunftserwartungen wird ein Zusammenhang hergestellt, der Denken und Handeln als sinnhaft legitimiert. 2001 erschien übrigens ein von *Hagen Schulze* und *Etienne François* herausgegebenes dreibändiges Werk, das sich explizit auf das französische Vorbild bezieht: Deutsche Erinnerungsorte (mit Beiträgen zu Canossa, zum Reichstag, zum Nibelungenlied, zur Familie Mann, zum Weißwurstäquator und zur Berliner Mauer, zum Dolchstoß und zu Willy Brandts Kniefall in Warschau). Nur überblicksmäßig und in sehr knapper Form seien hier daher einige wichtige Personen und Ereignisse der französischen Geschichte aufgeführt, die zu diesem Inventar nationaler Symbole und Orte gehören.

Vor der Darstellung der französischen Geschichte in chronologischer Form sei hier eine knappe Übersicht historischer Figuren und Ereignisse mit symbolischer Bedeutung vorgeschaltet. Das Tucholsky-Zitat beleuchtet das enge Verhältnis der Franzosen zu ihrer Geschichte. Geschichte und Tradition sind den Franzosen gegenwärtiger als den Deutschen. Gerade Frankreich zeichnet sich durch einen hohen Grad von Aktualisierung des „kulturellen Kapitals" *(Bourdieu)* aus, d. h., in fast jedem Gespräch finden sich Anspielungen auf das kollektive kulturelle Vermächtnis, auf historische Ereignisse, auf bekannte Zitate oder bestimmte Personen. Die eigene Geschichte bildet eine Sphäre vertrauter Ereignisse, auf die man sich in Gesprächen und Veröffentlichungen bezieht, in Anspielungen und Zitaten, die auch verstanden werden. Eine Art Basisinventar an Namen und Geschehnissen, das den gleichen Bildungshintergrund voraussetzt: Der Symbolwert von Geschichtsdaten und -fakten ist für Außenstehende nur nachzuvollziehen, wenn auch die historischen Hintergründe bekannt sind – Alésia, Azincourt, Trafalgar, Waterloo, Dien Bien Phu etwa markieren historische Niederlagen Frankreichs in großen Schlachten, Tours und Bouvines stehen für ebenso bedeutende Siege.

Unter der Herrschaft Heinrichs IV. kam es zur Bartholomäusnacht

# Wichtige Namen und Geschehnisse

- **Albigeois:** Glaubensbewegung des 11. bis 13. Jahrhunderts, benannt (Albigenser) nach der Stadt Albi in Südfrankreich. Die Albigenser, auch Katharer genannt, wurden vom Papst als Ketzer verdammt. Die Kreuzzüge gegen sie waren für die französische Krone zugleich ein Vorwand für die Unterwerfung des Südens. Die letzte Festung (Montségur in den Pyrenäen) fiel 1244, um die Mitte des 14. Jahrhunderts war die Bewegung gänzlich vernichtet und Südfrankreich unterworfen.

- **Alésia:** Im Jahr 52 v. Chr. fand die entscheidende Schlacht zwischen den Römern unter *Cäsar* und den Galliern unter *Vercingetorix* statt. Mit dem Sieg festigten die Römer ihre Herrschaft in Gallien.

- **Ancien Régime:** wörtlich „alte Regierungsform", meint Frankreich vor 1789, die Zeit des absolutistischen Königtums vor der Französischen Revolution.

- **Azincourt:** Am 25. Oktober 1415, während des Hundertjährigen Krieges, besiegten die englischen Truppen König *Heinrichs V.* das französische Heer von *König Karl VI.*

- **Bartholomäusnacht:** In der Nacht zum 24. August 1572 wurden Tausende von Hugenotten in Paris ermordet – wenige Tage nach der Hochzeit des protestantischen und zum Katholizismus konvertierten Königs *Heinrich IV.* Die Verfolgung der französischen Protestanten über Jahrhunderte hinweg führte zur Auswanderung vieler Gläubigen (zum Teil nach Deutschland).

002fr Foto: gk

- **Bastille:** Am 14. Juli 1789 fand der Sturm auf die Bastille statt, eine Festung in Paris, die als Gefängnis diente. Die Festung wurde geschleift und im Laufe der Geschichte zum Symbol der Französischen Revolution. Der 14. Juli ist heute der Nationalfeiertag Frankreichs.

- **Belle Epoque:** wörtlich „schöne Epoche", „schöne Zeit". Bezeichnung für die Jahrzehnte nach 1880. Etwa 30 Jahre lang war eine dynamische Entwicklung zu beobachten, es gab technische und wirtschaftliche Fortschritte, die Erträge wuchsen, die industrielle Revolution wirkte als Triebkraft. Vor allem das Bürgertum profitierte davon und widmete sich unbeschwert dem Kulturgenuss – in Cafés und Cabarets, Konzertsälen und Galerien, Ateliers und Salons. Diese Zeit der Sorglosigkeit wurde 1914 vom Ersten Weltkrieg abrupt beendet.

- **Bourbonen:** Herrscherhaus Frankreichs, dessen bedeutendste Vertreter die Könige *Heinrich IV., Ludwig XIII., Ludwig XIV., Ludwig XV. und Ludwig XVI.* waren. Bourbonen wurde zur Bezeichnung für königstreue Gefolgsleute.
- **Bouvines:** Am 27. Juli 1214 besiegt das Heer des französischen Königs *Philipp II. August* bei Bouvines (Flandern) die verbündeten Armeen des englischen Königs *Johann I.* und des deutschen Königs *Otto IV.*
- **Calas, Jean:** Einer der großen historischen Prozesse Frankreichs. Der hugenottische Kaufmann *Jean Calas* (1698–1762) wurde wegen Mordes an seinem Sohn hingerichtet, den er angeblich am Übertritt zum Katholizismus hindern wollte. Das Urteil wurde später widerrufen, nachdem *Voltaire* 1763 seine Schrift „Über die Toleranz" geschrieben hatte.
- **Capet, Hugo:** Begründer der Dynastie der Kapetinger, die in Frankreich von 987 bis 1328 an der Macht waren. Zu dieser Zeit war Frankreich noch in viele nur durch Lehen mit dem König verbundene Herzogtümer und Grafschaften zersplittert. Faktisch war seine Macht noch sehr gering.
- **Charlemagne** (frz. für *Karl der Große*): Er wird nicht nur von den deutschen, sondern auch von den französischen Geschichtsschreibern für die eigene Historie als Gründer des Frankenreiches in Anspruch genommen.
- **Chlodwig:** Der Frankenkönig (frz. *Clovis*) ließ sich zum römisch-katholischen Glauben bekehren (um 500 n. Chr.) und taufen. Für manche Politiker, Historiker und Kirchenvertreter beginnt die Zeitrechnung Frankreichs mit dieser Thronbesteigung eines ersten christlichen Königs – als „Geburtsstunde der Nation". Die Christianisierung Galliens begann allerdings schon im 2. Jahrhundert und auch nach der Taufe Chlodwigs blieb die Mehrheit der Franken heidnisch. Entsprechend umstritten (ganz abgesehen von der Debatte um die Trennung von Kirche und Staat) waren die 1500-Jahr-Feiern als „nationales Fest" 1996 in Reims.
- **Cinquième République:** Fünfte Republik, der französische Staat seit 1958.
- **Collaboration:** die Bezeichnung für die Zusammenarbeit von Personen oder Institutionen mit der deutschen Besatzermacht während des Zweiten Weltkrieges. Der negative Beiklang von Verrat brandmarkte nach

Ende des Krieges alle Kollaborateure. Viele Beschuldigte wurden kurz nach Abzug der Deutschen ohne Prozess getötet, später gab es Verfahren mit drakonischen Urteilen.

- **Commune:** von 1870/71. Nach der Kapitulation von Paris im Deutsch-Französischen Krieg kam es zu Aufständen in der Hauptstadt. Ein sozialistisch gesinnter Stadtrat wurde gebildet, konnte sich jedoch nicht lange halten. In blutigen Schießereien unterwarfen die Regierungstruppen Paris. Die Zahl der Toten wird auf 20.000 geschätzt.
- **Cro-Magnon:** Funde aus der Altsteinzeit in der Dordogne lassen hier die „Wiege der Menschheit" vermuten. Der Cro-Magnon-Mensch und die Höhlenmalereien von Lascaux untermauern Frankreichs Anspruch auf eine kulturelle Vormachtstellung.
- **D-Day:** Am 6. Juni 1944 landen die alliierten Truppen in der Normandie.
- **Dreyfus, Alfred:** Der jüdische Offizier wurde 1894 wegen Spionage für Deutschland zu lebenslanger Haft verurteilt. Bald kamen Zweifel an seiner Schuld auf und eine Kampagne für eine Revision des Urteils wurde gestartet. *Emile Zola* veröffentlichte seine berühmte Stellungnahme „J'accuse". An der Dreyfus-Affäre entzündete sich eine seither währende Diskussion über das Verhältnis von Intellektuellen und Staat.
- **Fronde** (wörtlich Schleuder): Aufstand, Aufruhr – bezeichnet ein Bündnis des französischen Hochadels, von Teilen des Pariser Stadtparlaments und des Volkes gegen den zunehmenden Absolutismus im Frankreich des 17. Jahrhunderts. Als *Ludwig XIV.* noch minderjährig war, opponierten Adelige und Parlamente gegen die Regierung von Königin *Anna* und Kardinal *Mazarin*. Es kam zur Einnahme von Paris durch den Prinzen *Condé*. Die Erfahrung der Aufstände ließen *Ludwig XIV.* später seine absolutistische Herrschaft umso eiserner durchsetzen. Seither behaupten Franzosen, sie seien mit einem *esprit frondeur* – dem Geist des Widerspruchs – behaftet, d.h., sie würden besonders gern gegen Autoritäten und Vorschriften rebellieren.

- **De Gaulle:** General *Charles de Gaulle* (1890–1970) ist der französische Held des 20. Jahrhunderts

und Symbolgestalt des französischen Widerstands gegen die deutschen Besatzer im Zweiten Weltkrieg. Sein Appell vom 18. Juni 1940 an das französische Volk, für ein freies Frankreich zu kämpfen, wurde von BBC London gesendet und ist eine der berühmtesten Ansprachen in der Geschichte Frankreichs. Von London aus formierte *De Gaulle* die *Force Française Libre* (FFL), die sich mit den Alliierten gegen die Deutschen verbündeten.

- **Guerre d'Algérie** (Algerienkrieg): 1954–1962. Die französische Armee kämpfte gegen die für die Unabhängigkeit streitenden Algerier. Nachdem Algerien im 19. Jahrhundert erobert worden war, hatte Frankreich es als Teil des Mutterlandes verwaltet, viele französische Siedler hatten sich dort niedergelassen. Im 20. Jahrhundert mehrten sich die Autonomiebestrebungen und 1954 kam es zum von der *Front de Libération Nationale* organisierten Aufstand. Unter militärischem Einsatz versuchte Frankreich in den folgenden Jahren, den Freiheitskampf niederzuschlagen. Im Jahre 1962 erreichte Algerien seine Unabhängigkeit. Die wenig ruhmvolle Geschichte dieses Krieges war lange ein Tabuthema, über Folterungen etwa wurde kaum gesprochen, alle Verbrechen von *De Gaulle* amnestiert.
- **Guerre des Cent Ans:** Der „Hundertjährige Krieg" wurde 1339–1453 mit langen Unterbrechungen gegen England geführt. Anlass war der Anspruch der Engländer auf den französischen Thron.
- **Guerre de l'Indochine** (Indochinakrieg): Die drei indochinesischen Staaten Laos, Kambodscha und Vietnam erhoben sich 1946 gegen die

französische Bevormundung. Seit 1887 waren die drei Länder in das französische Kolonialreich eingegliedert. Bis 1954 suchte Frankreich im Indochinakrieg seine Herrschaft wiederzugewinnen.

- **Guillotine:** Das Fallbeil war seit dem Jahr 1792 das Hinrichtungsgerät der französischen Revolution. In der Terrorphase der jakobinischen Schreckensherrschaft wurden Tausende von Adligen auf diese Weise hingerichtet.
- **Henri IV.** (Heinrich IV.): Der protestantische *Heinrich von Navarra* trat zum Katholizismus über und wurde 1594 zum König gekrönt. Unter ihm kam es zur Bartholomäusnacht (siehe dort) und der Ermordung der Hugenotten. 1598 gewährte er den Protestanten mit dem Edikt von Nantes Religionsfreiheit.
- **Huguenot:** abgeleitet vom alemannischen „Eidgenosse", seit dem 16. Jahrhundert die Bezeichnung für die französischen Protestanten. Über Jahrhunderte wurden sie verfolgt; viele wanderten daher aus, ein großer Teil auch nach Deutschland.
- **Jacobins** (Jakobiner): die Mitglieder des wichtigsten politischen Clubs der französischen Revolution. Unter der Führung von *Robespierre* waren die Jakobiner maßgeblich an der Schreckensherrschaft 1793/94 beteiligt.
- **Jeanne d'Arc:** Die Jungfrau *Johanna von Orléans* sah sich von Gott gesandt, den Hundertjährigen Krieg zu beenden, Frankreich von den Engländern zu befreien und den Dauphin *Karl* in seine Rechte als König einzusetzen. Nachdem sie 1431 als Ketzerin verbrannt wurde, hat man sie 25 Jahre später rehabilitiert und 1920 heilig gesprochen. Heute ist sie französische Nationalheldin: Die waffenklirrende Rebellin, die sich über politische, kirchliche und militärische Regeln hinwegsetzt, um den neuen König mit allen klerikalen Weihen zu krönen, die Frau, die sich in das Männergeschäft des Krieges stürzt, die Visionärin, die sich auf Gott beruft – ideologisch eignet sich *Jeanne la pucelle* (Jeanne die Jungfrau) als Symbolfigur für republikanisch-progressive Kreise ebenso wie für rechtskonservative. Als Identifikationsfigur für die Résistance im Widerstand gegen die deutschen Besatzer, treffen sich auch Nationalisten unter ihrem Standbild zu Versammlungen. Sie beflügelte Dichter *(Anouilh, Brecht, Claudel, Shaw ...)*, Musiker und Filmregisseure *(Preminger, Rossellini, Bresson, Dreyer, Rivette)*.
- **Louis XIV.:** *Ludwig XIV.*, der Sonnenkönig (1643–1715), perfektionierte den Absolutismus – bis hin zu totalitären Aspekten. Der Herrscher war der Mittelpunkt, auf den sich das gesamte politische, wirtschaftliche, kul-

Aufstand in Algerien: Straßensperre in Algier im Mai 1958

turelle und gesellschaftliche Leben konzentrierte. Die einmalige Pracht-
entfaltung am Hof in Versailles diente seiner Inszenierung.

- **Louis-Philippe:** Der Bürgerkönig (1830–1848) bestieg nach der Julire-
volution von 1830 den Thron. Nach anfänglich liberaler Politik wurde er
zunehmend konservativer (Restauration). Sturz 1848.
- **Mai 68:** 1968 kam es zu Studentenunruhen in ganz Frankreich, vor allem aber in Paris. Der Mai war der Höhepunkt der Revolte, der sich vo-
rübergehend Teile der Bevölkerung anschlossen. Besetzungen, Straßenschlachten und Auseinandersetzungen richteten immensen Sachscha-
den an. Erst durch die direkte Berichterstattung der Radiosender erhielt
der Konflikt seine hysterisch-theatralische Dimension und seine nationale Bedeutung. Mit der Ankündigung von Neuwahlen brachte *De
Gaulle* die außer Kontrolle geratene Lage zurück in institutionelle Bah-
nen, aber sie hat die französische Gesellschaft verändert.
- **Marianne:** Die Idee, die Republik durch eine Frauengestalt darzustellen,
stammt aus der Französischen Revolution. Als Büste steht sie in ganz
Frankreich in jedem Bürgermeisteramt. Seit 1969 stehen prominente
Französinnen dafür Modell und geben dem Symbol der Republik ein
Gesicht – etwa *Brigitte Bardot, Mireille Mathieu, Catherine Deneuve und
Sophie Marceau.*
- **Marne:** In der Schlacht an der Marne im September 1914 besiegt Frank-
reich Deutschland. Eine Episode aus dem Ersten Weltkrieg, die jeder Fran-
zose kennt, sind die Marne-Taxis: Nach der Niederlage der französischen
Truppen bei Charleroi am 6. September 1914 wurden über 1000 Pariser
Taxis konfisziert, um 4000 Soldaten an die Marne-Front zu befördern.
- **Mitterrand:** 1981, am 10. Mai, wurde *François Mitterrand* (1916–1996)
zum Staatspräsidenten gewählt. Die Linke glaubte sich am Ziel – ein So-
zialist im höchsten Staatsamt. Der Wahlsieg wurde begeistert gefeiert,
pathetisch sprach man vom „Sieg des Lichts über die Kräfte der Finster-
nis". Die Franzosen nannten Mitterrand „Sphinx", weil er ein vielschich-
tiger, widersprüchlicher und wandlungsfähiger Mensch, Politiker und
Staatsmann war. Von begeisterten Anhängern der Linken wurde ein der-
artiger Personenkult um ihn getrieben, dass die Presse auch von *Mitter-
randolatrie* oder *Tontonmania* sprach. 1988 wurde er wiedergewählt
und behielt sein Amt bis 1995.
- **Napoléon:** Der Korse *Napoléon Bonaparte* (1769–1821) krönte sich
1804 selbst zum Kaiser, im Beisein von Papst *Pius VII.* in der Pariser Kirche Notre-Dame. Seine Karriere als General hatte in den Diensten der

Napoléon Bonaparte (Porträt von Bacler d'Able Malmaison)

republikanischen Revolution begonnen; 1799 hatte er das Direk-
torium entmachtet. Schon vor
2004, als das 200-jährige Jubiläum der Kaiserkrönung aufwendig
begangen wurde, grassierte in
Frankreich die Napoléonitis, hatten TV-Serien, Theaterstücke und
Filme enormes Publikum, von den
unzähligen Büchern und Biografien zum *empereur* gar nicht zu
sprechen – an die 80.000 sollen
es sein sowie 200 Verfilmungen.
Bewundert werden *Napoléons*
Siege auf Schlachtfeldern wie
Austerlitz und Jena, die große Teile Europas französisch machten –
die Niederlagen, vor allem die
endgültige 1815 bei Waterloo,
und die Millionen Toten interes-
sieren weniger.

- **Pieds Noirs** (Schwarzfüße): die nach der Unabhängigkeitserklärung aus Algerien vertriebenen oder zurückgekehrten Kolonialfranzosen.
- **Première République:** Erste Republik, 1792–1799: König *Ludwig XVI.* wird am 21.1.1793 guillotiniert.
- **Quatrième République:** Vierte Republik, 1946–1958.
- **Résistance:** Die französische Widerstandsbewegung gegen die deut-sche Besatzungsmacht und die mit ihr zusammen arbeitenden Franzo-sen im Zweiten Weltkrieg. Nach der Landung der Alliierten 1944 orga-nisierten die Widerstandsorganisationen mit *Charles de Gaulle* an der Spitze die erste provisorische Regierung.
- **Révolution de Février:** die französische Februar-Revolution vom 24. Fe-bruar 1848
- **Révolution Française:** Die Französische Revolution brachte der Menschheit 1789 die Menschenrechte (siehe Exkurs „Die französische Revolution").
- **Révolution de Juillet:** die Pariser Juli-Revolution vom 27.–29. Juli 1830
- **Sans Culottes** („Ohne Hosen"): Spottname für die Revolutionäre, die nicht die üblichen Kniehosen trugen, sondern die neuen, langen *Panta-lons.* Der Begriff wurde zur Bezeichnung für Republikaner.
- **Seconde République:** die Zweite Republik: 1848–1852

# Die Französische Revolution

1989 wurde das Bicentenaire begangen, die 200-Jahr-Feier der Französischen Revolution: Am 14. Juli 1789 fand der Sturm auf die Bastille statt. Der 14. Juli ist heute der Nationalfeiertag Frankreichs. Anlässlich des Jubiläums ist eine Unzahl von Büchern erschienen (auch in deutscher Sprache), in denen man sich umfassend über den geschichtlichen Verlauf der Revolution informieren kann. Alles in allem bot das Jubiläum nur Anlass zur ungestörten Selbstdarstellung mit jedem nur erdenklichen Pomp.

Jeder zweite Slogan der Werbeindustrie profitierte von Anspielungen auf die Revolution; das größte Geschäft machte die Souvenirindustrie: Guillotinen als Ohrhänger, eine Kopie des Schlüssels der Bastille, bedruckte T-Shirts, Kartenspiele, Fahnen, Puppen, Revolutionswein und jedes nur denkbare Produkt in den Farben blau-weiß-rot, von revolutionären Unterhosen über Schuhe mit der Kokarde, Badeanzüge, aber auch Kondome, Süßigkeiten, Kerzen, selbst Windeln für die Kleinsten konnte man in den Nationalfarben erwerben. Das offizielle Revolutionsparfum hieß Marianne, in den Restaurants gab es Gerichte ...à la Bastille und jakobinische Jacobsmuscheln. Auch die sich sonst gerne unkonventionell gebenden großen Modeschöpfer scheuten sich nicht, einem Teil ihrer Kollektion die Farben rot-weiß-blau zu geben.

Firmen und Städte, Ministerien und die Tourismusindustrie schlachteten die Revolution für ihre Zwecke aus. Hauptkritik an der Jubiläumsfeier war deshalb, dass es keine Fragestellung gab, weder: Was hat uns die Revolution gebracht? noch: Was bedeutet sie uns heute? Die umfassende Vermarktung konnte jedoch kaum darüber hinwegtäuschen, dass die Aufmerksamkeit der Öffentlichkeit sich in Grenzen hielt.

Was ist geblieben von der Französischen Revolution? Zuerst wird man an die Menschenrechte denken, zur Parole geworden im Motto „Freiheit, Gleichheit, Brüderlichkeit". Am 26. August 1789 verkündete die Nationalversammlung die Menschen- und Bürgerrechte, die in 17 Artikeln in die Verfassung von 1791 eingingen. Artikel 1: „Der Mensch wird frei und gleich an Rechten geboren und bleibt es." Artikel 2: „Das Ziel aller politischen Gesellschaften ist die Erhaltung der natürlichen und unveräußerlichen Rechte des Menschen. Diese Rechte sind die Freiheit, das Eigentum, die Sicherheit und das Recht des Widerstands gegen willkürliche Bedrückung." Vorläufer dieser Erklärung war die „Virginia Bill of Rights" von 1776, in der es heißt: „Alle Menschen sind gleich geboren." Diese Unabhängigkeitserklärung wurde zur Grundlage der amerikanischen Verfassung und markiert den historischen Durchbruch der Idee der unveräußerlichen Grundrechte. Doch erst 1948 wurde von den Vereinten Nationen die „Allgemeine Erklärung der Menschenrechte" verkündet, die weltweit Gültigkeit haben soll, auch wenn sie völkerrechtlich keinen verbindlichen Charakter besitzt.

Weniger bekannt dagegen ist, dass ausgerechnet der Französischen Revolution, der in der Terreur-Phase alles Maß verloren ging, das metrische System zu verdanken ist. Die Franzosen bezeichnen Frankreich gern als Land des Maßes und des Maßhaltens. Gemeint ist das im Sinn von weiser Mäßigung, aber man kann es auch ganz wörtlich nehmen: Der Platin-Iridium-Stab, der Urmeter, der die Grundeinheit des metrischen Systems bildet, liegt in einem Tresor des BIPM (Bureau International des Poids et Mesures) in Sèvres bei Paris. 1791 hatte die Nationalversammlung diesen Urmeter definiert. Mit dem auf ihm basierenden metrischen System wollte man die Vielfalt unterschiedlichster Längenmaße überwinden. Nach und nach setzte sich das

Die Pariser Bevölkerung erstürmt die Bastille

metrische System durch – und 1875 unterzeichneten 17 Nationen in Paris die Meterkonvention. Bis 1960 galt dieser Urmeter als verbindliche Maßeinheit; er entspricht dem vierzigmillionsten Teil des durch Paris verlaufenden Erdmeridians. Heute ist diese Definition für Wissenschaft und Technik allerdings zu ungenau und wird mit Licht als Bestimmungsgröße festgelegt: Ein Meter ist die Länge, welche 1650763,73 Wellenlängen derjenigen Strahlung im Vakuum gleicht, die dem Übergang zwischen den Niveaus 2p10 und 5d5 des Krypton-86-Atoms entspricht.

In allen Bereichen versuchte man Ordnung zu schaffen, ob es um die Einteilung des Raumes ging oder um die des Geldes, um Zeit oder Gewichte. Von einem Dorf zum nächsten variierten damals die Maße und Einheiten von Meilen und Talern. Das alles sollte mit dem strengen Dezimalsystem vereinfacht werden. Es wurde nicht einmal vor den Monaten Halt gemacht, auch ein Dezimalkalender wurde eingeführt. Alle Monate erhielten neue Namen wie Brumaire, Germinal, Floréal, Messidor und Fructidor. Es blieben zwar 12 Monate, doch hatten alle 30 Tage, also je drei Dekaden zu zehn Tagen. Die Einteilung der Zeit in Zehnerblöcke wurde allerdings einige Jahre später rückgängig gemacht, 1806 wurde der gregorianische Kalender wieder eingeführt. Das Dezimalsystem beim Geld benutzen wir dagegen bis heute. Vorher war das 12er-System wie bei den deutschen Talern verbreitet. Auch die Erfindung des Papiergeldes verdanken wir wohl der Französischen Revolution. Die sogenannten *Assignaten,* die erstmals ausgegeben wurden, gelten als Vorläufer unserer heutigen Scheine.

Die Einteilung Frankreichs in Départements folgt dem gleichen Ordnungsgedanken: mit dem Lineal gezogene Verwaltungsgrenzen statt unregelmäßiger Grenzverläufe zwischen den Provinzen. Ursprünglich wollte man sie sogar alle quadratisch machen.

Auch die Unterscheidung „rechts" und „links" für die Position politischer Parteien entstammt der Französischen Revolution und bezieht sich auf die im Jahr 1789 geltende Sitzordnung von Gegnern und Verteidigern des Königtums im Parlament. Und last but not least verdanken wir wohl auch die französische Küche der Französischen Revolution. Die durch die Enthauptung ihrer adligen Herrschaft arbeitslos gewordenen Köche eröffneten angeblich die ersten Restaurants in Paris.

- **Tours:** In der Schlacht von Tours und Poitiers im Jahr 732 besiegte *Karl Martell* die moslemischen Araber und beendete ihre Expansion in Westeuropa. Der Heerführer der Franken wird seither als Retter des Abendlands gefeiert.
- **Trafalgar:** Am 21. Oktober 1805 schlug die britische Flotte unter Admiral *Horatio Nelson* am Cap Trafalgar (Spanien) die miteinander verbündeten Franzosen und Spanier. Der Sieg in dieser Seeschlacht sicherte den Engländern für mehr als ein Jahrhundert die Vorherrschaft auf den Weltmeeren.
- **Trente Glorieuses:** Die „glorreichen dreißig" Jahre nach dem Zweiten Weltkrieg (entsprechend dem deutschen „Wirtschaftswunder") brachten Wohlstand, Bildung und Stabilität in einem bis dahin ungekannten Ausmaß.
- **Troisième République:** die Dritte Republik, 1870–1940
- **Vercingetorix:** Keltenfürst. Sein Name markiert die letzte große Niederlage der Gallier 52 v. Chr. gegen *Julius Cäsar* bei Alesia.
- **Vichy:** Ab 1940 war Vichy Sitz der von Nazideutschland gebilligten Regierung unter Staatschef *Pétain;* 1942 wurde auch der Süden Frankreichs von den Deutschen besetzt.
- **Waterloo:** In der Schlacht bei Waterloo (Belgien) am 18. Juni 1815 verliert *Napoléon* gegen die alliierten Armeen Großbritanniens und Preußens.

## Geschichtstabelle

- **um 200 v. Chr.:** Auf einer Insel in der Seine, der heutigen Ile de la Cité, siedelt ein keltischer Stamm, den die Römer Parisii nennen.
- **121 v. Chr.:** Ausgreifen der Römer nach Gallien; Eroberung der Provincia Gallia Narbonensis (Provence).
- **58–51 v. Chr.:** *Cäsar* erwähnt in „De Bello Gallico" die befestigte Keltensiedlung Lutetia.
- **52 v. Chr.:** Der Aufstand der Gallier unter *Vercingetorix* aus dem Stamm der Arverner wird von *Cäsar* niedergeschlagen; danach Latinisierung Galliens als Provinz des Römischen Reichs.
- **1.–3. Jh.:** Gemessen an anderen gallorömischen Städten wie Arles (Arelate) oder Lyon (Lugdunum) in den schon über 100 Jahre länger romanisierten Gebieten Südfrankreichs, der Provincia Gallia Narbonensis, kommt Lutetia (Paris) jedoch nur geringe Bedeutung zu.
- **486–511:** Die Franken unter den Merowinger-Königen *Chlodwig* (frz. *Clovis*) und *Theuderich* (frz. *Thierry*) erobern Gallien.

- **um 496:** Der Frankenkönig *Chlodwig* aus dem Geschlecht der Merowinger wird in Reims getauft und sichert sich die Unterstützung der immer einflussreicher werdenden Kirche. Sein Übertritt zum Christentum legt den Grundstein zur Verschmelzung der fränkischen und der gallisch-römischen Kultur.
- **732:** *Karl Martell* schlägt die spanischen Araber bei Poitiers und wird Stammvater der Karolinger-Dynastie.
- **768–814:** *Karl der Große* (frz. *Charlemagne*), seit 768 König der Franken, herrscht über ein Reich, das sich von der Nordsee bis zum Mittelmeer ausdehnt, und wird von Papst *Leo III.* in Rom zum Kaiser des Heiligen Römischen Reichs gekrönt. Mit dem Aufstieg der Karolinger verlagert sich der Reichsmittelpunkt nach Westen; als Residenz zieht *Karl der Große* Aachen vor.
- **843:** Teilung des fränkischen Reichs.
- **9. Jh.:** Wiederholt Raubzüge der Normannen.
- **987:** *Hugo Capet* wird in Reims zum Herrscher über ein verkleinertes westfränkisches Königreich gekrönt und begründet die neue Dynastie der Kapetinger mit dem Machtzentrum in der Ile de France, während mächtige Vasallen wie die Grafen und Herzöge der Normandie, Bretagne, Aquitaniens, der Gascogne und von Toulouse zunächst noch wohlhabendere und größere Gebiete kontrollieren.
- **12.–13. Jh.:** Unter *Philipp II. August* (1180–1223) erlebt Paris einen mächtigen Aufschwung. Eine große Messe wird etabliert, eine Stadtmauer gebaut, der Louvre befestigt. Im ausgehenden Mittelalter ist Paris mit rund 200.000 Einwohnern die größte Stadt des Abendlandes. Die Universität gewinnt europaweit große Bedeutung.
- **1307:** *Philipp der Schöne* lässt alle französischen Templer verhaften und mittels Folter Geständnisse der Ketzerei, Sodomie und des Götzendienstes erpressen. Der Orden wird 1312 vom Papst aufgelöst, der Großmeister *Jacques de Molay* 1314 auf dem Scheiterhaufen verbrannt. Dank seines Reichtums war der geistliche Ritterorden zum größten Bankunternehmen Europas avanciert. Hinterlassene Güter und Vermögen fallen der Krone zu.
- **1337–1453:** Mit dem Tod von *Karl IV.* 1328 stirbt die Linie der Kapetinger aus. Der aus dem Nachfolgestreit entstandene Hundertjährige Krieg gegen England hinterlässt ein durch Hungersnöte, Pestepidemien und Kriegsgreuel erschöpftes und entvölkertes Frankreich, das nun jedoch unter der Zentralgewalt der Valois fest geeint ist. Zeitweilig ist Paris von den Engländern besetzt und auch *Jeanne d'Arc* belagert die Hauptstadt ohne Erfolg. 1431 wird der englische König *Henry VI.* in Notre-Dame zum französischen König gekrönt.

- **15. Jh.:** Paris verliert an Bedeutung, die Könige ziehen das Loire-Tal vor, in dem prächtige Schlösser erbaut werden.
- **1515:** *Franz I.* besteigt den Thron und residiert bald darauf wieder in Paris.
- **1539:** Mit dem Edikt von Villers-Cotterêts wird Französisch offizielle Landessprache.
- **1562–1589:** Religionskriege: Blutige Auseinandersetzungen zwischen Protestanten und Katholiken verwüsteten das Land. Am 24. August 1572, in der Bartholomäusnacht, fallen in Paris rund 2000 Hugenotten einem Massaker zum Opfer.
- **1589:** Der Bourbone und Protestant *Heinrich von Navarra* wird französischer König, nachdem er 1572 *Margarethe,* die Tochter von *Katharina von Medici,* geheiratet hatte und zum katholischen Glauben konvertiert war.
- **1598:** Das Edikt von Nantes gewährt den Protestanten bedingte Religionsfreiheit.
- **1610:** *Heinrich IV.* wird auf offener Straße erdolcht. Die Kardinäle *Richelieu* und *Mazarin* leiten unter *Maria von Medici* und *Ludwig XIII.* die Staatsgeschäfte und ebnen der absoluten Monarchie den Weg. Es beginnt eine Epoche immenser Macht und außerordentlichen Einflussreichtums für Frankreich.
- **1661–1715:** *Ludwig XIV.* verlegt seinen Hof nach Versailles, das er zur prunkvollsten Residenz Europas ausbauen lässt. Kriege und die aufwendige Hofhaltung führen fast zum Staatsbankrott.
- **1685:** Aufhebung des Edikts von Nantes und erneute Verfolgung der Protestanten: Rund 250.000 Hugenotten verlassen Frankreich.
- **14. Juli 1789:** Mit dem Sturm auf die Bastille, das verhasste Staatsgefängnis im Osten von Paris, nimmt die Französische Revolution ihren Auftakt.
- **1790–1792:** Adelsprivilegien werden abgeschafft, die Menschenrechte erklärt und Frankreich zur Republik ausgerufen. Frankreich wird in Départements aufgeteilt, die als Verwaltungseinheit zu klein sind, um dem Pariser Zentralismus politisch oder wirtschaftlich etwas entgegensetzen zu können. Ein neue (dezimale) Zeitrechnung wird eingeführt und auch gegen die Regionalsprachen wird radikal vorgegangen.
- **21. Januar 1793:** *Ludwig XVI.,* seit 1774 König, stirbt als „Bürger Louis Capet" unter der Guillotine auf der Place de la Révolution (heute Place de la Concorde).
- **1794:** Tausende von „Konterrevolutionären" werden hingerichtet; selbst *Robespierre,* der fanatische Revolutionär der „Schreckensherrschaft" *(Terreur),* endet auf dem Schafott.

- **1804:** *Napoléon* krönt sich nach seinem kometenhaften Aufstieg in Notre-Dame – im Beisein des Papstes – selbst zum Kaiser und dehnt sein Reich über fast ganz Westeuropa aus. 1814 dankt er ein erstes Mal ab und geht nach Elba, 1815 nach der Herrschaft der 100 Tage und der verheerenden Niederlage bei Waterloo ein zweites Mal.
- **Juli 1830,** Juli-Revolution: Nach drei Tagen blutiger Straßenkämpfe *(Les Trois Glorieuses)* wird König *Karl X.* gestürzt und von dem „Bürgerkönig" *Ludwig-Philipp* abgelöst.
- **1848:** Februar-Revolution: Der Versuch, monarchische Traditionen des Ancien Régime mit parlamentarisch-demokratischen Regierungsformen zu vereinbaren, ist gescheitert. Mit der Abdankung des Bürgerkönigs endet die Juli-Monarchie und beginnt die Zweite Republik. Um 1850 hat Paris über 1 Mio. Einwohner.
- **1852–1870:** Zweites Kaiserreich: *Napoléon III.,* der Neffe *Napoléons* und seit 1848 Präsident der Republik, wird nach einem Staatsstreich zum Kaiser gekrönt. Die Industrialisierung Frankreichs beginnt, Paris wandelt sich zur modernen Metropole, die Bevölkerung der Stadt wächst auf 1,6 Mio. Einwohner.
- **1870–1871:** Im Deutsch-Französischen Krieg belagern feindliche Truppen Paris, wo Tausende an Krankheit und Hunger sterben. Nach der französischen Niederlage bei Sedan gerät der Kaiser in deutsche Kriegsgefangenschaft, während in Paris nach der Kapitulation die Republik ausgerufen wird.
- **1871:** Der Aufstand der Pariser *Commune* wird zum Bürgerkrieg: Während der „blutigen Woche" *(Semaine sanglante)* im Mai sterben rund 20.000 Arbeiter, niedergemetzelt von den Versailler Regierungstruppen. Der Aufstand, als sozialistische Utopie begonnen, als Blutbad beendet, führt zur Dritten Republik, die innerhalb von 60 Jahren nicht weniger als 95 Regierungen zählt – keine ist länger als drei Jahre im Amt.
- **1914–1918:** 1,4 Mio. Tote und Vermisste, die Zerstörung wichtiger Industrien im Ersten Weltkrieg und hohe materielle Verluste trotz der Reparationszahlungen seitens Deutschlands hinterlassen Frankreich nachhaltig geschwächt, obwohl es zu den Siegermächten gehört.
- **1924:** Olympische Spiele in Paris.
- **1936–1938:** In den 1930er-Jahren ist die Dritte Republik zunehmend unregierbar; der Zerfall der Regierungsstabilität wird auch durch das Bündnis der republikanischen Kräfte (Sozialisten, Kommunisten, Liberale) nicht verhindert. Die Bemühungen der Volksfront *(Front populaire)* unter Regierungschef *Léon Blum* im sozialen Bereich (Lohnerhöhungen, 40-Stunden-Woche, Anerkennung gewerkschaftlicher Betriebsräte, bezahlter Urlaub) führen zu Kapitalflucht.

- **1939–1944:** *Drôle de guerre* („der seltsame Krieg"), nennen die Franzosen den Zweiten Weltkrieg zunächst – über acht Monate verhalten sich an der Maginot-Linie, einem Befestigungsgürtel im Nordosten Frankreichs, die Armeen beider Länder nur abwartend. Am 10. Mai 1940 wird aus der kampflosen Phase, dem „Sitzkrieg", mit der „Westoffensive" der Deutschen *le blitzkrieg:* Schon am 14. Juni wird Paris besetzt (sowie ganz Nord- und Westfrankreich). Frankreich kapituliert und Vichy wird Hauptstadt des sogenannten „freien" Frankreichs. Nach der Niederlage regiert im „unbesetzten" Süden der Kollaborateur *Pétain* den nur scheinbar freien Vichy-Staat, bis 1942, nach der Landung alliierter Truppen in Nordafrika, deutsche Soldaten auch in die „freie Zone" einrücken.
- **Aug. 1944:** Befreiung von Paris, nachdem im Juni 1944 alliierte Truppen in der Normandie gelandet waren. General *de Gaulle,* der am 18. Juni 1940 im Londoner Exil zur Fortsetzung des militärischen Kampfes aufgerufen hatte, zieht an der Spitze französischer Truppen in die Hauptstadt ein, in der Widerstandskämpfer den Deutschen ebenfalls heftige Kämpfe geliefert hatten.
- **1946:** Gründung der Vierten Republik; die meisten Vichy-Mitläufer bleiben im Amt.
- **1946–1958:** Wie kein anderer prägt *De Gaulle* die französische Nachkriegsgeschichte, doch 25 Regierungen in zwölf Jahren stärken Parlament und Bürokratie. Das französische „Wirtschaftswunder" verhindert das Zerbrechen des inneren Konsenses, doch außenpolitisch versetzen die Kolonialkriege der krisenanfälligen Vierten Republik den Todesstoß.
- **1946–1954:** Indochinakrieg: Nach der vernichtenden Schlacht bei Dien Bien Phu zieht Frankreich sich aus Südostasien zurück.
- **1954–1962:** Mehr als 2 Mio. Franzosen kämpfen in Algerien in einem sinnlosen, brutalen Krieg – das zweite koloniale Desaster. 1962 wird das seit 1830 französische Algerien unabhängig.
- **1958:** Gründung der Fünften Republik. *De Gaulle* kehrt an die Macht zurück und soll als Retter in der Not die erdrückenden Probleme lösen. Die neue Verfassung der Fünften Republik garantiert eine starke Exekutive unter einem Staatspräsidenten mit fast monarchischen Rechten, für den es kaum eine parlamentarische Kontrolle gibt.
- **1968:** Mai-Revolte; Studentenunruhen in Paris führen zu Straßenschlachten und Krawallen in ganz Frankreich; andere Bevölkerungsteile (Intellektuelle, Arbeiter) schließen sich dem Protest an. Ein Generalstreik legt ganz Frankreich lahm.
- **1969–1973:** Nach *De Gaulles* Rücktritt wird *Georges Pompidou* Präsident.
- **1974–1981:** *Valéry Giscard d'Estaing* ist Staatspräsident. Seit 1977 hat Paris (erstmals seit 1871) wieder einen Bürgermeister, *Jacques Chirac.*

- **1981–1995:** *François Mitterrand,* der Kandidat der Sozialisten, gewinnt die Wahl gegen den amtierenden Präsidenten *Giscard d'Estaing.* Nach 23 Jahren haben die linken Parteien zum ersten Mal die Mehrheit gegenüber den Konservativen. Der von einem ausgerechnet linken Staatsoberhaupt vorangetriebene Machtzuwachs des Präsidenten wird als „republikanische Monarchie" kritisiert. 1986–1988 Kohabitation: *Mitterrand* als Staatspräsident mit konservativer Mehrheit und Premierminister. 1988 Wiederwahl *Mitterrands.*
- **1995:** Mit *Jacques Chirac,* fast zwei Jahrzehnte Bürgermeister von Paris, als neuem Staatspräsidenten kommt die Rechte wieder an die Macht.
- **2002:** Präsidentschafts- und Parlamentswahlen. Die Sozialisten mit *Lionel Jospin* als Kandidaten verlieren im ersten Wahlgang, während der rechtsradikale Front National und dessen Kandidat *Le Pen* weiterkommen. Um ihn zu verhindern, müssen auch die linken Wähler für *Jacques Chirac* stimmen – ein Debakel.
- **2003:** Im März wird eine Verfassungsänderung verabschiedet, die die Dezentralisierung als Organisationsprinzip der französischen Republik festschreibt. Parallel dazu fanden die Assises des libertés locales statt, die in den Regionen Abgeordnete der Kommunen, Départements und Regionen versammelten, um Vorschläge für die Dezentralisierung auszuarbeiten. Dieser Katalog von Maßnahmen und Kompetenztransfers soll von der Regierung in Gesetze und Dekrete umgesetzt werden.
- **2004:** Die Regionalwahlen im März verändern die politische Landschaft Frankreichs völlig: Fast alle Regionen werden von der Opposition regiert, eine schwere Niederlage für die Chirac-Regierung.
- **2005:** Frankreich stimmt mit Nein gegen die EU-Verfassung. Zwei Tage nach dem Scheitern des Referendums entlässt Präsident *Chirac* seinen Premierminister *Jean-Pierre Raffarin.* Seinen eigenen Rücktritt schließt er kategorisch aus, anders als *de Gaulle,* der 1969 nach einem gescheiterten Referendum zurücktrat.
- **Nov. 2005:** Nach dem Tod zweier Jugendlicher herrschen nächtelang Randale und Revolte in Frankreich – zunächst brennen nur in den Pariser Vorstädten Autos und Gebäude, aber die Situation eskaliert bald und greift auch auf Provinzstädte über. Innenminister *Sarkozy* reagiert mit harten Worten („Gesindel") und verhängt in bestimmten Vororten den Ausnahmezustand mit einer Ausgangssperre für Minderjährige.
- **Mai 2007:** *Nicolas Sarkozy,* Spitzenkandidat der „Chirac-Partei" UMP, wird zum neuen Staatspräsidenten von Frankreich gewählt.
- **2008:** Die öffentliche Liaison von *Sarkozy* mit der Sängerin *Carla Bruni* stößt auf ein mindestens so großes Medienecho wie sein Politikprogramm. Im Februar 2008 heiraten die beiden.

# DIE FRANZÖSISCHE GESELLSCHAFT –
# POLITIK, WIRTSCHAFT, KULTUR

## „Unsere Vorfahren, die Gallier" –
## die französische Bevölkerung

In französischen Schulbüchern ist es ganz einfach: Das Hexagon, also das gleichschenklige Sechseck, ist die geometrische Form Frankreichs. An der bildlichen Bezeichnung ist es sicher auch die einprägsame Griffigkeit, die sie zur beliebten Kurzformel für das Land macht. **„Hexagonal"** wird häufig als Synonym für französisch gebraucht. Die Eckstädte sind Calais, Brest, Biarritz, Perpignan, Nizza und Mulhouse. Ideologieträchtig daran ist nur die Rede von den „natürlichen Grenzen", die dieses Sechseck bilden sollen: Ärmelkanal, Atlantik, Pyrenäen, Mittelmeer, Alpen und Rhein.

Dass auch Frankreich im Laufe seiner Geschichte die unterschiedlichsten Grenzverläufe kannte, wird mit solch „naturgegebenen Grenzen" verschwiegen. Unterschlagen wird der Kampf um die Rheinprovinzen, um Elsass-Lothringen, auf die auch Deutschland Anspruch erhob, unterschlagen wird der Expansionsversuch auf heute italienisches Gebiet nach dem Ende des Zweiten Weltkrieges und vieles mehr. Unterschlagen wird ebenfalls, dass auch das Hexagon nicht schon immer von einer einheitlichen und geeinten sowie einsprachigen Bevölkerung bewohnt wurde, sondern erst der Geschichtsverlauf Bretonen, Basken, Elsässer, Katalanen und Korsen zu „Franzosen" machte. Die Franzosen seien kein Volk, merkte *Friedrich Sieburg* an, sondern „Volksarten von widersprechendster, ja feindlicher Art". Auch die sprachliche Einheit ist eine historisch gewachsene: Kaum ein anderes Land besitzt vergleichbar viele Regionalsprachen (siehe Kapitel „Sprache").

Den Mythos einer gemeinsamen Abstammung formuliert die Rede von *nos ancêtres, les gaulois* – von „unseren Vorfahren, den Galliern". Mit diesem Satz wird die französische Jugend groß; namengebend für Frankreich waren zwar die Franken, doch betont wird die **gallische Herkunft.** Jahrzehntelang betonte die französische Geschichtsschreibung vornehmlich die gallische Tradition, während die keltisch-germanisch-romanischen Anteile an der ethnischen Mischung unerwähnt blieben. Was heißt gallisch eigentlich? Den Deutschen sind die Gallier vor allem aus den Asterix-Heften bekannt; diese beziehen einen Großteil ihres Witzes gerade aus dem Bezug auf nationale Charakterisierungen. Die dummen Römer und die listigen Gallier bieten Anlass für immer neue Späße. In Enzyklopädien und Geschichtsbüchern bezeichnet der Begriff Gallier die keltischen Volksstämme auf dem Territorium Galliens (entspricht in etwa Frankreich) zu Zeiten der römischen Invasion. Bekannt aus dem Lateinunterricht sind die Gallischen Kriege, durch die Schullektüre von *Julius Cäsars* „De bello gallico".

Viele Franzosen verstehen sich auch heute noch als Gallier. Zum stehenden Begriff wurde **gallischer Humor** – die Freude am Verspotten, an der komischen Behandlung ernster Themen oder heikler Dinge, eine gewisse Aufsässigkeit. Als gallisch gilt auch eine Art Unbeständig-

keit, Launenhaftigkeit, Leichtsinn, gallisch sein bedeutet auch Esprit, Streitlust und eine spezifische Form von Schlauheit: die List.

Die Überzeugung, Frankreich sei ein Land mit einer einzigen Sprache
und werde von Franzosen bewohnt, gehört zwar zum Alltagswissen, entspricht aber nicht unbedingt der Realität. Frankreich prägten wie jedes andere Land im Lauf der Geschichte die **unterschiedlichsten Völker und
Stämme:** Kelten, Basken, Griechen, Römer, Normannen, Araber, Germa-
nen, Iberer und Gallier trugen jeweils zur Kultur bei. Frankreich hat viele
Gesichter, so heißt es. Das kann man auch wortwörtlich nehmen: Ein
typisch französisches Aussehen gibt es nicht. Die Mannigfaltigkeit, ja Ge-
gensätzlichkeit der im Lauf der Geschichte integrierten Einflüsse lässt sich
noch heute an vielen Gesichtern ablesen. Die straffe Zentralisierung hat
nicht alle Unterschiede zwischen Bretonen, Basken, Provenzalen, Katalanen, Elsässern und Korsen verwischen können (siehe auch Kapitel „Paris
und der Rest der Welt – die Hauptstadt und die Regionen" und Kapitel
„Sprache").

# Paris und der Rest der Welt –
# die Hauptstadt und die Regionen

*„Aber Paris ist eigentlich Frankreich; dieses ist nur die umliegende Gegend
von Paris. Abgerechnet die schönen Landschaften und den liebenswürdigen
Sinn des Volkes im Allgemeinen, so ist Frankreich ganz öde, auf jeden Fall
ist es geistig öde, alles, was sich in der Provinz auszeichnet, wandert früh
nach der Hauptstadt, dem Foyer alles Lichts und alles Glanzes. Frankreich
sieht aus wie ein Garten, wo man alle schönsten Blumen gepflückt, um sie
zu einem Strauße zu verbinden, und dieser Strauß heißt Paris. "*

(*Heinrich Heine,* „Französische Zustände")

*„Paris und Frankreich – meistens wird über Paris geredet, auch wenn man
Frankreich meint. Wer Paris kennt, weiß das Wesentliche von Frankreich,
so sagt man. Der Rest ist Provinz. Paris, Provinz, Ausland bilden für den
Franzosen die drei konzentrischen Zonen des Planeten. "*

(*Ernst Robert Curtius*)

Beeindruckende Zeugnisse der Vergangenheit finden sich im Norden Frankreichs

# Der Nullmeridian

Der senkrecht zum Äquator stehende und von Nord- zu Südpol verlaufende Halbkreis, von dem aus die geografische Länge gerechnet wird und die internationalen Zeitzonen gelten, heißt Nullmeridian. Er verläuft seit 1884 durch die Sternwarte in Greenwich. Bis ins 19. Jahrhundert waren allerdings auch zahlreiche nationale Systeme in Gebrauch; in Frankreich etwa lief der Nullmeridian durch Paris: 2° 20′ Ost. Noch bis 1911 verwendeten die Franzosen ihren nationalen Pariser Längengrad weiter und sprachen nicht von „Mittlerer Zeit von Greenwich" sondern „Mittlerer Zeit von Paris, verspätet um 9 Minuten, 21 Sekunden", dies ist der zeitliche Längenunterschied beider Sternwarten.

Zwischen Périphérique Nord und Périphérique Süd kennzeichnen in Paris 135 Bronzemedaillons mit der Inschrift „Arago" auf dem Pflaster den Verlauf des Meridians. Zu Ehren des Physikers *François Arago* (1787–1853), der ab 1830 die Pariser Sternwarte leitete, brachte Anfang der 1990er-Jahre der niederländische Künstler *Jan Dibbets* (1941 geb.) die 12,5 cm großen Metallplaketten auf dem Boden an. Seine „Hommage à Arago" konzipierte der Künstler als „imaginäres Denkmal auf einer imaginären Linie", als eine bewusst nicht monumentale Form des Denkmals, die mit dem traditionellen Schema der „Statue auf einem Sockel" bricht. Auch die Wahrnehmung des gesamten Kunstwerks wird in der Regel so virtuell bleiben wie der Meridian selbst, es sei denn, man folgt tatsächlich zu Fuß der Linie von Medaillon zu Medaillon. Außer dem Namen Arago tragen die Medaillons ein N und ein S, um die Himmelsrichtungen der Meridiansachse anzuzeigen. Mehr über die Lage der 135 Medaillons unter www.amb-pays-bas.fr/fr/ambassade/pcz/arago.htm.

Der Meridian durchquert das 17., 9., 2., 6. und 14. Arrondissement, u. a. den Jardin du Luxembourg, den Louvre, das Palais Royal und die Rue Lepic. Er verläuft außerdem genau durch das Observatorium von Paris, das älteste heute noch aktive Ob-

---

Die Kupferlinie in Saint-Sulpice markiert den Längengrad des Nullmeridians

---

Im **Großraum Paris** wohnen knapp 20 % der französischen Bevölkerung; das sind rund 12 Millionen Menschen. Gezählt wird die Bewohnerzahl der ganzen Region, der Ile de France – viele „Pariser" leben in Trabantenstädten und Vororten. Die französische Hauptstadt im engeren Sinn hat nur 2,1 Millionen Einwohner; die Bevölkerung sinkt, weil mehr Personen weg- als zuziehen. Die **Ile de France** besteht aus der Stadt Paris und aus sieben Départements (Essonne, Hauts-de-Seine, Seine-et-Marne, Seine-Saint-Denis, Val-de-Marne, Val d'Oise und Yvelines). Im historischen Kern zwischen Montparnasse und Montmartre, am *Rive droite* und *Rive gauche,* also am rechten und linken Ufer der Seine, leben nur etwa 500.000 Menschen. Das ist vergleichbar mit einer mittleren Großstadt in Deutschland, fast überschaubar. Auf diesem winzigen Areal konzentrieren sich alle gesellschaftlich, kulturell, wissenschaftlich, wirtschaftlich und politisch wichtigen Institutionen und Personen.

servatorium der Welt. Dort und in der Kirche Saint-Sulpice gibt es eine Linie aus Kupfer, die den Längengrad markiert; eine dritte findet man in der Kathedrale von Bourges (dessen Bischof übrigens im 7. Jahrhundert wiederum *Saint-Sulpice, der heilige Sulpicius,* war).

Logisch: Der Meridian führt durch ganz Frankreich, von Nord nach Süd entlang des Pariser Längengrads. Eine der Aktionen anlässlich der Millenniumsfeiern der Jahrtausendwende war der „grüne Meridian" *(méridienne verte).* Für dieses ehrgeizige Landschaftsprojekt wurden im ganzen Land entlang des Nullmeridians, von Dünkirchen an der Kanalküste bis zum Pyrenäenort Prats de Mollo, mehrere zehntausend Bäume gepflanzt. Mehr als 330 Gemeinden nehmen teil; je nach Klima und Landschaft wechseln Buchen, Kastanien, Olivenbäume, Eiben oder Zedern einander ab. Im Juni 2000 wurde der knapp 1000 km lange Wanderweg eingeweiht und am 14. Juli, am Nationalfeiertag, fand ein gigantisches Picknick für jedermann statt – trotz des schlechten Wetters in vielen Regionen kamen Tausende von Menschen. Bis das grüne Band deutlich in der Landschaft hervortritt – je nach Baumart in 15 bis 30 Jahren – weisen Steine und Plaketten den Weg.

Im Rest Europas gab es diese Konzentration auf eine einzige Stadt, auf einen Mittelpunkt nicht. Ob Berlin oder London, Wien oder Madrid, eine Rolle wie Paris spielte keine von diesen Städten. Vergleicht man überdies die aufgewendeten Mittel und die Subventionen, die Infrastruktur und das kulturelle Angebot oder die Ansiedlung von Unternehmen, so werden die Unterschiede noch weitaus deutlicher. Egal in welchem Bereich: **Paris ist das Zentrum.** Hier befinden sich fast alle wichtigen Theater, die Eliteschulen, die Verlage, die wichtigen Forschungsstätten, die Zentralen der großen Wirtschaftsunternehmen und Banken, die gesamte staatliche Verwaltung.

Frankreich ist der zentralisierteste Staat der westlichen Welt; alle Fäden laufen in Paris zusammen. Paris versammelt alles, was tonangebend ist. Von Paris aus gesehen ist alles andere Provinz – und das hat den Unterton von „zurückgeblieben, altmodisch, langweilig". Die Provinz wiederum schimpft auf Paris und sehnt sich nach Paris. *„Paris et le désert français"*

(Paris und die französische Wüste) beschrieb ein Buchtitel im Jahre 1945 bildhaft die Situation.

Die **Zentralisierung** hielt die einzelnen Regionen, Départements und Städte lange Jahrhunderte in völliger Abhängigkeit. Im Mittelalter und in der frühen Neuzeit war auch Frankreich in Grafschaften und Herzogtümer unterschiedlicher Größe aufgeteilt. Mit der erstarkenden Monarchie und besonders im Absolutismus verlor der Hochadel seine Macht. In vielen Orten Frankreichs stößt man auf Burgruinen, die Kardinal *Richelieu* (1585–1642), maßgeblicher Berater *Ludwig XIII.,* schleifen ließ – als sichtbares Zeichen der Entmachtung des lokalen Adels. Die Autonomie der Provinzen wurde über die Jahrhunderte hinweg nach und nach beseitigt. Auch die Französische Revolution führte zu keiner Umkehr, sondern führte die Entwicklung zum Zentralstaat noch fort.

Bis vor einigen Jahrzehnten noch spielten die Regionen nahezu keine Rolle in Frankreich, an politischen Entscheidungen wurden sie nicht beteiligt. Die administrative Planung fand am Reißbrett in Paris statt und wurde ohne **Beteiligung der betroffenen Départements,** Gemeinden und Bürger in die Tat umgesetzt. Paris war das Zentrum aller staatlichen Entscheidungen wie des gesellschaftlichen Lebens überhaupt. Lange Genehmigungswege verschoben immer wieder beantragte Projekte und lokale Eigeninitiativen wurden durch die Pariser Zuständigkeit für alles, selbst für den schmalsten Radweg, verhindert. Zentrale Kontrolle und Gesetzgebung unterwarf alle regionale Vielfalt kultureller Einheitsregelung. Jede

Veränderung musste von Paris ausgehen, die Provinzen verfielen zunehmend in Apathie.

Doch seit den 1970er-Jahren kämpfen die **Regionalbewegungen** um mehr Autonomie, um eigene politische Macht und kulturelle Einheit. Sie weigerten sich auch, nur als Müllhalden oder Standorte für Atomkraftwerke, Militärstützpunkte oder umweltbelastende Großindustrie zu dienen. Das Industriezentrum von Fos (bei Marseille) gehörte zu den umstrittensten Maßnahmen der Regierung, einem Standort strukturelle Unterstützung zu gewähren. In der Nähe des kleinen Ortes Fos-sur-mer wurde mit Milliarden an Subventionen ein riesiger Komplex von Stahlindustrie, Hafen, Erdölraffinerien und Chemieindustrie errichtet. Die damit verbundene Naturzerstörung und die Überdimensionierung des Projekts werden ebenso heftig kritisiert wie die Tatsache, dass die Stahlindustrie aus Lothringen hierher abwanderte, also eine andere Region geschädigt wurde.

Nach dem Regierungswechsel 1981 wurde die **Dezentralisierung** auch von Paris unterstützt, mit dem Ziel, aus der *république une et indivisible* eine *république plurielle*, ein Land der starken Regionen zu machen – wenn auch nicht in dem Maß, wie diese selbst das wünschen.

22 französische Regionen wurden 1982 aus jeweils mehreren Départements gebildet, aber ohne Verfügungsgewalt – kein Vergleich mit den deutschen Bundesländern. Obwohl nach der Machtübernahme der Sozialisten Reformprogramme entwickelt und Gesetzesänderungen bewilligt wurden, sind sich die Regionalbewegungen ungeachtet ihrer Heterogenität einig in der Einschätzung, dass all diese Maßnahmen noch längst nicht ausreichen. Regionale Selbstbestimmung bedeutet ihnen mehr, als nur unbehelligt zu bleiben. Meist wurden regionale Pläne nur gefördert, wenn sie ins nationale Konzept passten. Die **Regionalplanung** wollte zwar die ungleichgewichtige Wirtschafts- und Infrastruktur zugunsten der benachteiligten Provinz verbessern, ohne jedoch den betroffenen Regionen große finanzielle oder politische Kompetenzen zuzugestehen. Einige Wegzüge aus Paris – eine der Grandes Ecoles (siehe Kapitel „Elite oder Volksbildung? – Erziehung und Bildung in Frankreich") zog nach Straßburg, ein Museum nach Marseille – hatten eher den Charakter einer symbolischen Geste.

Mehr als jede politische Entscheidung und fast unbeachtet hatte dagegen eine andere Entwicklung deutlichen Einfluss – der **Ausbau des Bahn- und Straßennetzes.** Dank moderner Verkehrsanbindungen kann fast jede Stadt zum europäischen Zentrum werden. Seit Lyon nur zwei Stunden mit dem TGV von Paris entfernt liegt, das 800 km entfernte Marseille nur drei Stunden, explodierten die Immobilienpreise im Rhônetal. Lille liegt nicht mehr am Rand, sondern näher an Brüssel und London als an Paris. Manch Berufstätiger pendelt von Rennes oder Angers ins teure Paris. Und in der Auvergne, einst mitten in Frankreich aufgrund fehlender Verkehrsanbindung abgelegener als jede Randregion, haben sich ganze von der Landflucht entvölkerte Dörfer erholt und wiederbelebt – wenn auch zunächst vor allem mit Zweitwohnsitzen.

Auch die Etikettierung als **„Provinz"** wird nicht mehr ohne Widerspruch hingenommen, ist doch Frankreich nur aus der Perspektive von Paris Provinz. In den Regionen selbst versteht man sich als Bretone, Provenzale, Gascogner oder Elsässer und zugleich als Franzose. Auf keinen Fall aber wollen die „Provinzler" als minderwertig gelten. Auch für sie ist Paris der Nabel der Welt, in Paris macht man Karriere, in Paris spielt sich alles ab, aber auf die eigene Herkunft sind sie stolz. *Mon beau pays, Douce France* – mein schönes Land, liebliches Frankreich – sind mit Pathos gebrauchte Formeln, um die Schönheit des Landes und das angenehme Leben in ihm zu betonen. Diese Schollenverbundenheit, die Wurzeln in der Region, betonen auch die meisten Hauptstädter. Die **Pariser Region** mit nur 2,2 % des Territoriums mag knapp 20 % der Bevölkerung, knapp 30 % des Reichtums und 60 % der Forschung auf sich konzentrieren, die Bewohner haben Vorfahren und Verwandte in der Auvergne oder der Provence und fühlen sich ihrer regionalen Heimat verbunden.

Das **Primat von Paris,** die Konzentration aller Macht, des Geldes, der Künste und der Wissenschaften in der Metropole, hat auch dazu geführt, dass neben Paris die anderen Großstädte Frankreichs vom Ausland nicht mit gleicher Aufmerksamkeit wahrgenommen werden. Marseille mit rund 820.000 Einwohnern, Lyon mit knapp 470.000, Toulouse mit knapp 430.000, Nizza mit rund 380.000, Nantes mit 280.000 und Straßburg mit rund 270.000 Einwohnern sind regionale Zentren, prägen aber nicht das Frankreichbild in den internationalen Medien. Auch weil **„La France profonde"** (wörtlich: das tiefe Frankreich), das ländliche, traditionelle Frankreich abseits der großen Straßen und Ballungszentren, so vielseitig ist, bleibt es das weltweit erste Reiseziel.

Frankreich scheint vor allem etwas gegeben – es ist zugleich ein Land des Nordens und des Südens, hat Zugang zum Atlantik und zum Mittelmeer, hohe Berge in den Pyrenäen und den Alpen, Mittelgebirge und flache Ebenen, Flüsse und Seen. Da gibt es alte, kaum veränderte und behutsam restaurierte Städte wie Sarlat im Périgord oder Carcassonne im Languedoc, die vergessen lassen, dass das Mittelalter zu Ende ist. Städte wie Bourges im Burgund oder Rouen in der Normandie, deren Fachwerkhäuser das Spätmittelalter aufleben lassen, klassizistische Stadthäuser wie in Lyon und Bordeaux, die vom Wohlstand des Bürgertums geprägt sind, oder Städte wie Reims und Chartres, in denen die Kathedrale noch immer das höchste Gebäude ist.

Während die Gleichförmigkeit unserer Städte inzwischen fast selbstverständlich scheint, haben fast alle **französischen Städte** ihre historischen Altstädte bewahren können, weil sie von den Bombardierungen im Zweiten Weltkrieg verschont blieben. Zwar wurde etwa Le Havre zerstört, aber viele andere Städte hatten Glück. Auch die deutsche Kahlschlagsanierung der Nachkriegszeit ist vielen französischen Provinzstädten erspart geblieben. Man lebt ganz selbstverständlich in einer **Umgebung mit Baudenkmälern** jeder Epoche. Das ist einer der wenigen Vorteile der Zentralisierung Frankreichs: Geld war immer nur für Paris da. In Paris wurde abgerissen, planiert und neu gebaut. Dort entstanden die ersten Betontrabantenstädte, die Bürosilos, die *gratteciels,* die Wolkenkratzer von La Défense, die Wohnkasernen. Land und Stadt sind in Frankreich noch deutlich voneinander unterschieden, die Zersiedelung der Landschaft ist noch nicht flächendeckend. Allerdings hat sich auch in Frankreich mittlerweile um viele Orte ein Speckgürtel aus Betrieben, Riesen-Supermärkten, Billig-Restaurantketten und Werbetafeln gelegt. Der Traum vom mediterranen, sonnenbeschienenen Südfrankreich mit Pflastersteinromantik etwa ist schnell ausgeträumt, wenn man rund um Avignon oder Arles statt der Sonnenblumen- und Lavendelfelder Gewerbegebiete und Fertighäuser findet. Und die ungestüme Entwicklung der letzten Jahre machte auch aus Lyon und Marseille **Ballungszentren,** aber viele andere französische Städte haben noch den Charme eines Frankreichs von gestern: Es gibt noch eine Altstadt statt einer uferlos wuchernden City, es gibt noch Kopfsteinpflaster, die Kirche ist (meistens noch) das höchste Gebäude. Frankreich drängt in die Moderne, hängt aber auch an der Idylle. Umso mehr, je mehr sie sich auflöst. 80% der Franzosen leben im städtischen Raum; ihre Sehnsucht nach dem Landleben alter Art mit sonntäglichen Familientreffen wächst.

Die Idylle mit Natursteinhaus im Olivenhain gibt es, doch inzwischen eher fern von Meer, Strand und Städten. Die Fläche von 550.000 qkm macht Frankreich zum **geografisch größten Land Westeuropas.** Bei einer Einwohnerzahl von etwa 62 Millionen ist Frankreich mit 111 Einwohnern pro Quadratkilometer nach wie vor dünner besiedelt als etwa das benachbarte Deutschland mit 231 Einwohnern pro Quadratkilometer oder gar als das zersiedelte Nordrhein-Westfalen mit 528 Einwohnern pro Quadratkilometer. In so menschenleeren Départements wie Lozère gibt es sogar nur 14 Einwohner pro Quadratkilometer. Dort haben die Dörfer sehr

unter der Umwandlung Frankreichs vom Agrar- zum Industrieland und unter der Landflucht gelitten. Manche Orte in den Pyrenäen oder im Zentralmassiv wurden von fast allen Bewohnern verlassen, sodass die Häuser verfielen.

## Südfrankreich und Korsika

Auch Frankreich hat seinen Weißwurstäquator, sein Nord-Süd-Gefälle, auch wenn in anderer Ausprägung als in Deutschland oder Italien. Der untere Lauf der *Loire* gilt nicht nur als **Klima- und Regengrenze,** früher war dies zugleich die Sprachgrenze zwischen der *langue d'oc* des Südens und der *langue d'oïl* des Nordens und Mentalitätsgrenze zwischen den Leuten des Midi und den Nordfranzosen. Der Süden Frankreichs wurde mit Gewalt der französischen Nation einverleibt, das führt zu berechtigtem Misstrauen gegenüber dem, was da aus Paris kommt. In den Provinzen südlich der Loire blickt man noch immer mit Skepsis auf alles, was im Norden passiert. Die Sprachgrenze verläuft heute allerdings unter dem Druck des Standardfranzösischen viel weiter südlich, etwa in Höhe der Gironde.

Am deutlichsten bekunden in der Regel die Korsen ihren (nicht nur geografischen) Abstand zu Paris; immer mal wieder flammt das Thema **Unabhängigkeit** auf. Korsika, die drittgrößte Insel des Mittelmeers, ist ein französisches Département, liegt allerdings 180 km von der französischen und nur 80 km von der italienischen Küste entfernt. 2006 betrug die Einwohnerzahl knapp 280.000. Der berühmteste Korse war *Napoleon Bonaparte*. Unter ihm wurde Korsika nach langer wechselvoller Geschichte unter verschiedenen Fremdherrschaften zu einem französischen Département. Ein Paradox der Geschichte, dass ausgerechnet dieser Korse am meisten zur Zentralisierung Frankreichs beitrug, die Eingliederung der Départements forcierte und eine straffe Verwaltung organisierte. Dem zum Trotz empfinden sich bis heute die meisten Korsen nicht als Franzosen, sondern pflegen ihren Nationalstolz. Sie sehen sich zudem als unterprivilegierte Minderheit, die von Paris vernachlässigt wird. Korsikas Situation gegenüber dem Festland entspricht im Selbstverständnis der Einwohner der eines Drittweltlandes zu Europa. Die Bevölkerung geht zurück.

Industrie gibt es kaum, nur die Zahl der Touristen geht in die Millionen. Im Vergleich zu anderen Regionen Frankreichs vertreten die Korsen ihre Autonomiewünsche am explosivsten: Der Unmut über die Regierungspolitik wird immer wieder mit Bomben verdeutlicht – in der Regel richten sich Anschläge aber nicht gegen Menschen, sondern gegen (leerstehende) Gebäude. Die Separatisten fühlen sich vom Norden, von der Regierung und Verwaltung in Paris, benachteiligt und versprechen sich von der Loslösung von Frankreich auch die Lösung ihrer Probleme.

Auch Südfrankreich liegt am Mittelmeer und gehört damit zu einem **Kulturraum,** den in mancher Hinsicht mehr mit Italien, Griechenland oder Nordafrika verbindet als mit Nordeuropa. Da ist zum einen die prägende, formende Landschaft: Seit der Abholzung der großen Wälder in der Antike (in Griechenland wie auf Korsika, in Nordafrika wie in Spanien) gibt es keine flächendeckende **Vegetation** mehr. Zum Teil tritt das nackte Gestein an die Oberfläche, da Wind- und Wassererosion zum Verlust der Erde beitragen; daneben findet sich die charakteristische Ersatzvegetation, die gegen lange Dürreperioden resistente Macchia, die in Frankreich *garrigue* genannt wird. Sie besteht hauptsächlich aus dornigem, robustem und unempfindlichem Gestrüpp ohne Ansprüche an Feuchtigkeit und Humus. Auch die Farben der Landschaft sind charakteristisch; statt des Grün des Nordens trifft man hier auf Gelb, Ocker, Rot und Brauntöne.

Die beiden wichtigsten Kulturpflanzen im Mittelmeerraum sind der Olivenbaum und die Weinrebe. Der Einfluss auf die Küche ist bekannt: Oliven und Olivenöl gelten als typisch für die gesamte mediterrane Kochkunst, während etwa Normandie oder Elsass schon zu den Butterländern gehören. Wein wird ebenfalls in allen südlichen Ländern angebaut und ge-

Das ländliche Frankreich – ein Gasthof in der Normandie

trunken. Daneben bereichert der enorme Vorrat an Fischrezepten die Küche, das Mittelmeer ist zugleich auch Lieferant von Nahrungsmitteln.

Außerdem gibt es in den Gebieten im Mittelmeerraum Gemeinsamkeiten in **Städtebau und Architektur:** Die Hausformen und der Grundriss dienen dem Zweck, für Schatten und Kühle zu sorgen. Das Klima zeichnet sich durch extrem heiße Sommer aus und hat auch Einfluss auf den Tagesrhythmus – mittags wird in fast allen südlichen Ländern wegen zu großer Hitze Siesta gehalten, das Leben scheint etwas gemächlicher zu verlaufen, das Tempo ist gedrosselt. Der größte Teil des Lebens findet draußen statt, vor dem Haus, im Innenhof, auf der Straße.

Frankreich ist zwar witterungsabhängiger als Italien oder Spanien, doch im Süden macht sich der mediterrane Einfluss bemerkbar: Straßen und Plätze gehören fest mit zum Lebens- und Kommunikationsraum der Franzosen, ein Großteil der Geselligkeit spielt sich im Freien ab. Der **typische Platz Frankreichs** ist viereckig, häufig sogar quadratisch, manchmal mit Arkaden an den umgebenden Häusern. Meistens gibt es Bäume, im Gegensatz zu Italiens Plätzen ohne jegliches Grün. Oft sind die Bäume Platanen, die auch die beliebteste Bepflanzung für Alleen sind. Der französische Platz ist der zentrale Treffpunkt in kleinen und großen Orten. Er ist die Kulisse, die Szenerie für einen Großteil des französischen Alltags, für den Markt ebenso wie für lokale Feste. Hier finden sich oft Post und *Mairie* (das Bürgermeisteramt) und das Café, in dem abends bei einem Glas Wein Neuigkeiten ausgetauscht werden. Draußen wird gearbeitet: Schlossereien, Autowerkstätten und Handwerker verlegen einen Teil der Arbeit ins Freie, dort werden Hühnchen gerupft und Kartoffeln geschält, Restaurants und Cafés stellen ihre Tische vor die Tür. Hier wird Boule gespielt oder ein Schwätzchen gehalten.

Den Traum von ewiger Sonne, azurblauem Meer, von einem Leben ohne Arbeit und ohne Mühen träumen allerdings eher die arbeitsamen, fleißigen, angespannten Nordeuropäer. Denn die karge Landschaft bietet den Anwohnern selbst kaum Auskommen, der Alltag ist eher bitter und bedeutet vor allem Armut. Noch in den 1950er- und 1960er-Jahren war auch der europäische Mittelmeerraum ein **Auswanderungsgebiet,** die wirtschaftliche Unterentwicklung hat viele Spanier, Italiener, Griechen und Türken veranlasst, als „Gastarbeiter" im reicheren Norden zu arbeiten. Später folgten ihnen die Nordafrikaner (Algerier, Marokkaner und Tunesier), für die wiederum Frankreich und Spanien schon den Sprung in den „Norden" bedeuten. Seit das Geschäft mit den Urlaubern zur beherr-

Korsika: Wilde Gebirgsnatur und einsame Dörfer prägen das Inselinnere

schenden Industrie geworden ist, ist der Süden Frankreichs reich geworden. Vor allem die **Côte d'Azur** wurde schon früh für den Tourismus entdeckt, zuerst von den Engländern im 19. Jahrhundert, die damals allerdings eher den Winter am Mittelmeer verbrachten. Der bedingungslose Ausverkauf an den **Tourismus** trägt auch in Frankreich seinen Teil zur Landschaftszerstörung bei, auch hier sind manche Küsten zugebaut, aber die ganz großen Betonsünden wie etwa an der spanischen Küste gab es zum Glück nicht.

## Baskenland

Ist nicht der Mann mit der Baskenmütze der Franzose schlechthin? Mit wettergegerbtem Gesicht steht er am Hafen oder schlürft am Tresen genießerisch sein Pinnchen Rotwein, das Baguette unter den Arm geklemmt? Das ist wohl eher das Bild, das die Werbung vom typischen Franzosen zeichnet. Selbst die Basken tragen nicht alle eine Baskenmütze! Den *béret,* so heißt die Kappe in Frankreich, wird man heute nur noch selten sehen. Kenner erkennen allerdings an der Art und Weise des Tragens sogar den Ort, aus dem der Träger stammt.

Trotz jahrhundertelanger Zugehörigkeit zu Frankreich bzw. Spanien haben die Basken ihre **kulturelle Eigenart** über Jahrhunderte hinweg bewahren können. Nach wie vor sind die Basken ein rätselhaftes Volk. Obwohl Wissenschaftler und Gelehrte die Herkunft erforschen und Materialien sammeln über Sprache und Gebräuche, ist die Abstammung der Basken noch immer ungeklärt. Ihre **Sprache,** baskisch *Euskara* genannt, die zwölf Deklinationsformen kennt, gilt als kompliziert und äußerst alt, doch die Sprachfamilie, zu der sie gehört, bleibt ungewiss. Auf keinen Fall wohl gehört Baskisch zur Gruppe der indogermanischen Sprachen.

Es kursieren die wildesten Thesen: Mal sind die Basken die direkten Nachfahren der Neandertaler, mal die eines der zwölf biblischen Stammväter. Mal wird ihre Verwandtschaft mit den Georgiern in Kaukasien behauptet (auf Grund von Ähnlichkeiten im Wortschatz), mal ihre völlige Autonomie. Die Basken selbst schert ihre Herkunft wenig.

*Kurt Tucholsky* berichtet von seiner Pyrenäenreise:

*„Ein Graf von Montmorency rühmte einst vor den Basken das Alter seines Namens, seines Adels, seiner Familie, rühmte, von welch großen Männern er abstammte. Der Baske erwiderte: „Wir Basken, Herr Graf, wir stammen überhaupt nicht ab!" So alt dünken sie sich. Sie haben es gut: Man kann ihnen nichts beweisen. Man weiß nicht, wer sie sind, weiß nicht, woher sie stammen, was für eine Sprache das ist, die sie sprechen – nichts. Denn kein Latein, keine romanische, keine nordische Sprache hilft dir hier. Eine Sprache, in der die Worte: ,Wer durch diese Türe tritt, mag sich wie zu Hause fühlen' Atehan psatzen dubena bere etchean da heißen – die ist für uns wohl nicht zu enträtseln. Es hat sie auch keiner enträtselt. Versucht haben's viele. Eine unaufgeklärte wissenschaftliche Sache? Das lässt keinen deutschen Professor ruhen. Gelöst hat's keiner. Es gibt da Schulen und Gruppen; erste Theorie: Die Basken seien vom Süden gekommen, zweite: Sie seien vom Norden gekommen, dritte: Sie seien Asiaten. Für alles gibt es Beweise, für nichts gibt es Beweise. Nur für eine traurige Sache gibt es ein Anzeichen: Diese Sprache kann eines absehbaren Tages aussterben."*

Viele Jahrzehnte sind vergangen, seit *Kurt Tucholsky* im Baskenland war. Was wissen wir über sie? Zum Beispiel, dass es rund zwei Millionen spanische Basken gibt, dagegen nur um knapp 250.000 französische Basken. Etwa ein Drittel der Bevölkerung spricht noch Baskisch: in Spanien um 580.000 Personen, in Frankreich um 80.000. Sie leben in den **Provinzen** Labourd, Basse-Navarre, Soule und tragen unaussprechliche Nachnamen wie Eyhartchet, Arrakoetch, Atcheverry und Uthurralt. Die drei Provinzen sind mit Béarn zu dem Département Pyrénées-Atlantiques zusammengeschlossen; dessen Hauptstadt Pau liegt außerhalb des Baskenlandes. Die Region Béarn und der baskische Teil dieses Verwaltungsgebiets sind allerdings sehr verschieden. Diese Willkür der Bürokratie erregt den Unmut der betroffenen Bewohner. Wie die Einwohnerzahl schon zeigt, bildet der französische Bereich nur den weitaus kleinsten Teil des gesamten Baskenlandes. Das Pyrenäengebiet ist nur dünn besiedelt und die Bevölkerung überaltert. Viele junge Leute wandern wegen der mangelnden Arbeitsmöglichkeiten ab.

Die **Pyrenäen** bilden die Grenze zu den spanischen Provinzen Vizcaya, Guipuzcoa, Alava und Navarra. Diese nehmen etwa sechs Siebtel der ganzen Region ein. Auch am Radikalismus der baskischen **Autonomiebewegung** haben die französischen Basken nur wenig Anteil, zumindest da, wo es ums Bombenlegen geht. Sie kämpfen aber ebenfalls um den Erhalt ihrer Kultur und ihrer Sprache, doch mit anderen Mitteln. Die Separatisten sind in der Minderheit, Unabhängigkeit befürworten nur wenige französische Basken. Ihre Forderungen finden trotzdem in Paris wenig Resonanz, dort nimmt man ihre (noch) lebendige Kultur nur als pittoreske „Folklore" wahr. Das Baskenland liegt sehr weit weg von Paris, aus der Entfernung scheinen auch die Probleme kleiner zu werden.

Die **Ess- und Trinklust** der Basken ist bewundernswert, sie gelten als fleißig und tüchtig, als gewalttätig, lebenslustig und fröhlich. Sie raufen gern und feiern oft, sie lachen viel, aber neigen auch zu Prügeleien und Streitlust. Ein wildes Bergvolk, das auch in seinen Volksbelustigungen und Sportarten drastische Kraft demonstriert: Holzhacken, Steine stemmen, Tauziehen und eine unblutige Version des Stierkampfs sind die beliebtesten Vergnügungen bei Festen.

Noch vor allen diesen Wettkampfarten aber bewegt die Basken eine große Leidenschaft: Sie sind fanatische Pelotaspieler. **Pelota** ist ein auch in Spanien und Südamerika beliebtes Schlagballspiel, aus dem wahrscheinlich der Squash-Sport entwickelt wurde. Auch im kleinsten Dorf findet sich die Mauer, oft rosa angestrichen, *le fronton* genannt. Gegen diese müssen die Spieler den kleinen harten Ball schlagen, der angeblich bis zu 300 km/h Geschwindigkeit erreicht. Geschlagen wird entweder mit der Faust oder mit der *chistera,* einem sichelförmigen, gehöhlten Schläger aus Weidenrohr. Die *pelotari,* die Spieler, fangen die zurückprallenden Bälle entweder mit der bloßen Hand, mit einem Lederhandschuh oder mit der *chistera* wieder auf. Pelota ist ein Mannschaftsspiel und die Basken sind mit gleicher Begeisterung Zuschauer wie Mitspieler.

Das Pelotaspiel ist noch sehr lebendig, auszusterben droht die baskische Sprache, *Euskera,* wie die Basken sie nennen. Zum einen verzeichnet die Region einen stetigen **Rückgang der Einwohnerzahl.** Schon seit dem 19. Jh. gab es hier viele Auswanderer, weil das bergige Land nicht alle ernährte. Die Emigration verschlug die Basken meistens nach Südamerika, ganze Familien wanderten aus. Später, im 20. Jahrhundert, wendete man sich nach Kanada oder den Vereinigten Staaten. Die Landwirtschaft wurde immer unrentabler und zu einem Industriestandort ist das Baskenland nie geworden. Nur Toulouse, die größte Stadt in Pyrenäennähe, aber außerhalb des Baskenlandes, besitzt auch Industrie, der Rest der Region ist wirtschaftlich völlig unterentwickelt und verkehrsmäßig kaum erschlossen, sodass kein Anreiz für Unternehmen vorhanden ist, sich dort anzusiedeln. Das mag unter anderem ein Grund dafür sein, dass die Basken sich als einheitliche ethnische Gruppe erhalten haben, dass sie auf ihrer Tradition beharren. Andererseits wird so die Kluft zwischen reichem Norden und armem Süden eher größer als kleiner. Die **industrielle Unterentwicklung** wird kaum durch Subventionen aus Paris kompensiert. Gelder für Projekte und Modernisierungen fließen nur spärlich.

Außerdem ist das Baskische wie alle Regionalsprachen in Frankreich durch die zentralistische Politik und das Erziehungswesen bedroht. Noch vor einigen Jahren wurden die Kinder in der Schule bestraft, wenn sie kein Französisch sprachen. Zwar werden inzwischen Maßnahmen ergriffen, um zu retten, was noch zu retten ist: In Schulen und Universitäten wird wieder baskischer Sprachunterricht erteilt. Aber zum Bildungssystem sind die Medien hinzugekommen – täglich mehrere Stunden französisches Fernsehen, französische Zeitungen und Bücher können ein paar Stunden Unterricht nicht wettmachen.

# Religion und Kirche –
# Islam, Katholizismus und jüdischer Glaube

Von *De Gaulle* stammt die Bemerkung, er wünsche nicht, dass sein Heimatort Colombey-les-Deux-Eglises („Colombey-der-zwei-Kirchen") eines Tages in Colombey-les-Deux-Mosquées („Colombey-der-zwei-Moscheen") umbenannt werden müsse. Manche Franzosen fürchten, es sei schon fast so weit. Der **Islam** bildet die zweitgrößte Religionsgemeinschaft in Frankreich. Genaue Zahlen sind nicht bekannt, Schätzungen sprechen von 3,5 bis nahezu 5 Millionen Moslems im Land, aus ungefähr zwölf verschiedenen Herkunftsländern, allerdings besitzen die meisten längst die französische Staatsbürgerschaft. Lange Jahre war das gar nicht aufgefallen. Sicher wusste man, dass es unter den Einwanderern viele Algerier, Tunesier und Marokkaner gab. Aber als praktizierende Gläubige erregten sie kein Aufsehen – man hatte sie kaum wahrgenommen. Das der **strikten Trennung von Staat und Religion** verpflichtete Frankreich hat sich um die religiösen Überzeugungen der Immigranten lange Zeit nicht gekümmert. Zum *arabe au coin*, zum ‚Araber an der Ecke', ging man schnell noch einkaufen, wenn abends oder sonntags alle anderen Läden geschlossen hatten. Diese Lebensmittelläden mit europäischem und orientalischem Angebot gehören inzwischen fest zum französischen Stadtbild. Aber dass die Nordafrikaner zu Hause den Koran lesen, fiel den meisten Franzosen erst im Februar 1989 auf, als tausend fanatische Moslems gegen *Salman Rushdie* demonstrierten und seinen Tod forderten. Eine daraufhin vom *Nouvel Observateur* beauftragte Umfrage ergab, dass 9 % der französischen, in Frankreich lebenden Moslems das Todesurteil für *Rushdie* für richtig hielten. Das löste Beunruhigung aus und öffentlich beschäftigte man sich mit dem Thema: der Islam in Frankreich. Welcher Islam wird hier praktiziert, fragten die Medien: Der von religiösen Eiferern, die zum heiligen Krieg gegen Blasphemie und den dekadenten Okzident aufrufen? Der fundamentalistischer Sekten, die dem Mittelalter entsprungen scheinen und Dieben die Hand abhacken wollen und ehebrecherische Frauen steinigen? Oder ein toleranter Islam westlicher Prägung? Mit den Bombenexplosionen 1995 in Paris begann eine Serie von Attentaten, zu denen sich islamistische Gruppen bekannten. Noch vor dem 11. September 2001 wurde der Islam so für viele Franzosen zum Synonym für Terror und Fanatismus.

Zwar ergaben Analysen, dass in Frankreich die **große Mehrheit der Gläubigen einem relativ undogmatischen Islam anhängt** und von einer generellen religiösen Radikalisierung nicht die Rede sein kann. Doch blieb die einmal entstandene Beunruhigung. Anfragen, ob es wahr sei, dass in den Schulküchen kein Schweinefleisch mehr verwendet werden dürfe, oder ob alle Gräber nach Mekka ausgerichtet würden, zeigten die Verunsicherung unter den Bürgern, während die Regierung eher religiöse Splittergruppen und Subkulturen fürchtet. Die Integration der Muslime gehört heute zu den brennendsten innenpolitischen Themen in Frankreich. Vor allem wird über eine mögliche Anerkennung und Förderung eines „französischen Islam" nachgedacht, um Fanatismus und Radikalisierung zu verhindern. Wäre ein Quotensystem für muslimische Bewerber auf Ämter und Arbeitsplätze sinnvoll? Sollte man islamische Theologie studieren können? Die französische Kirche gründete in Paris ein Büro für Beziehungen zum Islam, der Staatspräsident empfing eine Delegation von Imamen. Und umgekehrt setzte der Präsident der **UOIF (Union des Organisations Islamiques de France)** nach den Terroranschlägen in Madrid gleich einen Rundbrief an die assoziierten Vereine auf, in dem es hieß: „Wenn es sich bei den Tätern um Muslime handelt, verdammen wir sie doppelt, weil sie das Ansehen des Islam als einer friedlichen und toleranten Religion beschädigen." Von vielen weiteren Gruppierungen folgten offizielle Stellungnahmen, die Attentate seien „mit dem Islam unvereinbar" und die Täter „religionslos".

Über den Versuch hinaus, Muslime zu ebenbürtigen Ansprechpartnern zu machen, wurde bei den Debatten in Frankreich inzwischen aber auch klar: Europäer wissen viel zu wenig über den Islam – er ist als Religion, als Kultur und als Zivilisation gleichermaßen unbekannt. Immer wieder muss erklärt werden, muss an die einfachsten Sachverhalte erinnert werden. Während die Moslems zwar wenig über Katholizismus und Protestantismus wissen, aber doch mit europäischer Literatur und Kunst, mit der abendländischen Denkweise vertraut sind, ist die Ignoranz der Christen gegenüber den Orientalen weitaus größer. Die Unwissenheit behindert auch dort das gegenseitige Verständnis, wo sie nicht gleich zu Feindseligkeit führt.

Mit circa 520.000 Mitgliedern lebt in Frankreich **eine der größten jüdischen Gemeinden Europas.** Seit mehreren Generationen in Frankreich ansässig ist nur eine Minderheit davon – nur 20.000 Juden überlebten die Deportationen während der deutschen Besatzungszeit im Zweiten Weltkrieg. Schon im Mittelalter gab es jüdische Gemeinden in Frankreich, doch mehrere Pogrome vertrieben ihre Mitglieder. Erst in der Französischen Revolution wurden die Juden zu gleichberechtigten Staatsbürgern erklärt, als erstem Land in Europa waren sie damit in Frankreich den Christen gleichgestellt. Zu dieser Zeit gab es etwa 50.000 Juden in Frankreich, die meisten im Elsass und in Bordeaux, nur etwa 1000 Personen in Paris, die wie Ausländer behandelt und streng überwacht wurden. Im 20. Jahrhundert war ihre Zahl stark gewachsen, doch Zehntausende wurden im Zweiten Weltkrieg in die deutschen Konzentrationslager deportiert. Die Regierung in Vichy versuch-

te zunächst, die französischen Juden zu schützen und nur die „anderen" Juden auszuliefern, also Flüchtlinge, Immigranten, Exilanten. Erst spät hat man in Frankreich begonnen, für den eigenen Anteil an den Verfolgungen unter den Nazis die Verantwortung zu übernehmen – noch immer sind die Jahre zwischen 1940 und 1944 zwischen Kollaboration und Résistance wenig historisch aufgearbeitet. Unter anderem *Serge Klarsfeld* hat in einem zweibändigen Werk „Vichy-Auschwitz" die Beteiligung der Regierung unter *Pétain* am deutschen Vernichtungswahnsinn dokumentiert.

Die Hauptstadt Paris ist mit knapp 200.000 Mitgliedern eine der größten jüdischen Gemeinden der Welt. Es gibt **jüdische Radiosender, Fernsehprogramme und Zeitungen.** Doch diese Gruppe ist durchaus nicht homogen und man ist sich untereinander längst nicht immer einig. Unterschieden wird zwischen den Sephardim aus dem Mittelmeerraum und den Ashkenazim, zentraleuropäischen Juden, die bis in die 1950er-Jahre die Mehrheit bildeten. Doch aufgrund der Immigrationswelle aus dem Maghreb in den 1960er-Jahren haben die eingewanderten tunesischen und algerischen Juden eine nordafrikanische Note beigesteuert. So verbindend die Religion auch sein mag, so steht auch genug Trennendes zwischen den Gruppen, die Sympathien und Antipathien gehen kreuz und quer durcheinander. Nahostkonflikt und Religion, Mentalitäts- und Sprachunterschiede – manchmal steht dem tunesischen Juden der tunesische Muslim doch näher als der jüdische Russe. In der Filmkomödie „Der Tango der Rashevskis" (2003) des Regisseurs *Sam Gabarski* bewegt die Tochter die Frage nach Assimilation oder jüdischer Identität, frisch überzeugte Konvertiten geraten an orthodoxe Rabbiner, in die Familie haben aber auch französische *Gojim,* Ungläubige, eingeheiratet und der Enkel, der in der israelischen Armee gedient hat, heiratet seine palästinensische Freundin.

Viele nichtjüdische Franzosen schwanken zwischen bedingungsloser **Verurteilung von Antisemitismus** und großer Skepsis gegenüber dem jüdischen Nationalismus und der fraglosen jüdischen Loyalität für Israel. Friedhofsschändungen und Anschläge auf Synagogen in Straßburg, Lyon und Marseille haben die Öffentlichkeit noch einmal überdeutlich auf das Problem von Rassismus und Antisemitismus, Immigration und Integration aufmerksam gemacht. Der Nahostkonflikt hat sogar Frankreichs Antirassismusbewegung gespalten in projüdische und proarabische Mitstreiter. Manche Gewalttaten sind rechtsextremistisch gesteuert, für andere werden – politisch unkorrekt – die „Araber" verantwortlich gemacht.

Jüdische Geschäfte, Restaurants, Fernsehprogramme und Zeitungen sind Zeugen der langen Tradition der jüdischen Gemeinde in Frankreich

Eine kleine Minderheit von knapp einer Million bilden die französischen **Protestanten.** Ihr Glaube war in Frankreich verboten oder bloß geduldet neben dem allmächtigen Katholizismus. In blutigen Bürgerkriegen wurden die Hugenotten vernichtet und vertrieben (siehe Kapitel „Geschichtstabelle"). Heute gehören sie oft dem gehobenen Bürgertum an.

Mehr als 40 Mio. Einwohner, also die große Mehrheit, sind **Katholiken.** Was Frankreich von anderen katholischen Ländern unterscheidet, ist die strikte Trennung von Staat und Kirche, **Laizismus** genannt. Der Staat steht ausdrücklich in einer neutralen Position gegenüber der Religion, ohne dabei Glaubensbekenntnisse abzulehnen oder einzuschränken. Innerhalb der EU setzt Frankreich die Trennung von Staat und Kirche am striktesten um, während es in religiös und weltanschaulich ebenfalls neutralen Ländern wie Deutschland, Österreich und der Schweiz zahlreiche Verschränkungen gibt, z. B. konfessionelle Schulen und Kindergärten.

„Nicht gläubig, aber katholisch", diese Charakterisierung *Mazarine Pingeots* (Tochter von *François Mitterrand*) ihrer **Beziehung zur Kirche,** trifft auf die große Mehrheit der Franzosen zu. Nur noch knapp 20 % der Bevölkerung praktizieren den Glauben auch; von den 18- bis 25-Jährigen besuchen gerade mal 2 % die Messe. Die Französische Revolution wandte sich nicht nur gegen den Adel, sondern auch gegen die Kirche; Klöster und Kirchen wurden säkularisiert, Mönche verfolgt. Es liegt nahe, in der Säkularisierung die Gründe für den unterschiedlichen Stellenwert des Katholizismus in Frankreich gegenüber Italien oder Spanien zu vermuten.

## Immigrationsland Frankreich

*„Ein Ausländer wird immer, und mag er schon zwanzig Jahre in Paris leben, ein wenig wie ein „Hergelaufener" betrachtet. Jedes Mal, wenn ich mich frage, ob ich im Land der Menschen und Bürgerrechte, in dem „alle Menschen frei und gleich geboren sind", nun eine „Fremde" bin oder nicht, werde ich mir des unbewussten Widerspruchs der Franzosen bewusst. In der Schule haben sie gelernt, dass die Ausländer Menschen sind wie sie, aber in ihrer Familie haben sie immer das Gegenteil gehört, und diese Spaltung bewirkt, dass sie zuweilen über ihre Intoleranz bass erstaunt sind. Frankreich ist wahrscheinlich das Land, in dem sich der Fremdenhass, der Rassismus, der Antisemitismus, die Frauenfeindlichkeit am besten beobachten lassen, eben wegen dieses Unterschieds zwischen dem, was man sagt, und dem, was man denkt (oder tut)."*

*(Maria Antonietta Macciocchi)*

Ist Frankreich Vorbild für eine funktionierende multikulturelle Gesellschaft? Frankreich hat eine lange Geschichte als Land, das „Andere" aufnimmt, Menschen in Not eine Heimat bietet, auch wenn es sich nicht als Einwanderungsland definiert. Im 20. Jahrhundert kamen Immigranten aus Deutschland, Italien, Portugal, aus Osteuropa, Nord- und Schwarzafrika – für alle galt stets das Prinzip strenger Assimilation. Frankreich versteht sich nicht als ein multikulturelles Völkergemisch, sondern glaubt an die eigene Integrationskraft. Immer hatten sich alle Fremden assimiliert. Auf einer imaginären Skala wäre Frankreich sicher der Gegenpol zu Amerikas multiethnischem, multikulturellem Modell.

Frankreich tut sich schwerer mit der Integration, als es das eigene Ideal eigentlich zulässt: Auch hier steht an Diskotheken das Schild: ‚Eintritt für Araber verboten', zieren Graffiti wie *Morts aux bicots* (Tod den Kameltreibern = Araber; eine Beleidigung wie Nigger für Farbige) die Wände oder werden jüdische Friedhöfe zerstört. **Antisemitismus und Ausländerhass** – das dürfte es in Frankreich eigentlich gar nicht geben. Doch die vor allem in den 1960er- bis 1980er-Jahren verbreitete Vorstellung einer problemlosen Integration erwies sich als Illusion – sowohl für die Einwanderer wie für die Franzosen. Seither wuchs die Zahl der Anhänger rechtsextremer Parteien, erzielte *Le Pen,* der Führer des *Front National,* der unverhohlen fremdenfeindliche und antisemitische Positionen vertritt, teilweise spektakuläre Wahlerfolge.

Das überraschend **gute Abschneiden Le Pens** beim ersten Wahlgang 2002 verursachte einen gehörigen Schock. Dass er französischer Präsident werden würde, stand nicht zu befürchten, doch hatte die extreme Rechte damit *Lionel Jospin,* den Kandidaten der Sozialisten, aus dem Rennen geworfen. Die Diskussion über die Integrationsprobleme ausländischer Arbeiter und den latenten Ausländerhass der Franzosen wurde neu entfacht.

Marseille ist ein Beispiel zur Darstellung der Problematik. Marseille ist die Stadt Frankreichs mit den meisten Maghrebinern, mit den meisten Mohammedanern. *„Marseille, Stadt der hundert Moscheen",* wählte eine Lokalzeitung als Titel für einen Bericht. Das Gebiet zwischen der Canebière, dem Platz Belsunce, der Porte d'Aix und dem Boulevard d'Athènes wird bereits die **Kasbah** genannt. Aus Lautsprechern tönt arabische Musik oder der Lokalsender der Immigranten. Es riecht nach Couscous und Kebab. Ein spektakuläres Foto aus Marseille erregte in ganz Frankreich Aufsehen: eine Straße voller muslimischer Gläubiger, die ihre Gebetsteppiche im Freien gen Mekka ausgerollt haben, weil die Moschee überfüllt ist.

Franzosen und Ausländer, das ist kein einfaches Thema. Eigentlich ist es kurios: In den Mittelmeerdépartements haben die Enkel der einst italienischen und spanischen Einwanderer Angst vor den Kindern der nordafrikanischen Zuwanderer! Denn deutlich werden die **Konflikte** vor allem in Städten mit überprozentual großem Ausländeranteil wie Marseille und Lyon oder in Vororten wie Saint-Denis bei Paris, weil hier in enger räumlicher Nachbarschaft zusammengelebt wird und Probleme verschärft auftreten. Das „elsässische Kosovo" wird etwa ein besonders verrufenes Viertel von Straßburg genannt. Vor allem Paris ist eine multikulturelle Stadt mit einer Vielzahl an ethnischen und religiösen Gruppen. Jeder siebte Pariser ist Ausländer. Die Ghettos der Sozialwohnungen, in denen Arme, Arbeitslose und Einwanderer wohnen, wirken auf manche wie ein gesetzesfreier Raum – immer wieder stecken Jugendliche Autos in Brand oder schlagen Scheiben ein und der Polizei entgleitet die Kontrolle. Zu oft sind Gewalttaten und Vandalismus in den Vorstädten ein spektakulär illustriertes Nachrichtenthema in den Medien. Gerade den jungen Muslimen, hin- und hergerissen zwischen ghettoähnlicher Isolation der Eltern und dem Wunsch nach Eingliederung, machen es Arbeitslosigkeit, die Überforderung der Schulen und triste Lebensbedingungen in den Betonvorstädten schwer, einen eigenen Weg zu finden.

Da Frankreich die Einbürgerung leicht macht, gibt es Zahlen, die davon sprechen, dass jeder dritte Franzose einen Migrationshintergrund hat. Bei der letzten Volkszählung 1999 lebten offiziell über **3,2 Millionen Ausländer** in Frankreich, das entspricht nur 5,6 % der Bevölkerung (2004 waren es 3,6 Millionen und 6,4 %). Von ihnen sind etwa 35 % Algerier, Marokkaner und Tunesier. Sie haben am meisten unter Vorurteilen und Rassismus zu leiden. Man nennt sie abfällig Araber oder etwas freundlicher Maghrebiner nach ihrer Herkunft aus dem „Maghreb" genannten Teil Nordafrikas. Die Wanderungsbewegung setzte nach dem Zweiten Weltkrieg ein und wurde durch großzügige Nachzugsregelungen für Familienangehörige lange Zeit gefördert. Die zweitstärkste Gruppe sind mit etwa 22 % die Portugiesen und Spanier, dann folgen Türken und Italiener sowie Chinesen aus Südostasien. Dass es auch eine hohe Dunkelziffer illegaler Einwanderer gibt, die zum Teil Frankreich nur als Transitland nutzen und via Eurotunnel nach Großbritannien wollen, hat das Verhältnis zu England nicht besser gemacht.

Als ehemalige Kolonialmacht ist Frankreichs Verhältnis zu Nordafrika eng, aber auch von Spannungen geprägt. So wird unter den Einwanderern

Auswanderer aus Schwarz- und Nordafrika leiden am meisten unter Vorurteilen und Rassismus

noch unterschieden zwischen gebürtigen Algeriern, Marokkanern und Tunesiern im Gegensatz zu den **Abkömmlingen von Kolonialfranzosen,** die nach der Unabhängigkeitserklärung Algeriens 1962 scharenweise ins Mutterland kamen. 200.000 Familien in drei Monaten! Binnen weniger Wochen suchten Hunderttausende Arbeit, Wohnungen, Schulen. Unfreundlich oder feindlich wurden sie empfangen, mit dem für Frankreich charakteristischen Misstrauen gegenüber allen Fremden. Meist waren es kleine Leute, Siedler, Krämer, Bauern; viele kamen ohne Geld, aber mit einem schlechten Ruf als Reaktionäre, Rassisten und Ausbeuter. Diese Gruppe

nennt man **pieds noirs,** Schwarzfüße. Nachdem Algerien im 19. Jahrhundert erobert worden war, hatten sich dort viele französische Siedler niedergelassen, auch Italiener, Spanier und Malteser. Während des Freiheitskampfes wehrten sich diese Gruppen meist heftig gegen die Verleihung der Unabhängigkeit an Algerien. Zurück in Frankreich, fühlen sie sich als Vertriebene, als Benachteiligte und Opfer. Obwohl sie selbst aus Algerien gekommen sind, wachsen ihre Ressentiments gegen die Algerier: „Erst werfen sie uns raus, dann überschwemmen sie Frankreich."

Neben den „Schwarzfüßen" gibt es eine weitere Gruppe algerischer Auswanderer, die **Harkis.** Das sind Nordafrikaner, die sich während des Befreiungskrieges auf Seiten der Franzosen schlugen, mit ihnen gegen die algerische Befreiungsfront kämpften und deshalb später flüchten mussten. Algerien weigert sich noch immer, die *Harkis* zu rehabilitieren. Obwohl das Jahr 1962 schon über 40 Jahre zurückliegt, muss man den Eindruck gewinnen, dass die Kolonialzeit auf beiden Seiten noch Ressentiments wachruft.

Diese Immigrantengemeinschaft wird von vielen Franzosen als Bedrohung ihrer Existenz empfunden, denn Arbeitslosigkeit, soziale Not und Zukunftsangst verleiten schnell dazu, die Schuld daran den Ausländern zuzuschieben. Die diffuse Furcht vor dem Fremden und Neuen nimmt beunruhigende Ausmaße an. Oft ist schon das Aussehen Grund genug für eine Festnahme oder ungerechte Behandlung. Ausweiskontrollen, unfreundliche Behandlung, unbegründete Anzeigen von Ausländern nehmen ständig zu, der alltägliche Rassismus greift um sich. Frankreich hat sich noch nicht daran gewöhnt, dass aus einem Land von Franzosen eine sehr bunte Gesellschaft geworden ist. **Vorurteile und Verunsicherung** behindern die gegenseitige Sympathie: Für viele Franzosen sind die Maghreb-Afrikaner alle Drogenabhängige, Diebe, Vergewaltiger, militante Fundamentalisten, Terroristen. Sie nähmen den Franzosen die Arbeitsplätze weg, seien verantwortlich für die Unsicherheit auf den Straßen und bedrohten die „kulturelle Identität".

Davon profitiert die rechtsextremistische **Partei Le Pens,** die den Fremdenhass zu einem Punkt ihres Programms gemacht hat, versteckt unter der Maske der Menschenfreundlichkeit: Man helfe ja nur den Immigranten, in ihre Heimat zurückzukehren. In Marseille brachten die ausländerfeindlichen Parolen Wahlquoten von 25 % für *Le Pen* und seine Partei **Front National,** die die Ängste französischer Wähler in Ausländerfeindlichkeit kanalisiert. Vor schamloser Übertreibung schreckt die Rechte dabei nicht zurück. *Le Pens* Parteiprogramm verspricht, Frankreich von den Immigranten zu erlösen und damit zugleich auch von allen anderen Problemen. Die „Araber" dienen als Sündenböcke für viele gesellschaftliche Missstände und die von *Le Pen* öffentlich vorgetragenen Hasstiraden gegen Ausländer sind nur die Spitze eines Eisbergs.

Aber es gibt auch das Gegenteil: Viele Franzosen sind beunruhigt von der Entwicklung in ihrem Land und solidarisieren sich mit den Nordafrikanern. Die Bewegung *Touche pas a mon pote. S.O.S Rassisme* (Finger weg von meinem Kumpel. S.O.S Rassismus) fand viele Mitstreiter. Diesen Slogan steckten sich Franzosen als Plakette an, um zu demonstrieren, dass sie **gegen Diskriminierung** sind. (Nicht zu verwechseln mit der rechtsextremistischen Bewegung *S.O.S. France,* deren Slogan „Frankreich den Franzosen" hieß). Eine abwehrende Handfläche ist das Zeichen dieser von *Harlem Désir* initiierten Bewegung, auch oft als Graffiti an Wänden und Mauern zu sehen. Diese Hand signalisierte das Engagement einer ganzen Generation.

Nach dem Machtwechsel 1981 und dem **Wahlsieg Mitterrands** wurden die **Ausländergesetze** in Frankreich zunächst gelockert. Damals hatte die französische Regierung die Legalisierung von über 100.000 illegalen Einwanderern verfügt und die Bildung von ausländischen Gruppen und Vereinen genehmigt, die vorher nur unter Aufsicht eines Franzosen erlaubt waren. Es entstanden hunderte kleiner Radiosender, Zeitungen und Musikgruppen. Später wurde die sozialistische Generosität des Anfangs zurückgenommen und 1986 Aufenthalts- und Zuzugsbedingungen für Ausländer wieder verschärft.

**Beurs,** das ist der Name, den sich die nordafrikanischen Bürger Frankreichs selbst geben, vor allem die „zweite" Generation, die in Frankreich aufgewachsenen Kinder der Einwanderer. Sie treten selbstbewusst auf, beharren sowohl auf ihrer maghrebinischen Herkunft wie auf ihren Rechten als Franzosen. *Beur* ist ein Wortspiel mit *arabe* (arabisch). Unter Szenemitgliedern und Jugendlichen herrscht die Mode, Worte umzudrehen, und *beur* ist die lautliche Umkehrung von *arabe.* Ursprünglich war es abwertend gemeint, heute wenden es die Araber stolz auf sich selbst an. Bei den Kommunalwahlen 1989 wurden die ersten *Beurs* in die Stadtparlamente gewählt. Inzwischen existiert eine echte Beur-Kultur, fast eine Beur-Identität. Mit viel Erfolg liefen auch in Deutschland die Beur-Filme „Tee im Harem des Archimedes" von *Mehdi Charef* oder „Die Beduinen von Paris" von *Serge Meynard.* Daneben gibt es Beur-Radiosender, Musikgruppen und -clubs.

Für manche *Beurs* bleibt ihre Abkunft ein Problem, da sie zwischen **zwei Welten** leben. Weder fühlen sie sich ganz als Ausländer noch werden sie als Franzosen anerkannt. Mit den Eltern treten Konflikte auf, da diese oft strenggläubiger sind, zum Teil Analphabeten und gerade bei Mädchen an einer rigorosen Erziehung nach alten Traditionen festhalten. Als Franzosen behandelt zu werden, verhindert schon ihr Aussehen. Nur eine erfolgreiche Karriere vermag die arabische Herkunft ganz vergessen zu lassen. *Isabelle Adjani,* die als typisch französische Schauspielerin gilt, hat erst durch ihr Engagement für *S.O.S Rassisme* auf ihren algerischen Vater aufmerksam gemacht. Auf viele andere *Beurs* in den tristen Vorstädten wartet jedoch als traurige Zukunftsperspektive Arbeitslosigkeit oder Straffälligkeit.

Im Herbst 2005 wird der Tod zweier Jugendlicher der Auslöser für die **„Revolte der Überflüssigen".** Brennende Vorstädte, verwüstete Straßenzüge, ausgebrannte Autos, Schulen und Fabriken in Schutt und Asche – in Paris bricht sich ein soziales Elend Bahn, das von der Politik jahrzehntelang ignoriert wurde. Über Medienberichterstattung, Handys und Internet eskaliert die Randale schnell in die Provinzstädte von Lille bis Lyon. Die „überflüssigen Jugendlichen" sind die Kinder arabischer und afrikanischer Einwanderer, sie sind in der Regel arm und arbeitslos und haben auch keine Hoffnung, dass sich das ändert. Grund für ihren Ausschluss aus der Gesellschaft ist aber gerade nicht ihre fehlende Integration oder ihre Religion – in der Regel haben sie als Einwandererkinder einen französischen Pass, sie sprechen perfekt französisch, haben das französische Schulsystem durchlaufen und pfeifen auf den Islam. Eben weil sie längst assimiliert sind, macht das den französischen Rassismus und die gesellschaftliche Ausgrenzung (wie auch die territoriale in die Ghettos der Vorstädte) für sie so bitter.

# Airbus und Atomkraft –
# die französische Wirtschaft

*„Haupthindernis für das Verständnis der französischen Wirtschaftspraxis sind die schönen Reiseberichte und die euphorischen Kulturreportagen. Damit wurde der Ruf Frankreichs schon früher einseitig in die Welt getragen. Wesentliches blieb dabei im Hintergrund, nämlich dass Frankreich heute eine der großen Industrienationen der Welt und ein Land mit technischen Spitzenleistungen ist. "*

(Klaus Walter Herterich)

In einer Broschüre über „Franzosen als Wirtschaftspartner" findet sich dieses Zitat. Den Formulierungen merkt man doch sehr den Marketingzweck an. Frankreich sieht sich selbst gern als „Europas Japan", als technologische Avantgarde unter den Industrieländern in der EU, als expandierende, in den Weltmarkt integrierte Großmacht. Ehrgeizige Großprojekte wie die Atomindustrie, der Schnellzug TGV, moderne Waffentechnologie, Satellitenkommunikation oder die Forschung in der Luftfahrt werden millionenschwer subventioniert und sollen die Vormachtstellung Frankreichs demonstrieren. Frankreich als Industrieland mit technokratischen Führungsansprüchen und überzogenem Modernisierungswillen?

Frankreich **als Wirtschaftsfaktor aus dem Ausland gesehen:** Da würde wohl kaum jemand gerade an Japan denken. In den (deutschen) Köpfen spuken noch Bilder eines ländlichen, idyllischen, ja archaischen Frankreichs, das wirtschaftlich unterentwickelt ist und dessen Reiz es gerade ausmacht, dass es keine Industrie, dafür aber viel Landwirtschaft gibt. In malerischen kleinen Dörfern leben die Bewohner dieses Landes, die zwar keine Arbeitsdisziplin haben, aber Lebenskünstler sind. Sie leben nicht, um zu arbeiten, sondern arbeiten (wenig), um zu leben. Alles ist etwas zurückgeblieben, ökonomisch rückständig; mit liebenswerter, aber ein bisschen schlampiger Nonchalance erledigt man Geschäfte, Genuss geht vor Leistung. Frankreich als kleinbürgerliches Krämerland? Auch in der agrarischen Großmacht Frankreich repräsentieren die Bauern nur noch 4 % der berufstätigen Bevölkerung.

Oder ist es doch eher das Frankreich der zahllosen Streiks und Arbeitskämpfe, dessen Wirtschaft ständig lahmgelegt wird, weil sich Unternehmer und Arbeiter feindlich gegenüberstehen, wo noch Klassenkampf herrscht, während in den Nachbarländern Tarifverhandlungen geführt werden? Wo desolat organisierte, da verstaatlichte Großbetriebe beweisen, dass nur die kapitalistische Marktwirtschaft leistungsfähig ist und also jedem ausländischen Investor abgeraten werden sollte, in Frankreich oder mit Franzosen zu arbeiten? Wo protektionistische Wirtschaftspolitik ohnehin echten Wettbewerb verhindert? Der wirtschaftspolitische Kurs Frankreichs wird vom starken Staatsinterventionismus bestimmt, innerhalb der EU tut sich Frankreichs Regierung andererseits schwer mit der aus ihrer Sicht übermächtigen Bürokratie in Brüssel – es sei denn, Frankreich selbst formuliert die Regeln. So sind etwa die üppigen EU-Subventionen für Frankreichs Landwirtschaft ein stetiger Konfliktpunkt.

Obwohl Frankreich weltweit die **viertgrößte Industrienation** ist, unterstellen die anderen Industrieländer im Bereich Wirtschaft und Technik gerne einen Nachholbedarf und Anschlussprobleme an die internationale Entwicklung. Diesem hartnäckigen Vorurteil treten die Franzosen heftig entgegen. Richtig daran ist nur, dass das technokratisch orientierte Atomkraft-Frankreich das ländliche Erscheinungsbild noch nicht flächendeckend verdrängt hat. Frankreich ist doppelt so groß wie die Bundesrepublik, hat aber weniger Einwohner als diese. Es gibt immer noch ländliche Regionen und kleine Provinzstädte, in denen die Modernisierung noch nicht viel verändert hat. Trotz dieser das Bild prägenden ländlichen Idylle muss man auch die Zahlen sehen: Mit nur 1 % der Weltbevölkerung erwirtschaftet Frankreich 5 % des weltweiten Sozialprodukts, einige seiner großen Auto-, Pharma- und Luxusgüterkonzerne gehören zu den Top 100 der Welt.

Später allerdings als andere Länder bemühte sich Frankreich um **Modernisierung.** Die *Trente Glorieuses,* die drei Nachkriegsjahrzehnte, waren nicht vom gleichen extremen Neuanfangs- und Wachstumswillen geprägt wie dieselbe Zeit in der BRD (wo schon die Kriegszerstörungen gar nichts anderes zuließen). Man versuchte vielmehr, die Tradition zu retten, an Altbewährtes der Vorkriegszeit anzuknüpfen, die unruhigen Jahre der Besatzung durch Rückbesinnung vergessen zu machen. Dieses Bild eines nur langsam sich verändernden, sehr traditionellen Nachkriegsfrankreich überlebte im Ausland recht lange.

In den 1980er-Jahren sahen sich die Franzosen europäischen Entwicklungen hinterherhinken, fürchteten den Anschluss an den „Fortschritt" zu verpassen und ihre wirtschaftliche Wettbewerbsfähigkeit zu verlieren. Umso massiver wurden daraufhin alle Projekte gefördert, die versprachen, Frankreich auf dem internationalen Markt konkurrenzfähig zu machen. Das hat dazu geführt, dass vor allem **Großtechnologie** vom Staat intensiv gefördert wird (während kleine Projekte und Betriebe in den Regionen oft leer ausgehen): Der *Airbus A380* zum Beispiel, das größte Passagierflugzeug der Welt, wird bei Toulouse gebaut, das sich als Zentrum der europäischen **Luftfahrtindustrie und -forschung** präsentiert. Der Airbus ist ein europäisches Gemeinschaftsunternehmen, aus Produktionsstätten in Broughton, Derby, Hamburg, Nantes und Saint-Nazaire werden die gigantischen Teile für die Endmontage nach Toulouse geliefert. Auch die Trägerrakete *Ariane*, mit der vom französischen Weltraumbahnhof Kourou (Französisch-Guyana) Satelliten ins All transportiert werden, ist ein **europäisches Gemeinschaftsprojekt.** Die Produktion der mit Überschallgeschwindigkeit fliegenden *Concorde*, das zweite, sehr umstrittene Flugzeug des früher staatseigenen Herstellers *Aérospatiale*, wurde wieder eingestellt, dafür aber verkaufen sich die Hubschrauber umso besser. Die ebenfalls französische Konkurrenzfirma *Dassault-Bregeut* produziert das Militärflugzeug *Mirage*. Das Atomunterseeboot *Le Triomphant* oder das neue Beobachtungssystem *Orchidee* sind weitere Beispiele dafür, auf welchem Gebiet Frankreich an Fortschritt interessiert ist. Das Kampfflugzeug *Rafale*, die Raumfähre *Hermes*, ein atombetriebener Flugzeugträger *Charles de Gaulle*, die nukleare Kurzstreckenrakete *Hades* – die Liste ließe sich noch verlängern. Dem französischen Steuerzahler scheint das kaum zu missfallen, öffentlichen Protest gab es kaum.

Die wirtschaftlichen Ambitionen Frankreichs beschränken sich aber nicht auf Waffentechnik, Raum- und Luftfahrt, Ähnliches gilt auch für die **Atomindustrie.** Zudem sind zivile und militärische Nutzung von Atomenergie in Frankreich kaum zu trennen. In keinem Land ist der Siegeszug der Atomkraft so uneingeschränkt abgelaufen wie in Frankreich – von den rund 440 Atomkraftwerken weltweit stehen knapp 60 in Frankreich. Während AKWs international 17 % zur Stromproduktion beitragen, sind es bei der nationalen Stromnachfrage in Frankreich knapp 80 % – mehr als irgendwo sonst. Ein Teil des Stroms wird auch exportiert; außerdem übernimmt Frankreich die nukleare Entsorgung für andere in der Wiederaufbereitungsanlage von La Hague.

Die Atomindustrie – vom Anlagenbau über die Stromerzeugung bis zur Wiederaufbereitung – ist ebenfalls staatlich organisiert und ein aufschlussreiches Beispiel: Die Einhelligkeit, mit der die **zivile und militärische Kerntechnik in Frankreich befürwortet** wird, erregt immer wieder Befremden bei Deutschen. Quer durchs Parteienspektrum und anscheinend auch getragen von der Bevölkerung ist die Zustimmung. Widerstand gegen die Errichtung von Kraftwerken gab es kaum, Gesundheitsrisiken waren kein Thema in der Öffentlichkeit. Auch die antinuklearen Wahlversprechen *Mitterrands* vor der Wahl von 1981 wurden niemals eingelöst, aber auch niemals eingeklagt. In anderen Ländern bremsten Bürgerproteste oder Sicherheitsauflagen den Prozess – in Frankreich entschieden Behörden und Gerichte immer zugunsten des staatlichen Atomprogramms. Die französischen Atomkraftwerke seien sicher, ohne Gaurisiko,

Strahlung und Entsorgungsprobleme, war die verbreitete Einstellung. Während man in Amerika und Deutschland seit einiger Zeit die Rentabilität von Nuklearstrom bezweifelt und nicht aus ökologischen, sondern aus wirtschaftlichen Gründen manche Projekte schon wieder aufgibt, verhindert die staatliche Subventionierung in Frankreich solche ökonomische Kalkulation. Ohne finanzielles Risiko und deshalb ohne Rücksicht auf die Kosten wurde der Ausbau zügig fortgetrieben. Die EDF *(Electricité de France),* das **staatseigene Energieversorgungsunternehmen,** ist der am höchsten verschuldete Konzern Frankreichs. Ihre Zahlen hat die Nuklearindustrie nie offen gelegt, unter Hinweis auf militärische Geheimnisse. Die Verflechtung von ziviler und militärischer Atomforschung ist eng, ein Teil des Geldes stammt aus dem Verteidigungshaushalt. Pro Atom argumentiert wird vor allem mit der Unabhängigkeit der Energieversorgung vom Erdöl.

Während also die internationale Wettbewerbsfähigkeit Frankreichs gewachsen ist, ist die Stabilität im Inland ernstlich gefährdet. Neben der Förderung überdimensionierter Prestigeprojekte wurde den **Betrieben mittlerer Größe** viel zu wenig Aufmerksamkeit geschenkt. Man konzentrierte sich auf wenige Bereiche und Großunternehmen und vergaß völlig die Zulieferindustrie. Die Spitzenreiterstellung in Rüstungsindustrie und Atomwirtschaft wird von auffallender Rückständigkeit in vielen anderen Branchen begleitet. Mag sein, dass Frankreich im Zeitalter der globalisierten Märkte konkurrenzfähig auftritt, was diese Großtechnologie betrifft; viele kleine Unternehmen und Handwerker werden vielleicht eher zu den Opfern eines freien Binnenmarktes gehören. Auch die Landwirtschaft steht vor einer großen Herausforderung, da die Marktmacht der Handelsketten immer weiter wächst: Viele Bauern, auch solche mit großen Höfen, können angesichts der Billigpreise für Fleisch, Milch, Getreide nicht länger davon leben, Nahrungsmittel zu produzieren. *Aldi Marché* und *Lidl* haben längst international expandiert.

Vielen Franzosen ist diese Art von **staatlicher Wirtschaftslenkung** außerdem zu bürokratisch, zu unrentabel – eine verwaltete Krise. Aber diese Verquickung von Staat und Wirtschaft ist typisch für Frankreich. Freies Unternehmertum existiert kaum, die Topmanager in der Industrie kommen alle aus den staatlichen Hochschulen. Alle Parteien, ob rechts oder links, betonten in den vergangenen Jahren die Wichtigkeit von technologischer Modernisierung für die Zukunft Frankreichs. In einem immensen Umfang wurden staatliche Gelder zur Verfügung gestellt. Diese (oft Dirigismus oder Interventionismus genannte) staatliche Planung hat sicher große Erfolge bewirkt. Initiativen privater Unternehmer dagegen finden wenig Unterstützung.

## Le Patron

Patron ist die landläufige Bezeichnung für den Besitzer eines Familienbetriebs. Monsieur le patron besitzt vielleicht den Lebensmittelladen an der Ecke, Madame la patronne führt das Stammbistro in der nächsten Straße. Das Leben im kleinen Familienbetrieb war typisch für den französischen Mittelstand. In solch einem Kleinbetrieb oder Geschäft sind die Mitarbeiter zum Teil Familienmitglieder, die anderen werden behandelt, als gehörten sie ebenfalls zur Familie.

Hergeleitet wird die Bezeichnung *patron* von „Schutzherr, Vater". In der Wortgeschichte spiegelt sich der heutige Bedeutungsgehalt: väterliche Fürsorge auf Seiten des *Patron*, liebevoller Gehorsam bei den Untergebenen. Der *patron* ist der Patriarch, er übt unumschränkte Autorität aus, nur sein Befehl zählt. Im Idealfall wohnt die Familie über der Werkstatt oder dem Laden, man kennt die Nachbarn und das Viertel. Die Frau macht die Kasse oder die Buchhaltung, die Kinder helfen oder sind die Lehrlinge. Man orientiert sich an der Tradition; was hergebracht ist, soll auch so bleiben. Man ist weder reich noch arm und will das auch nicht ändern. Wenn die verehrte Kundschaft die Treue hält, ist man zufrieden. Innovation, Leistung und Konkurrenz der Mitarbeiter werden weniger honoriert als Anpassung, Gehorsam, Pflichterfüllung und Familienzugehörigkeit. Eine gewerkschaftliche Organisierung der Angestellten und Arbeiter wäre ein Vertrauensbruch, der *patron* hält sie für ungehörig, ja fast für unanständig. Er kennt jeden seiner Mitarbeiter, ihr Privatleben, ihre Lebensverhältnisse.

Der Betrieb oder der Laden, die Werkstatt oder das Unternehmen sind seit Generationen in Familienbesitz und werden jeweils an den Sohn weitervererbt. Langjährige Beziehungen zu Kunden und Lieferanten machen Verträge zu sehr persönlichen Abkommen, mit dem anonymen Markt tut man sich schwer. Der *patron* alten Schlags identifiziert sich mit seinem Unternehmen, umgekehrt steht und fällt das Unternehmen mit ihm. Er ist zugleich Besitzer und Geschäftsführer. Individualistisch und regionalistisch orientiert, missfallen dem *patron* alle administrativen Vorschriften, überhaupt der Zentralismus oder „Parisianismus", wie er es nennt. Leistung, Wettbewerb,

Aus dem Ausland wurden die mehrmaligen Anläufe Frankreichs, bestimmte wichtige Industrien zu verstaatlichen oder zu reprivatisieren mit Interesse, Befremden oder Zustimmung beobachtet, je nach Standpunkt. Die eigentlichen **Nationalisierungswellen** fanden einmal nach 1945 unter dem Einfluss der Kommunistischen Partei und zum zweiten nach dem Wahlsieg der Sozialisten 1981 statt. Nach 1945 waren das: die Kohlengruben, die Stromerzeugung, einige Banken, die Fluggesellschaft *Air France*, die Renault-Werke; nach 1981 *Rhône Poulenc, Saint-Gobain, Thomson-Brandt,* ferner Unternehmen der Rüstungsindustrie, weitere Banken, ein Teil der Computerindustrie, Pharmafirmen und Finanzgesellschaften. Damals wurde das begründet mit Synergieeffekten für die technologische Innovation. Gründe für die Reprivatisierung durch die konservativen Regie-

Profit und Marktorientierung sind zwar keine Fremdworte für ihn, aber Altbewährtes bevorzugt der *patron*. Überschaubarkeit bleibt seine Leitidee, Sicherheit geht vor Risiko. Investitionen und Modernisierung plant er nur dann, wenn er sich ganz sicher ist, keine Kundschaft zu verschrecken. Grund und Hausbesitz sind keine Spekulationsobjekte, sondern unveräußerlicher Teil der Familientradition.

Anonyme multinationale Konzerne, fremdes Geld (sprich Kredite), unbekannte Angestellte oder juristisch verschachtelte Gebilde aus Filialen und Tochterfirmen erregen seinen Argwohn, liegen außerhalb seiner Vorstellungswelt.

Eigentlich handelt es sich bei der *patronage* um eine anachronistische Wirtschaftsform, doch ist *patron* noch immer die gängige Bezeichnung für den Boss eines Betriebs. Er verkörpert die spezifisch französische Vorstellung davon, wie Wirtschaft funktioniert, was ein Unternehmen ausmacht und wie der typische Unternehmer aussieht. Der *patron* symbolisiert „Handel und Wandel" bzw. eben Handel ohne Wandel. Auch in Frankreich gibt es multinationale Konzerne, doch der Prototyp eines französischen Unternehmers ist der *patron*. Ihm gehört die Sympathie der Franzosen. Industrielle und Manager im modernen Sinn können sich wenige bildhaft vorstellen.

Diese kleinen Unternehmen zeigen zum Teil eine überraschende Überlebensfähigkeit und Vitalität: kleinteilig organisiert, bewahren sie sich eine Anpassungsfähigkeit und Wendigkeit, die hochtechnologisierten Großbetrieben abgeht.

rungen waren der aufgeblähte bürokratische Apparat und die Verschwendung von Steuergeldern für künstlich am Leben gehaltene, unrentable Staatsbetriebe.

Nach wie vor bevorzugt Frankreich eine aktive **Interventions-Wirtschaftspolitik.** Der starke Einfluss der Regierung auf die großen Unternehmen gilt geradezu als Kennzeichen der französischen Wirtschaftspolitik. „Liberales" Vertrauen in die Selbststeuerungskräfte der freien Marktwirtschaft wird hier gerne als „atlantisch" diskreditiert. Seit der EU-Erweiterung ist ein außenpolitisches Argument für staatlich gelenkte Wirtschaftsunternehmen hinzugekommen: Dank der nationalen Subventionen muss man sich betriebswirtschaftlicher Logik nicht unterwerfen, also auch ausländische Billigarbeitskräfte nicht fürchten.

## Luxusgüterindustrie

Zu den 100 weltweit größten Konzernen gehören etwa das Erdölunternehmen *Total,* der Automobilhersteller *PSA* (Peugeot-Citroën), das Energieunternehmen *Electricité de France* und der Lebensmittelvertrieb *Carrefour.* Frankreichs Bild als Wirtschaftsmacht hat im Ausland aber vornehmlich ein Industriezweig geprägt: die Luxusgüterindustrie, besonders von Mode und Parfüm.

Jahrzehntelang war Paris unbestritten das Zentrum der **Haute Couture.** In den Nachkriegsjahren, als man langsam wieder Geld für mehr als das Lebensnotwendige hatte, begannen Frauen wieder, Mode zu kaufen. Vor allem *Christian Dior,* der 1947 den „New Look" erfand, beendete den Zweiten Weltkrieg für viele Frauen, indem er ihnen ihre elegante Silhouette zurückgab. Nach der Zeit der Männersakkos gab es nun wieder knappe Jacken, weitschwingende Röcke und Wespentaillen. Neben *Dior* und *Jacques Fath* waren *Coco Chanel* und *Yves Saint-Laurent* Inbegriffe von Luxus und Eleganz. *Louis Féraud* begann seine Karriere als Modemacher 1949 und fertigte in den 1960er-Jahren die Kleider für das damalige Sex-Symbol *Brigitte Bardot. Hubert Givenchy* wiederum ist für *Audrey Hepburns* Garderobe im Film und im wirklichen Leben zuständig gewesen, heute reißen sich alle – von *Armani* bis *Versace* – darum, Leinwandstars für die Oscar-Feiern einzukleiden oder ganze Filme auszustatten.

Noch immer stehen die **großen Messen in Paris,** die im Januar und im Juli stattfinden, im Mittelpunkt des Interesses. Die Einkäufer, Stylistinnen und Modejournalisten reisen zu Tausenden an, die Hotelzimmer sind ausgebucht, die Zeitschriften berichten über die neuesten Modetrends. Im hektischen Treiben um die pompösen Inszenierungen lauern Fotografen auf die Modemacher und ihre Models. Alle großen Modeschöpfer präsentieren ihre Kollektionen vor geladenen Gästen und lassen sich feiern wie Könige. Unter der prominenten Klientel gibt es neben den „alten Reichen" immer mehr Petro-Dollar-Prinzessinnen, Russenmafia und Popstars.

Viele der großen Namen der Modebranche sind aber nur noch Aushängeschilder; in den wenigsten Häusern steht noch ein Gründer am Zeichentisch. Hinter dem Etikett – ob *Chanel, Dior, Balmain* oder *Guy Laroche* – verbirgt sich längst ein angestellter Designer, zur Entrüstung mancher Franzosen sogar immer öfter Belgier, Italiener, Engländer oder gar Amerikaner. Das „Herzstück französischen Kulturguts" (SPIEGEL) wurde international – zumindest hinter den Kulissen.

Die **Mode- und Parfümindustrie** ist mit 28,8 Milliarden Euro Umsatz jährlich nach wie vor ein wichtiger Wirtschaftssektor und mit 30% des Angebots weltweit ist Frankreich der wichtigste Exporteur (zum Vergleich: Im Pharmabereich macht Frankreich 33 Milliarden Umsatz jährlich). Aus den kleinen Schneiderateliers sind große Modeimperien geworden, die eigene Boutiquen in Rom, New York, London und Tokio besitzen. Die eingeführten Markennamen werden nicht aus rein nostalgischen Gründen bewahrt, sie bedeuten bares Geld. Das große Geschäft ist jedoch nicht mehr die Maßschneiderei, sondern die Mode von der Stange. Die extrem teure Garderobe für die ganz Reichen der Welt erbringt nur magere 6% der Umsätze, den Löwenanteil erwirtschaften Konfektionsware, Accessoires, Parfüms und Kosmetika sowie die Lizenzvergabe des Markennamens. Die Millionenverluste der Haute Couture werden als Werbeaufwand abgeschrieben. Fast alle Haute Couture-Label arbeiten nicht mehr unabhängig, sondern gehören zu großen **Luxus-Konzernen** wie LVMH – *Louis Vuitton Moët Hennessy* nennt *Dior, Vuitton* und *Givenchy* sein eigen sowie mit *Moët et Chandon* eine exklusive Champagnermarke, mit *Hennessy* einen bekannten Cognac und dem *Château d'Yquem* ein prestigeträchtiges Weingut.

Nicht nur Modehauptstadt, sondern auch Heimat des Wohlgeruchs ist Paris. Von Frankreich aus wird seit Jahrhunderten ganz Europa mit duftenden Essenzen versorgt, die Stadt Grasse in Südfrankreich ist das Zentrum der **Parfümherstellung.** Seit man nicht mehr sein Leben lang das gleiche Parfüm behält, sondern zweimal im Jahr die Duftnote wechselt, bringt das den schnellen Umsatz mit neuen Düften. Die meisten großen Modehäuser, ob *Givenchy* oder *Balmain, Courreges* oder *Nina Ricci,* verdienen einen beträchtlichen Teil ihres Geldes mit Parfüms, Kosmetikserien und Accessoires. Die Grenze dessen, was als Duftnote als dezent oder schicklich gilt, ist in Frankreich weiter gezogen als in Deutschland. Düfte, die uns schon aufdringlich erscheinen, empfinden Franzosen als sinnlich. Ob Flüssigseife auf den WCs oder Papiertaschentücher, alles ist parfümiert. Selbst das Toilettenpapier kaufen Franzosen bevorzugt duftend (übrigens selten in Rollenform, sondern als einzelne Blätter). Die deutsche protestantische Tradition dagegen – sinnfällig etwa in der Redensart „wer nicht stinkt, braucht auch nicht zu duften" – verpönte künstliche Nachbesserung, ob Make-up, Lippenstift, Parfüm oder falsche Wimpern. Unter Verzicht auf

## Weinbau in Frankreich

Traditionsreiche Anbaugebiete wie Burgund, Bordeaux, Beaujolais, Elsass oder Loire-Tal sind für den Weinkenner wohlklingende Namen. Insgesamt produziert Frankreich über 20% der Weltweinernte und ist Europas Weinerzeuger Nummer eins. Die Vinexpo, die weltweit wichtigste Fachmesse für Wein, findet jedes Jahr Ende Juni in Bordeaux statt. Und mit 11 Milliarden Euro Jahresumsatz und rund 600.000 Beschäftigten ist die Weinbranche einer der wichtigsten Wirtschaftszweige des Landes.

Die Franzosen können sich edler Tropfen rühmen: *Château Margaux*, *Château d'Yquem* oder *Clos de Vougeot* sind illustre Namen. Betuchte Liebhaber aus aller Welt reservieren sich die Weine oft schon Jahre im Voraus. Seit die Konkurrenz aus Kalifornien, Südafrika, Australien, Chile und Neuseeland Weine für den Massengeschmack mixt, verlieren die erfolgsverwöhnten Franzosen jedoch Marktanteile. Weinexperten kritisieren, dass amerikanische und englische Großkritiker die Winzer dazu verleiten, ihre Weine zu aromatisieren. In den Erzeugerländern in Übersee dürfen die Produzenten ihren Weinen ganz legal Säure, Gerbstoffe, künstliche Veilchen- oder Himbeeraromen zusetzen oder Holzspäne zufügen, um den beliebten Eichenholzfassgeschmack zu erzielen.

Die Spitzenweine, die einen exzellenten Ruf genießen, hohe Preise erzielen und relativ leicht Abnehmer finden, machen nur 5–10% der französischen Produktion aus. Das Problem sind nicht diese großen, bekannten Châteaus, deren Luxusprodukte ihre Nische haben. Das Problem sind die durchschnittlichen Erzeugnisse, bei denen die Überproduktion zu einem Preisverfall führt. Viele Winzer können nur mittlere Qualitäten erzielen und klagen über mangelnde Nachfrage. Im Bereich der niedrigen Preise ist die Konkurrenz groß. Einfache Weine aus aller Welt überschwemmen Europa. In Großbritannien etwa ist der Marktanteil französischer Weine von 35% im Jahr 1994 auf 20% im Jahr 2003 zurückgegangen, obwohl der Weinkonsum weltweit ständig steigt. Auch die Deutschen trinken kaum noch französischen Wein. Besonders aus Italien oder Spanien werden Tankladungen minderwertiger Tafelweine importiert. Gegen deren Preispolitik sind die französischen Winzer nicht mehr konkurrenzfähig, obwohl viele von ihnen, besonders in der Provence und im Languedoc, schon vor langer Zeit auf Monokulturen und industrielle Produktion umgestellt hatten, um die Erträge zu steigern. Damit waren die Winzer der EG-Konkurrenz trotzdem nicht gewachsen und gingen auf die Straße. Die französischen Weinbauern gelten eigentlich als bodenständig, arbeitsam und bedächtig. Der Weinbau ist eine harte Plackerei, da will man wenigstens den Lebensunterhalt verdienen können. Doch die Erlöse reichen oft nicht mal, um die Produktionskosten zu decken.

Die Erzeugnisse französischer Winzer sind berühmt für ihre Qualität

blumige Wohlgerüche repräsentierte die Kernseife deutsche Sauberkeit und Hygiene. Die duftverliebten Französinnen schienen von jeher zu glauben, „viel hilft viel" und dementsprechend zerstäubten sie Unmengen von Parfüm über sich. Im verschwenderischen Umgang mit Duftstoffen ist Frankreich konkurrenzlos.

Es kam sogar zu tätlichen Angriffen gegen italienische Lastwagenfahrer. Ein Tischwein aus dem Languedoc kostet kaum mehr als Mineralwasser. Damit kann ein Winzer nur leben, wenn er Unmengen produziert und auch absetzt. Aber rustikale Billigweine im Tetrapack oder im Plastikkanister will heute niemand mehr; immer mehr Franzosen greifen zu den teuren Qualitätsweinen oder zum Bier. Zudem können Spanien und Italien ihre Preise noch niedriger halten: Sie setzen mehr Maschinen auf größeren Anbauflächen ein.

Viele französische Winzer haben daher auf die Krise reagiert und eingesehen, dass sie nur mit Qualität eine Chance haben. Einige bauen wieder alte Rebsorten an, die weniger Ertrag liefern, aber mehr Geschmack, andere setzen auf Ökologie und biodynamischen Anbau, um verlorenes Terrain zurückzugewinnen. Gegenüber den mit chemischen Substanzen manipulierten und von Jahrgang zu Jahrgang identisch schmeckenden Modeweinen aus Übersee soll französischer Wein Ausdruck seiner Herkunft sein, Wein mit Charakter, der nicht jedem gefallen muss. Neben dem Klima und der Witterung ist dafür das Wichtigste bodenschonender Anbau ohne Chemie und Kunstdünger und strikt handwerkliche Erzeugung. Auch renommierte Weingüter aus Burgund und den Bordeaux-Lagen haben auf biologische Methoden umgestellt. *Terroir* heißt diese Tendenz in Frankreich, die das Zusammenspiel von Boden, Mikroklima, Topografie und Rebsorte bezeichnet.

# Blau-weiß-rot – Politik in Frankreich

Die französische **Parteienlandschaft** setzt sich aus einem linken und einem rechten Block zusammen. Diese Unterscheidung „rechts" und „links" für die Position politischer Parteien entstammt der Französischen Revolution und bezieht sich auf die Sitzordnung von Gegnern und Verteidigern des Königtums im Parlament im Jahre 1789.

Bei den Wahlen 1981 waren die Sozialisten unter *Mitterrand* an die Regierung gekommen. Seither haben sich die Franzosen als kapriziöse Denkzettel-, also Wechselwähler erwiesen: In den letzten 25 Jahren gab es für keine Regierung eine zweite Amtszeit. 1986 erhielt Frankreich wieder eine konservative Regierung, *Mitterrand* blieb jedoch Staatspräsident, da dessen Amtsdauer sieben Jahre betrug, die Nationalversammlung jedoch nur für fünf Jahre gewählt wurde. Zwei Jahre lang musste *Mitterrand* damals mit den Konservativen auskommen. Für Frankreich war das gemeinsame Amtieren eines linken Präsidenten mit einem rechten Premierminister, **Cohabitation** genannt, ein Novum. 1997 gab es diese Art große Koalition dann fünf Jahre lang umgekehrt mit dem Gaullisten *Jacques Chirac* als Staatspräsident und dem Sozialisten Lionel Jospin als Premier.

Nach dem **linken Wahlsieg 1981** herrschte bei der Rechten erstmal Krisenstimmung, viele befürchteten das Schlimmste für die französische Wirtschaft und transferierten ihr Kapital schleunigst ins Ausland. Bei den linken Wählern brach Begeisterung aus. Nach dem Wahlsieg versammelten sich spontan Tausende von Menschen auf der Place de la Bastille. Den Wählern schien eine neue Ära anzubrechen und 1981 machten sich auch die Sozialisten mit großem Elan an ihre Aufgaben. Auf das geplante Atomkraftwerk Plogoff in der Bretagne wurde verzichtet, Rente sollte es schon mit 60 Jahren geben, ein Dezentralisierungsprogramm wurde in Angriff genommen. Daneben ging es um die Verstaatlichung einiger Unternehmen, die Abschaffung der Todesstrafe, eine fünfte Woche bezahlten Urlaubs. Der Reformeifer erlahmte bald, immer seltener wurde von Sozialismus und immer häufiger von Liberalismus gesprochen. Bald sah man, dass der „Sozialismus" sich in Grenzen hielt, und sprach allgemein von der „Sozialdemokratisierung" der Linken. Die Sozialisten hatten den Kapitalismus und die Marktwirtschaft entdeckt. Auch bei der Verstaatlichung von Unternehmen wurde bald eine Kehrtwendung gemacht.

Der französische **Präsidentschaftswahlkampf 2002** ließ sich bunt an – im ersten Wahlgang gab es 16 Bewerber, darunter Kandidaten der linken Splitterparteien (u. a. *Arlette Laguiller*, Chefin der trotzkistischen *Lutte Ouvrière, Robert Hue* für die Kommunisten), aber auch die Grünen und ein Jäger traten an. Kleine Abschweifung: Der **Kommunismus** ist in Frankreich durchaus salonfähig – das mag zum Teil daran liegen, dass sich die französischen Kommunisten als legitime Erben der Französischen Revolution betrachten; die Oktoberrevolution in Russland war nur deren Fortsetzung. Besonders in der Zeit nach dem Zweiten Weltkrieg spielte die kommunistische Partei eine große Rolle in der Politik, weil sie auch in der Résistance sehr aktiv war, und war jahrzehntelang an allen wichtigen Entscheidungen beteiligt. In den letzten Jahren erst liefen ihr ihre Wähler und Mitglieder in Scharen davon und sie schrumpfte zu einer kleinen, einflusslosen Partei. Zurück zur Wahl 2002: Im ersten Wahlgang flog *Lionel Jospin*, Kandidat der Sozialisten, aus dem Rennen und der rechtsextremistische *Le Pen*, Anführer des *Front National*, erreichte den zweiten Wahlgang, weil viele linke Wähler die Sozialisten abstraften und ihre Kreuze bei den kleinen Parteien machten.

Das **Verhältnis der Wähler zur Politik** wird selten von moralischer Entrüstung geprägt. Zweifellos ist die französische Einstellung gegenüber den eigenen Politikern realistischer oder sogar zynisch: Man hält sie allesamt für Hallodris. Man glaubt zu wissen, dass im Dunstkreis der Macht weiße Westen rar sind. Solange die nötige Eleganz gewahrt bleibt, können die Sympathiewerte trotzdem hoch sein. **Skandale oder Affären** werden in Frankreich einem Politiker selten zum Verhängnis. Sie verursachen viel Wirbel, vertreiben aber kaum mal jemand aus Amt und Würden. *„Le pouvoir sans abus perd de son charme"* (Macht ohne Missbrauch verliert ihren Reiz) hat der Schriftsteller *Paul Valéry* behauptet. Das scheint den Franzosen fast selbstverständlich. Wo anderswo die Wogen in den Medien und der Öffentlichkeit hochschlagen, bewirkt in Frankreich ein bisschen Charme wahre Wunder. Nur wer allzu offensichtlich und dreist handelt, fällt unangenehm auf.

Selbst *Mitterrand* und die sozialistische Partei erhielten bei den Wahlen 1989 (Gemeinde und Europawahl) keinen Denkzettel für eine undurchsichtige Börsenaffäre, in der wohl Insidertipps für Spekulationen unzulässig weitergegeben worden waren. Die Pechiney Industriegruppe hatte die amerikanische Verpackungsfirma Triangle aufgekauft. Mehrere Personen hatten ein paar Tage vor Bekanntgabe des Abkommens große Aktienpakete von Triangle erworben. Ein weiterer Finanzskandal um die Société Générale erschütterte das Ansehen der sozialistischen Regierung auch nur geringfügig. Obwohl gerade *Mitterrand* viel mehr von seinen Anhängern idealisiert wird und die Linke als Garant moralischer Politik galt, hat ihm nicht mal der Zynismus geschadet, mit dem die Greenpeace-Affäre gehandhabt wurde. (Versenkung der „Rainbow Warrior", dem Schiff von Greenpeace, bei Neuseeland. *Charles Hernu*, der damalige Verteidigungsminister und überzeugter Anhänger atomarer Abschreckung, musste zurücktreten. Auf dem Atoll Mururoa wurden von 1966 bis 1974 41 überirdische Atombomben gezündet, seit 1974 nur noch unterirdische.)

Der Rechten traute man Bestechlichkeit und Geschäftemacherei, Kungelei und persönliche Bereicherung ohne weiteres zu. Die Sozialisten wurden zunächst von ihren Anhängern sehr idealisiert – zudem konnte man ihnen manches vorwerfen, doch bislang keine dubiosen Geldgeschäfte. Aber letztendlich sind die Franzosen wenig naiv gegenüber ihren Politikern. Sie wissen, dass Macht und Geschäft eng verbunden sind und man sich leicht die Hände schmutzig machen kann. Unter die moralische Empörung als Reaktion auf einen Skandal kann sich durchaus Bewunderung für gut gemachte Intrigen mischen.

Im Unterschied zum deutschen Bundespräsidenten hat der französische **Staatspräsident** nicht nur vorrangig repräsentative Funktionen, sondern ist mit viel weiter gehenden Machtbefugnissen ausgestattet. An allen wichtigen Entscheidungen ist er beteiligt, er ernennt den Premierminister, ist Oberbefehlshaber der Streitkräfte, kann begnadigen, in Krisenzeiten eine Art Notstandsgesetz verhängen und vieles mehr. So weitreichende Vollmachten des Präsidenten verführten zu Vergleichen mit anderen Staatsformen: „Republikanische Monarchie" wird denn das französische System auch häufig genannt. Gemeinsam mit dem Premierminister kann der Präsident den Einfluss des Parlaments erheblich beschneiden, wenn sie sich einig sind. Die Möglichkeiten der Opposition, in die Politik einzugreifen, sind bedenklich gering. Die majestätische Rolle des Repräsentanten des Staates wurde auch von dem Sozialisten *Mitterrand* ausgekostet. *Dieu,* Gott, wurde der mächtige Präsident am Ende seiner Amtszeit ironisch genannt. Und der Amtssitz in Paris, das Palais de l'Elysée, heißt im Volksmund auch *le château,* das Schloss.

Nachdem von 1981 bis 1986 das Verhältniswahlrecht gegolten hatte, wurde 1986 wieder das **Mehrheitswahlrecht** eingeführt, das auch vorher der Wahlmodus gewesen war. In zwei Wahlgängen wird über die Sitzverteilung entschieden. Die Kandidaten, die gleich bei der ersten Wahl absolute Mehrheiten erreichen, ziehen direkt ins Parlament ein. In allen anderen Wahlkreisen muss ein zweites Mal gewählt werden, meist eine Woche später. Da reicht dann die einfache Mehrheit. Antreten dürfen alle Kandidaten, die beim ersten Mal mehr als 12,5 % der Stimmen erhielten. Um des Sieges willen entschließen sich die politischen Lager dann oft zur Absprache: Alle Linkskandidaten treten z. B. freiwillig zugunsten des im ersten Wahlgang bestplatzierten Linken zurück (Kommunisten und Sozialisten), um dessen Mehrheit zu ermöglichen; bei den Rechten genauso. Bei den letzten Wahlen war jedoch jedes Mal das Streitthema, wie man sich den Rechtsextremen gegenüber verhält. 2002 kam es zu einer einmaligen Konstellation: Weil viele linke Wähler für Außenseiter gestimmt hatten, war *Lionel Jospin* im ersten Wahlgang unterlegen. Im zweiten Wahlgang mussten sich die Linken hinter *Chirac* stellen, um den Rechtsradikalen *Jean-Marie Le Pen* zu verhindern. *Chirac* erhielt 82 % der Stimmen.

Dass Frankreich 2005 als eine der sechs Gründernationen die **EU-Verfassung** abgelehnt hat, wird zwar von allen Kommentatoren als Abstrafung der eigenen Regierung bzw. als Ablehnung der französischen Innenpolitik beurteilt, dennoch hat es die Gemeinschaft ein Jahr nach der Erweiterung in eine Krise gestürzt. Anders als die Verfassungsgegner in den Niederlanden, die Angst haben in einem großen Europa an den Rand gedrängt zu werden, heißt es in Frankreich bei den Kritikern, die Verfassung sei zu liberal, das geplante Europa sei ein Europa der Finanzmärkte und der Konzerne, wirtschaftliche Erfolge würden mit sozialen Rückschritten erkauft; zudem gelten die Vorbehalte dem Türkei-Beitritt und der „Überdehnung" der EU Richtung Osten. Auch steht ein deutliches Engagement für ein föderatives Europa und den Abbau nationaler Souveränität dem Wunsch entgegen, die außenpolitische und strategische Bedeutung Frankreichs in der Welt zu erhalten.

# Emanzipation ohne Feminismus – Frauen in Frankreich

*„Die Französinnen wirken so stark auf uns, weil sie zu sein scheinen, was die andern Frauen zu sein sich nicht getrauen."*

*(Kurt Tucholsky)*

Die **typische Französin** par excellence ist chic, attraktiv und apart, mondän, betont modisch, vielleicht sogar unmoralisch, kokett oder sogar frivol, einem Flirt nicht abgeneigt. Die Französin oder präziser die Pariserin verkörpert alle Klischees und Männerideale für „die Frau" überhaupt, sie ist geradezu eingesperrt in Stereotype. Man sagt, die französischen Frauen seien die weiblichsten Frauen der Welt.

Diese **„Weiblichkeit"** fiel den Deutschen besonders in den ersten Jahren nach 1968 auf, als Feminismus und Emanzipationswille von den Frauen kämpferisch vertreten wurden. Das färbte auch auf die Kleidung ab. Während die bundesdeutsche Szenefrau lila Latzhosen trug, dazu grobe Wollsocken, selbstgestrickte Pullover und plumpe Holzclogs und unför-

mige zeltartige Gewänder zumindest unter dem engagierten Teil der „frauenbewegten Frauen" das Erscheinungsbild bestimmten, arbeitete die Französin mit den **Waffen der Frau** und war immer wie aus dem Ei gepellt.

In der Zeit der Frauenbewegung war der **Kontrast zu „den Französinnen"** besonders deutlich. Die Taille unter Stoffmassen verstecken, keinen Busen zeigen, Haarschnitt militärisch kurz, ungeschminkt natürlich war die Devise. Bloß nicht zum Sexualobjekt werden, hieß das Programm der deutschen Feministinnen. Ganz anders die Französinnen: kein Bewusstsein ihrer gesellschaftlichen oder privaten Situation, Sexismus war ein Fremdwort für sie. Sie haben sich auch damals nicht gescheut, „schön" zu sein – tadellos gekleidet, tadellos geschminkt und gnadenlos flirtend. Perfekt beherrschten sie das Spiel, all die kleinen Tricks des Verführens, Abblitzenlassens und Schmollens. Seit sich die Kleiderordnung wieder Richtung sexy Unterwäsche, Pumps, figurbetonte Kleider, Lippenstift, Parfüm und Eleganz inklusive regelmäßigem Besuch beim „Hairstylisten" verschoben hat, ist das heitere Nationalitätenraten zwischen Französinnen und deutschen Frauen nicht mehr gleich auf den ersten Blick zu entscheiden.

Erreicht haben die Französinnen trotzdem schon viel: In Frankreich arbeiten die Frauen mehr, werden besser bezahlt, besetzen bessere Posten als früher. Eine **neue Generation von Französinnen** hat die Männerwelt noch nicht umgekrempelt, aber irritiert. Die Gleichstellung der Frau hat sich erst spät vollzogen, leise und fast unbemerkt. Heute gibt es mehr Politikerinnen, Anwältinnen, Ärztinnen, Journalistinnen, Verlegerinnen, Fernsehmoderatorinnen, also mehr Frauen in prestigereichen Stellungen als im europäischen Vergleich; während in Deutschland ambitionierte Frauen in Industrie und TV, in Politik und Forschung noch rare Einzelfälle sind, haben sich jenseits des Rheins die Frauen viele traditionelle **Männerdomänen** erobert. 70 % aller Frauen in Frankreich, und damit viel mehr als in Deutschland, sind berufstätig und zugleich Ehefrauen und Mütter.

„Sehr schön, sehr schlau, sehr fleißig, sehr ehrgeizig", urteilte die Zeitung Le Monde über die junge Ministerin *Elisabeth Guigou*. **Erfolg dürfen Französinnen haben,** ehrgeizig und intelligent dürfen sie sein (wenn auch bitte ohne feministischen Touch und nie offensiv, sondern amüsant und lächelnd!), aber weiblich und attraktiv sollen sie bleiben. Den Französinnen stellt sich die Alternative Weiblichkeit *oder* Emanzipation so nicht; in Frankreich sind für erfolgreiche Frauen Chic, Charme und Eleganz keine Fremdworte, gutes Aussehen kein Handicap, im Gegenteil eher ein Muss – das Aussehen männlicher Minister wird in der Regel nicht kommentiert. Man schaue sich nur um unter den Karrierefrauen Frankreichs! Mit Lippenstift und Make-up, mit Designermode und hochhackigen Schuhen erobern sie Männerberufe, der Besuch bei der Kosmetikerin ist ebenso selbstverständlich wie profundes Wissen und Fachkompetenz.

**Parfüms, Mode und Frisuren** galten von jeher als typisch weibliche Domänen und Interessen. Heute nennt man die Stilisierung des Aussehens in schönstem Franglais *le look*. Gewisse Anstrengungen für Aussehen, Image und Körperästhetik werden von jeder Frau erwartet. Die Französin tut jedoch nicht alles, um dem derzeit angesagten Look zu entsprechen. Sporttraining und „Workout" des eigenen Körpers, wie sie in der extremen Form *Madonna* oder *Jane Fonda* verkörpern, haben sich noch nicht recht durchgesetzt, lieber kauft sie sich ein neues Parfüm, eine weitere Antifaltencreme oder hungert noch ein Kilo herunter. Das kann sich schnell ändern, denn Schönheit galt in Frankreich nie als angeboren, sondern als machbar: Graue Mäuse gibt es nicht, sie bleiben es nur. Auf die Wirkung kommt es an. Wie alles andere, lässt sich auch Schönheit erarbeiten.

---

Man sagt, die französischen Frauen seien die weiblichsten der Welt

# Männer

In Deutschland kam die Frauenbewegung der 1970er-Jahre zu radikaleren Resultaten als bei den französischen Schwestern, man wehrte sich vehement gegen den männlichen Blick und die von ihm auferlegten Schönheitskriterien. Das hat deutliche Spuren im Alltag hinterlassen, die auch den **Umgang der Geschlechter miteinander** betreffen. So empfinden Franzosen und Französinnen den Kontakt zwischen Männern und Frauen in Deutschland zwar als selbstverständlicher und gleichberechtigter, monieren als Kehrseite dieser Errungenschaft jedoch eine Gleichgültigkeit des Umgangs: Der Augenkontakt in der Öffentlichkeit sei zurückhaltender, die Balz- und Anbandelungsrituale allzu spröde und humorlos.

Was ist denn nun ein typischer Franzose? „Fronkreich, Fronkreich" – die Kölner Band *Bläck Fööss* parodierte mit künstlichem Akzent die nationalen Zuschreibungen, sei es der viel gerühmte Charme der Franzosen oder das Temperament der Französinnen: „Jeanette, Babette, Nanette ohlala, ohlala!". Gerade das Stereotyp, Franzosen seien Experten in Sachen Erotik und Weltmeister im Bett, gehört zu den verbreitetsten Vorurteilen über den französischen Nationalcharakter. Sein routinemäßiges Repertoire von „Tür aufhalten" über „Feuer geben" bis zum „Komplimente machen" stößt bei den Damen durchaus auf Gegenliebe. Flirten gilt geradezu als Nationalsport, die Codes und Rituale bei der Begegnung von Mann und Frau einerseits formeller, andererseits aber auch koketter und spielerischer. Wenn es um die charmanten Feinheiten der Verführung geht, kann man in Frankreich leichter Dinge äußern, ohne sie zu glauben und sich an sie gebunden zu fühlen.

Auch eine Form der Auseinandersetzung mit Geschlechterrollen, wie sie etwa die deutschen Männergruppen widerspiegelten, ist in Frankreich undenkbar. Dass es in Deutschland inzwischen einen nationalen Wettbewerb zum Hausmann der Nation gibt, kann in Frankreich nur kurios wirken. Der in südländischer Tradition sozialisierte Mann fühlt sich ganz selbstverständlich als Beschützer und Ernährer.

Für Französinnen ist die Doppelrolle Familie/Beruf also eigentlich eine Dreifachrolle: Neben dem ‚Heimchen am Herd' und der Karrierefrau muss sie zugleich Geliebte sein, *femme-objet* bleiben, verführerisch, weich, sanft, nachgiebig und schön, ewig jung; nebenbei noch zwei, besser drei Kinder aufziehen. Die französischen Männer haben mit den Frauen daher auch wenig Schwierigkeiten. So unbefangen würde sich in Deutschland wohl kein Mann dem Thema Feminismus nähern: Auf die Frage des Interviewers an einen Regisseur, der einen „Frauenfilm" gedreht hat, ob er Feminist sei, antwortete dieser: „Ich bin kein Feminist, aber ich liebe die Frauen. Ich bin gerne in ihrer Gesellschaft, ich schaue sie gerne an".

Der **Typ emanzipierter (aber nicht feministischer) Französinnen** ist ein relativ neues Phänomen in Frankreich; vielleicht legen die Frauen deshalb ein so enormes Tempo vor, weil sie so viel nachzuholen haben. Viel zu lange wurden sie in Unmündigkeit gehalten, trotz der offiziellen Gleichstellung zu Beginn der Französischen Revolution. Das Wahlrecht zum Beispiel erhielten Französinnen erst 1944/1945 und bis 1965 konnten Ehemänner ihrer Frau verbieten zu arbeiten.

# Voltaire verhaftet man nicht! –
# Kultur in Frankreich

*„…der höchste Ehrgeiz eines Politikers, eines Generals, eines Diplomaten, eines großen Advokaten ist in Frankreich n0icht, politische, militärische oder diplomatische Erfolge zu gewinnen, sondern literarischen Ruhm zu erwerben und seine Laufbahn im Kreis der ‚Unsterblichen' der Académie Française zu beschließen …"*

*(Herbert Lüthy)*

Frankreich galt lange Zeit geradezu als Synonym für Kunst und Kultur. Abgesehen von den architektonischen Baudenkmälern aller Epochen, die verschwenderisch über Frankreich verteilt scheinen (jedes noch so kleine Dorf hat eine romanische oder gotische Kirche vorzuzeigen), sind es vor allem die großen Maler und Schriftsteller, die Filmemacher und Journalisten, die Bildhauer und Comiczeichner, die Philosophen und Literaturkritiker, die zum Bild Frankreichs als Kulturnation beitragen.

Dabei ist der **französische Kulturbegriff** sehr viel weiter als der deutsche, er fängt schon beim Essen an, umfasst Wissen und Künste ebenso wie Höflichkeit oder Tischsitten. Auch Design und Comics, Chansons, Mode und Werbung erhielten die Weihen der Kunst. Der Auswahl eines Weines oder einer Käsesorte wird ebenso viel Wert zugemessen wie dem Besuch in einer Galerie. Die Spannbreite des Begriffs reicht vom Praktischen bis hin zu Ideen, vom Technischen bis zu dem, was wir unter Bildung verstehen. Besonders für die Franzosen selbst ist ihr Land *die* **Kulturnation** schlechthin, von keiner anderen Nation zu übertreffen. Die *exception française* (oft auch *exception culturelle*) bezieht sich vor allem auf die Überlegenheit der eigenen Geistesprodukte.

Manchem wird die Idee einer kulturellen Ausnahmestellung Frankreichs denn doch zu viel, wenn sie einhergeht mit einer erstaunlichen Unkenntnis dessen, was außerhalb der eigenen Landesgrenzen vor sich geht. Da die eigene Kultur überlegen über allen anderen thront, hat man sich in Frankreich früher wenig für andere Literaturen interessiert. Viele ausländische Schriftsteller wurden erst mit großer Verspätung übersetzt. Ob Selbstbewusstsein oder Überschätzung – die französische Kultur kann sich zu Recht auf die Vergangenheit berufen: Im 18. Jahrhundert wurde an den Höfen Europas nur nach Frankreich geschaut. Damals war Paris der Mittelpunkt abendländischer Kultur. Die Gegenwart zehrt noch immer

## Weltkulturerbe in Frankreich

- **Mont Saint-Michel:** Die Kloster- und Festungsinsel an der Grenze zwischen Bretagne und Normandie ist mit Millionen Besuchern pro Jahr eine der wichtigsten Touristenattraktionen Frankreichs. Die fortschreitende Versandung der Bucht führte dazu, dass die Insel kaum noch vom Meer umspült wurde – ein millionenteures Projekt zur Regulierung soll abhelfen. Das Kloster war 966 von Benediktinermönchen gegründet worden; 1023 wurde mit dem Bau der majestätischen Abtei begonnen.
- **Kathedrale in Chartres:** Die 1145 begonnene und nach einem Brand 1194 wiederaufgebaute Kathedrale ist ein Meisterwerk der französischen Gotik.
- **Schloss und Park von Versailles:** Das für König *Ludwig XIV.* im 17. Jahrhundert erbaute Prunkschloss nahe Paris wurde zum Vorbild ähnlicher Residenzen anderer Monarchen. 50 Jahre arbeiteten die größten Baumeister ihrer Zeit am Umbau des ehemaligen Jagdschlosses: *Louis Le Vau, Jules Hardouin-Mansart, André Le Brun.* Den Garten gestaltete *André Le Nôtre.*
- **Basilika und Hügel in Vézelay:** In die mächtige Basilika auf einem Hügel kamen im Mittelalter zahllose Pilger, da sich hier die Gebeine der heiligen *Maria Magdalena* befanden – bis später herauskam, dass die Reliquie eine Fälschung war. Berühmt ist das romanische Tympanon über dem inneren Portal.
- **Höhlenmalereien im Vézère-Tal:** Die berühmteste Höhle mit prähistorischen Höhlenmalereien ist Lascaux (1940 entdeckt), es gibt aber noch mehr als 20 weitere zwischen Vézère und Dordogne. Um Schäden zu vermeiden, kann von Lascaux nur eine Rekonstruktion besichtigt werden.
- **Schloss und Park von Fontainebleau:** Im Renaissanceschloss südöstlich von Paris übernahmen Künstler aus Italien im 16. Jahrhundert die prunkvolle Innenausstattung.
- **Kathedrale in Amiens:** Nordfrankreich ist berühmt für seine mächtigen Kathedralen. Notre-Dame ist Frankreichs höchste Kirche und ein klassisches Beispiel französischer Gotik.
- **Römische Bauwerke in Orange:** Der Triumphbogen und das Theater in Orange zählen zu den besterhaltenen römischen Bauwerken weltweit.
- **Römische und romanische Bauwerke in Arles:** Einige römische Monumente in Arles wie das Amphitheater stammen aus dem 1. Jahrhundert v. Chr., andere wie die Thermen und die Nekropole Alyscamps aus einer zweiten Blütezeit im 4. Jahrhundert n. Chr. Im 11. und im 12. Jahrhundert entstand Saint-Trophime, eines der schönsten Beispiele provenzalischer Romanik.
- **Zisterzienser-Abtei Fontenay:** Die 1119 vom heiligen *Bernhard von Clairvaux* gegründete Abtei im Burgund ist das älteste noch erhaltene Zisterzienserkloster. Die Architektur ist formvollendet, aber schlicht, denn kein überflüssiger Zierrat sollte vom sakralen Zweck der Gebäude ablenken.
- **Saline in Arc-et-Senans:** Die königliche Saline in der Franche-Comté, nahe Besançon, wurde ab 1775 von *Claude Nicolas Ledoux* für König *Ludwig XVI.* errichtet.
- **Place Stanislas, Place de la Carrière und Place d'Alliance in Nancy:** Die drei Plätze stehen beispielhaft für die im 18. Jahrhundert durchgeführte Stadtplanung.
- **Kirche in Saint-Savin-sur-Gartempe:** Die Kirche im Poitou besitzt den schönsten romanischen Freskenzyklus Europas. Die Wandgemälde schildern Szenen aus dem Alten Testament.

An der Seine

- **Pont du Gard:** Der 2000 Jahre alte und 48 m hohe römische Viadukt ist ein beeindruckendes Beispiel technischer Meisterleistungen der Antike.
- **Strasbourg Grande Ile:** Die von zwei Flussarmen der Ill umschlossene Grande Ile ist das historische Zentrum von Straßburg. Die Altstadt mit zahlreichen Fachwerkhäusern und der gotischen Kathedrale wurde als charakteristisches Beispiel einer mittelalterlichen Stadt zum Weltkulturerbe erklärt.
- **Paris Seine-Ufer:** Vom Louvre bis zum Eiffelturm, von Notre-Dame bis zum Grand Palais, die Pariser Seine-Ufer spiegeln die Geschichte der französischen Hauptstadt wider.
- **Kathedrale in Reims:** Ein weiteres Beispiel gotischer Meisterwerke in Nordfrankreich.

- **Kathedrale in Bourges:** Die gotische Kathedrale St-Etienne besitzt meisterhafte Skulpturen – das mittlere der fünf Westportale zeigt eine berühmte Darstellung des Jüngsten Gerichts.
- **Altstadt von Avignon:** Das späte Mittelalter war die Glanzzeit Avignons, als dort mehrere Päpste residierten. Der abweisende, mit dicken Mauern befestigte Papstpalast dominiert die historische Altstadt.
- **Canal du Midi:** Die im 17. Jahrhundert angelegte, 240 km lange Wasserstraße verbindet Atlantik und Mittelmeer.
- **Carcassonne:** Die befestigte Stadt im Languedoc ist die größte und beeindruckendste mittelalterliche Burganlage in Europa.
- **Jakobspilgerwege in Frankreich:** Mehrere historische Wegstrecken führen die Jakobspilger Richtung Pyrenäen und Spanien. Klöster, Pilgerkirchen und Herbergen zeugen von der religiösen und kulturellen Bedeutung der Pilgerrouten.
- **Altstadt von Lyon:** Das Viertel mit Renaissancebauten und die klassizistische Architektur auf der Halbinsel dokumentieren die Entwicklung einer Stadt, die über Jahrhunderte große strategische und wirtschaftliche Bedeutung hatte.
- **Saint-Emilion:** Mit dem Weinbaugebiet wurde eine ganze Kulturlandschaft zum Weltkulturerbe erklärt.
- **Loire-Tal zwischen Chalonnes und Sully-sur-Loire:** Der unbegradigte Fluss, der längste Frankreichs, ist ein bedeutendes Naturdenkmal. Zum Weltkulturerbe gehört er, weil an seinen Ufern neben historischen Städten einige der schönsten Schlösser Frankreichs stehen, so wie zum Beispiel Blois, Chambord, Chenonceau.
- **Provins:** Die befestigte Stadt in der Champagne wurde vor allem als Beispiel für einen wichtigen Marktplatz ins Kulturerbe aufgenommen.
- **Le Havre:** Die im Zweiten Weltkrieg durch Bombardierungen völlig zerstörte Stadt am Ärmelkanal wurde 1945–1964 wiederaufgebaut, nach Plänen von *Auguste Perret*. Sie hat eine Ausnahmestellung unter den Wiederaufbauprojekten der Nachkriegszeit als Beispiel für konsequente Stadtplanung.

von dieser Geschichte, in einer globalen Medienwelt ein Anachronismus, wie kritische Beobachter meinen.

Die **Klassiker** *Molière* und *Corneille, Voltaire* und *Rousseau, Balzac* und *Flaubert, Proust* und *Montaigne* stehen in jedem Bücherschrank, vielleicht ungelesen, aber man ist trotzdem stolz darauf. Das Reden über Bücher, so sagt man, sei in Frankreich immer beliebter gewesen als ihre Lektüre.

Eines haben die französischen Intellektuellen damit anderen voraus: Sie können sich der **allgemeinen Hochachtung** sicher sein. Zu *Jean Paul Sartres* Beerdigung 1980 kamen fast 50.000 Menschen; nirgendwo sonst hätte sich solch eine gewaltige Menschenmenge zur letzten Ehre eines Schriftstellers versammelt. Während in Deutschland Künstler und Schriftsteller von Politikern wenig beachtet oder sogar als „Ratten und Schmeißfliegen" beschimpft wurden, hofiert man in Frankreich Kulturschaffende aus allen Bereichen. Auch die französische Regierung ist daran interessiert, den Mythos der Kulturnation aufrechtzuerhalten: Man ist stolz, dass sich *Gorbatschow* bei seinem Besuch im Westen in Deutschland mit Wirtschaftsvertretern traf, in Frankreich mit Schriftstellern und Gelehrten.

In kaum einem anderen Land sind Künstler und Intellektuelle durch Auftritte und Beiträge in Presse, TV und Rundfunk so stark an der öffentlichen Diskussion beteiligt. Ihre Meinung hat Gewicht, auch wenn ihrer Macht klare Grenzen gesetzt sind. Die Gruppe dieser **meinungsbildenden Kulturelite** bildet eine abgrenzbare, enge Gemeinschaft. Die meisten wohnen in Paris, treffen sich in denselben Cafés und haben häufig schon die gleichen Schulen besucht. Ihre Rolle in der Gesellschaft verleiht ihnen ein Prestige, das man in anderen Ländern nicht findet.

„Intellektuell" hatte in Frankreich jahrzehntelang den Unterton **„linksintellektuell",** andere konnte man sich nicht vorstellen. Mit dem Marxismus beschäftigten sich nicht nur Soziologen, sondern auch die Literaten, viele waren sogar Mitglieder der Kommunistischen Partei, als prominentester der surrealistische Dichter *Louis Aragon.* Mit einigen Jahren Verspätung wurde dann der russische Gulag, die stalinistischen Straflager, zur Kenntnis genommen und erschütterte die gläubigen Marxisten. Die Totalitarismuskritik an der UdSSR führte auch zur Distanzierung vom französischen Kommunismus. Erst nach der konservativen Kehrtwende einiger Vordenker begann man, auch die Begriffe rechts und intellektuell zusammen zu denken.

Aus Deutschland gesehen erscheint Frankreich vielen als das Paradies für Intellektuelle: Die Zugehörigkeit zu dieser prestigereichen Gruppe verschafft in unserem Nachbarland Beifall und Bewunderung. Der **Schriftsteller** ist allein aufgrund seiner Tätigkeit angesehen, unabhängig vom Nützlichkeitswert, den die Gemeinschaft seinem Schreiben zumisst. In Frankreich wurde auch in der Vergangenheit schon der Unterschied gemacht zwischen dem pedantischen, schulmeisterhaften Gelehrten und dem *homme de lettres,* der zugleich auch **Weltmann** war. Von ihm wurde nicht nur Wissen erwartet, sondern auch Geschmack, Weltläufigkeit und Gespür für das Auftreten in der Öffentlichkeit.

Im Zeitalter der Massenmedien hat sich die Bühne für jeden Schriftsteller mehr denn je vom heimischen Schreibtisch in die große Öffentlichkeit verlegt. Früher durfte ein Autor froh sein, wenn er Leser fand. Heute hat der Romancier nicht nur ein paar tausend Leser, sondern Millionen Fernsehzuschauer. Bereits vor der Existenz des Fernsehens war die enge Bindung ans Publikum das besondere Kennzeichen der französischen Kultur. In den **Salons** des 17. und 18. Jahrhunderts entwickelte sich die Gesprächs- und Erzählkultur in großer Runde; im Café wurde diese Tradition vor einer anderen Öffentlichkeit fortgesetzt. Die Orientierung am Publikum prägt die Art des Schreibens und Redens und führt zur Vermischung von Literatur und Journalismus, Philosophie und Feuilleton. Selbst wissenschaftliche Arbeiten haben häufig literarische Qualität. Doch in den Anfangsjahren des Fernsehens galt ein Schriftsteller, der zu einem **TV-Auftritt** ging, noch als seltsam oder wurde von den Intellektuellen verachtet. Heute lässt ein Besuch in der richtigen Talkshow die Auflagen in die Höhe schnellen.

Allerdings hat der Blick aufs Publikum die Akteure und die Literatur verändert. Fast zählt nur noch die **Medienwirksamkeit,** die Sensation, der Skandal – im Fernsehzeitalter ist der Auftritt die Botschaft. Nur wer sein Werk (ein Buch, einen Film, eine neue Theorie oder Philosophie) geschickt in Szene setzen kann, ist jemand in der französischen Medienlandschaft. Im Mittelpunkt steht die Selbstdarstellung einer Person, nicht das, was sie sagt. Eine Verkörperung dieses Phänomens ist Frankreichs gefeierter Vorzeige-Denker *Bernard-Henri Lévy,* der weniger eine konsistente Philosophie entwickelte, als sein Namenskürzel BHL und sein stets bis zum Bauchnabel offenes weißes Hemd zum Markenzeichen machte und sich daneben eine für Paris so typische Vernetzung unterschiedlicher Seilschaften in allen gesellschaftlichen Kreisen und politischen Lagern schuf.

Das Schielen auf Einschaltquoten und Bestsellerlisten, das Gerangel um gute Sendezeiten und Literaturpreise hat „Kultur" zu einer **schnelllebigen Ware** in Frankreich werden lassen. Immer schneller wird konsumiert, immer beliebiger wird der Inhalt. Hauptopfer sind Film und Buch. Der Hauptverkauf eines Buches in Frankreich läuft in den ersten drei Wochen, dann gibt man ihm insgesamt etwa drei Monate, alle Restbestände sind Remittenden (bei Romanen). Bücher verkaufen sich umso besser, je mehr Buch oder Autor Thema im Fernsehen waren. Ist der erste Wirbel vorbei, wird das eben noch so Brandaktuelle schnell vergessen.

Neben der Hochschätzung intellektueller und künstlerischer Kreativität kennzeichnet ein weiterer Aspekt die französische Auffassung von Kultur: Es gibt kaum Abgrenzungen gegenüber **populärer Kultur und Unterhaltung.** Der Konsens über das, was als seriös gilt, umfasst auch sogenannte „niedere" Künste wie Boulevardtheater, Comics, Werbung oder Pop. Die Kapitel „Musik auf französisch – der Chanson" und „Comics" zeigen dafür zwei Beispiele.

Der französische Staat subventioniert diese Kulturbereiche kaum weniger als die traditionellen Künste. Politik, Wissenschaft und Literatur sind in Deutschland relativ streng getrennte Bereiche. Ein Politiker, der Schlager singt, ein Wissenschaftler, der populär schreibt, ein Schriftsteller, der Politik machen will, wirken eher lächerlich, schaden dem jeweiligen Ruf. In Frankreich schreiben ambitionierte Politiker nicht nur Essays, sondern auch Romane und Biografien, z. B. *Jack Lang* über *Nelson Mandela.*

## Musik auf Französisch – der Chanson

Bei Musik mit deutschen Texten denkt man meist an „Schlager" oder Volksmusik, deshalb nannten sich Liedermacher in bewusster Abgrenzung eine Zeit lang Chansonniers. Doch ähnliche Popularität wie ihre französischen Kollegen konnten *Heinz Rudolf Kunze* und *Reinhard Mey* nie erreichen. In Frankreich hat sich neben der angloamerikanischen Rock- und Popmusik stets auch die französische Musik behauptet.

Chansons sind keine „Lieder", schon gar keine „Volkslieder", die man schunkelnd mitsingt, sondern poetische Texte oder politische Pamphlete, Liebes- oder satirische Spottlieder. Viele Texte stammen von Dichtern und wurden von Musikern vertont, *Aragon* etwa gehört zu den beliebtesten Lieferanten von Textvorlagen für Chansons; er wurde von vielen bekannten Sängern Frankreichs interpretiert. Auch *François Villon, Jacques Prévert* und *Apollinaire* gehören zu häufig vertonten Dichtern. Viele bekannte Chansonniers sind allerdings Texter, Komponisten und Interpreten zugleich.

Wenn Franzosen die Geschichte des Chansons erzählen, dann fangen sie gerne bei *Francois Villon* an, dem Bänkelsänger aus dem 15. Jahrhundert. So weit zurück soll dieser Exkurs nicht führen, er beginnt mit dem 20. Jahrhundert. **Charles Trenet** (1914–2001) begann in den 1930er-Jahren zu singen. Noch heute verehren ihn viele Sänger als Begründer des mo-

dernen Chansons und als großes Vorbild, als geistigen Vater. „Ohne ihn
wären wir alle Buchhalter geworden", sagte *Jacques Brel* über *Trenet*. Sein
Lied „*Douce France, cher pays de mon enfance*" kann fast jeder Franzose
mitsingen, ebenso berühmt ist „*La mer*". *Trenet* wurde *le fou chantant* genannt, der singende Narr, weil er so verrückt auf der Bühne herumsprang,
auch bis auf das Klavier. Er brachte Swing und Chanson zusammen, ließ
sich bei seinen Texten von den Surrealisten inspirieren. *Trenet* wirkte als Er-
neuerer gegenüber der auf Harmonie bedachten Art eines **Maurice Che-
valier** (1888–1972). Dieser gehörte zu der Generation davor und hatte
seine größten Erfolge, als *Trenets* Karriere gerade begann. Mit Spazier-
stock und Strohhut trat er vor großem Publikum in den Music-Halls auf, lächelnd, sympathisch, aber ohne jede kritische Note in seinen Liedern. Er
war der erste, der zu seinen Chansons tanzte; die Show war dem Inhalt
der Texte jederzeit übergeordnet. Dagegen boten *Trenets* ungewohnte
Texte und Melodien etwas ganz Neues. Zwar sang auch er optimistische
Chansons, doch enthielten sie mehr als abgedroschene Floskeln. Mit skur-
rilen Ideen und den Surrealisten nachempfundenen Versen malte er eine
imaginäre Welt, in der auch das Wunderbare seinen Platz hatte.

Zur gleichen Zeit wie *Trenet* wurde auch **Edith Piaf** (1915–1963) bekannt. Sie war in ärmlichsten Verhältnissen aufgewachsen. Nach dem

Zweiten Weltkrieg begann ihre große Karriere. Ihre bekanntesten Lieder sind *„La vie en rose", „Milord"* und *„Non, je ne regrette rien"*, die sie mit ihrer unverwechselbaren Stimme zu französischen Klassikern machte. Nicht nur ihren Chansons, sondern auch ihrer Lebensgeschichte, um die sich unzählige Legenden ranken, verdankt sie ihren Ruhm. Im Leben wie in den Liedern kultivierte sie das Leid, den Schmerz, die unglückliche Liebe. Selbst Schnulzen klangen aus ihrem Munde glaubhaft.

**Léo Ferré** debütierte Ende der 1940er-Jahre und hatte zunächst Schwierigkeiten, ein großes Publikum zu erreichen. Heute gehört er ebenso zu den Großen wie **George Brassens.** Dieser wurde ab Beginn der 1950er-Jahre zu einem der erfolgreichsten und populärsten französischen Chansonsänger. Seine Lieder sind zu volkstümlichen Texten und Melodien geworden. Neben ihm gehört **Jacques Brel,** ein Belgier, ebenfalls zu den Chanson-Klassikern.

Berühmt und zugleich oft auch umstritten war **Serge Gainsbourg** (1928–1991), der sich auch *Gainsbarre* nannte, um seine doppelte Identität anzudeuten, etwa wie Dr. Jekyll und Mister Hyde. *Gainsbourg* gab sich provokativ, er kultivierte den Dreitagebart und die Zigarette im Mundwinkel, galt als Frauenfeind und Frauenheld. Skandale produzierte er am liebsten, mal mit dem gehaucht-gestöhnten *„Je t'aime"* mit *Jane Birkin* zusammen, mal mit einer Reggae-Fassung der Nationalhymne Marseillaise, mal mit dem Verbrennen eines Geldscheins in einer Fernsehsendung. Seine Texte sind zynisch, durchsetzt mit Argot und Amerikanismen. Ende der 1950er-Jahre begann *Gainsbourg* zu schreiben und zu komponieren, doch erst viel später fand er ein großes Publikum. Auch *Gainsbourg* war zugleich Maler, Autor, Schauspieler, Komponist und Sänger und wurde schon zu Lebzeiten zur Legende.

Anfang des 20. Jahrhunderts gehörte das Chanson zur *Rive Droite* in Paris, zu den rechts der Seine gelegenen Cabarets und Kellerlokalen am Montmartre. Nach dem Zweiten Weltkrieg verlagerte sich der Schwerpunkt an die *Rive Gauche,* ins links der Seine gelegene Quartier Latin. Zum Inbegriff des Chansons von Saint-Germain-des-Prés und der existenzialistischen Kellerszene der 1950er-Jahre wurde **Juliette Greco** (geb. 1927), heute die Grande Dame des Chanson. Neben ihr lauschte man **Boris Vian** (1920–1959), zugleich ein Jazztrompeter und Schriftsteller, und *Mouloudji.* In den nun folgenden Jahren arbeiteten sich viele neue Sänger und Sängerinnen an die Spitze, darunter auch **Charles Aznavour** (geb. 1924).

In den 1980er- und 1990er-Jahren dominierten wieder andere Namen die Chansonszene, die sich ständig erneuert und neuen Einflüssen gegenüber öffnet: *Bernard Lavilliers* oder *Michel Jonasz* waren lange in Brasilien und arbeiten mit Sambarhythmen, *Charlélie Couture* baut Rock- und

Blueselemente ein. Daneben hört man Namen wie *Maxime Le Forestier, Alain Bashung, Alain Souchon, Jacques Higelin* oder *Serge Lama*. Sie versammeln je nach Stimme, Musikrichtung und Texten ein sehr unterschiedliches Publikum.

Zwar gibt es immer mal Phasen, in denen auch das französische Chanson nicht mehr populär zu sein scheint, doch dann folgt schon wieder die nächste „Erneuerung". Ende des Jahrtausends wurde der nächste Generationenwechsel ausgerufen: Als **„Nouvelle Scène Française"** oder ultimativ als „Le Pop" verstehen sich *Benjamin Biolay, Dominique A.* und *Françoiz Breut*. Vor allem **Benjamin Biolay** löste eine kollektive Hysterie aus und wurde schnell als neuer *Gainsbourg* gefeiert – auch wenn er selbst mit dem „Jacques-Brel-Mist" nichts zu tun haben will. Auch er ist rührig in der Kulturszene, er hat ein Album mit seiner Frau *Chiara Mastroianni* (Tochter von *Catherine Deneuve*) aufgenommen und arbeitet als Songwriter, Komponist, Arrangeur und Produzent, etwa für seine Schwester *Coralie Clément* oder für *Françoise Hardy* und *Juliette Greco*. Ein anderer Vorbote dieser Fraktion war **Yann Tiersen,** der mit dem Soundtrack zum Film „Die fabelhafte Welt der Amélie" auffiel und auch als Sänger durchaus erfolgreich geworden ist. Die Nouvelle Scène Française singt französisch, doch musikalisch ist die Bandbreite groß, reicht die Klangvielfalt von elektro-minimalistisch über indiehaften Sixties-Pop bis zu ausladenden Streicherarrangements mit Schmuseeffekt.

Was sich generell geändert hat, ist, dass die französischen Versuche, auch in anderen Musikgenres international erfolgreich zu sein, eher belächelt wurden. Zwar muss man vermutlich hardcore-frankophil sein, um auch Erscheinungen wie **Johnny Halliday** zu goutieren, den unverwüstlichen Rock'n'Roll Sänger und Elvis-Imitator, um 1960 Idol der Jugendlichen. Auch andere französische Rock-, Pop- und Disco-Ohrwürmer (von *Niagara, Les Rita Mitsouko, Jeanne Mas, France Gall, Guesch Patti, Indochine*) hört man wahrscheinlich nur dann, wenn man damit sentimentale Erinnerungen an Urlaube oder Parties verbindet – in die internationalen Hitparaden gelangen sie nur ausnahmsweise.

In den letzten Jahren waren aber andere Namen außerhalb Frankreichs durchaus präsent: Wir alle kennen *Air*, haben nächtelang zu *Daft Punks* „Da Funk" und „One more Time" gerockt, im Zuge der NuJazz Welle die Platten von *St. Germain* und *Llorca* gehört und mit dem Begriff **French House** assoziiert man *Bob Sinclair*. *MC Solaar* ist eine feste Größe der französischen **Hip-Hop-Szene.** Und der Star-DJ *Laurent Garnier* hat auch in London und New York Auftritte.

Zudem sind die Pariser Studios und Produzenten ein Zentrum afrikanischer Musik. Die Bandbreite der in Frankreich produzierten **Worldmusic**

# Musikfestivals in Frankreich

Mit dem **Printemps de Bourges** beginnt im Frühjahr (Mitte April) der Reigen der Musikfestivals in Frankreich. Das Festival dauert 6 Tage mit rund 40 Aufführungen in Theatern und Konzertsälen, aber auch in Abteien oder Höhlen des Départements Cher. Für das vom Staat subventionierte „Frühlingsfestival Bourges" mit um 100.000 verkauften Konzertkarten hat man sich entschlossen, „in der Programmgestaltung junge Künstler oder Ensembles vorrangig zu berücksichtigen, die mit den neuesten Tendenzen in der Musik im Einklang stehen", wie der Festivalpräsident *Daniel Colling* formuliert. Übersetzt heißt das etwa „Ethno-Dub", „Noisy-Pop", „Rap-Fusion" und Reggae, aber auch „Nouvelle Chanson". Mit einem Netzwerk von mehreren regionalen und internationalen Stationen werden die Gruppen ausgewählt, die auf dem Festival vorgestellt werden sollen – man versteht sich als Talentsucher für junge Künstler. Neben den Jungen waren schon *Jacques Higelin, Mano Solo, NTM* und *Zebda* zu Gast, auch *Frank Zappa, Iggy Pop, Charles Trénet* und *Daft Punk* sind schon aufgetreten.

Kein Festival, aber ein musikalischer Event ist die **Fête de la musique.** Am 21. Juni, am Tag der Sommersonnenwende, ist überall in Frankreich auf der Straße Musik zu hören. Jazztrompeter, Sängerchöre, Barpianisten, Schlagzeuger, klassische Orchester, Rockgitarristen, Techno-Freaks, Ziehharmonikaspieler, Kammerensembles ... jeder macht mit, ob Profi oder Amateur. Jahr für Jahr gewinnt diese 1982 vom damaligen Kulturminister *Jack Lang* ins Leben gerufene Veranstaltung an Bedeutung. Heute umfasst das Großereignis bereits mehr als 10.000 Einzelveranstaltungen – auf Plätzen, Straßen und in Gärten, aber auch in Bahnhofshallen, Cafés oder Kirchen – und das nicht nur in Frankreich. Die Idee hat Schule gemacht und nun nehmen bereits 98 Länder teil.

Mitte Juli trifft man sich in La Rochelle bei einem der renommiertesten Festivals: den **Francofolies.** Diese Veranstaltung in der Region Poitou-Charentes gewinnt immer mehr an Gewicht bei Publikum und Künstlern. Seit 1985 sind fast 2000 Musiker aufgetreten, 6 Tage und 6 Nächte lang, von *Tiken Jah Fakoly* bis *Pink Martini.* Das Festival ist Forum und Sprungbrett für junge frankophone Singer-Songwriter bzw. für französische zeitgenössische Musik von Rock, Pop, Rap und Techno bis zum Chanson. Die Künstler kommen hauptsächlich aus Frankreich und Belgien, aber auch Kanada oder die Schweiz sind vertreten.

Anfang August lockt das **Reggae Sun Ska Festival** in Cissac Medoc im Département Gironde (Aquitanien). Im Lauf der Jahre hat sich diese Veranstaltung im Südwesten Frankreichs zu einem wichtigen Festival der karibischen und afrikanischen Kulturen entwickelt.

Ebenfalls jährlich im August wird die Hafenstadt Lorient zur Folk-Metropole Europas. Beim **Festival Interceltique** treffen Tausende von Zuschauern aus aller Welt auf Künstler aus keltischen Regionen. Hier findet man Rock- und Jazzfans neben traditionellen Kilts und bretonischen Hauben. Das „Keltenfest" in der Bretagne lädt MusikerInnen aus der Bretagne, Irland, Schottland, Cornwall und Wales zu Auftritten ein.

reicht von mit Discorhythmen unterlegtem „Ethnopop" von *Zouk Machine* von den Antillen und *Mory Kanté aus* Mali bis zu traditioneller orientierten Afrikanern wie *Manu Dibango aus* Kamerun, der schon zu den Vätern der Ethnomusik gehört, und *Youssou N'Dour* aus Senegal. *„Seven Seconds",* sein Duett mit *Neneh Cherry,* wurde in den 1990er-Jahren von al-

Aus dem ehemals nur regional bedeutsamen Dudelsack-Fest entstand über die Jahre mit über 300.000 Besuchern innerhalb von zehn Tagen nach eigener Einschätzung „das größte und wichtigste Folkfestival Europas". Der Bezug auf die Kelten war zunächst mehr ein Trick, die bretonische Sache in einen größeren Zusammenhang zu stellen. Zum Glück für die Bretonen stieß die „interkeltische" Idee auch jenseits des Kanals auf Zuspruch. Inzwischen vertragen sich in Lorient sogar die Iren aus dem Norden und dem Süden der Insel.

Im Dezember findet ein weiteres Festival von internationaler Bedeutung im bretonischen Rennes statt, die **Transmusicales.** Der bunten Mischung aus Rock, Folk, Elektro, Techno, Rap, Hip-Hop, Trip-Hop, Dance verdankt das kurz „Trans" genannte Festival seinen Ruf als Sprungbrett für neue Tendenzen. *Noir Désir, Les Négresses vertes, Mano Negra, IAM, Niagara, Etienne Daho* und viele andere wurden hier entdeckt. Auch *Ben Harper, The Prodigy, Portishead, the Propellerheads, Yann Tiersen* oder *Daft Punk* waren so gut wie unbekannt, als sie bei den Transmusicales zum ersten Mal auftraten. Mitte der 1970er-Jahre wurde das Festival von begeisterten Rockfans gegründet, die zeigen wollten, dass Rockmusik auch außerhalb des angelsächsischen Raums stattfindet, doch bald öffnete man sich auch anderen Musikrichtungen. Neuerdings sind auch neue Jazzrichtungen und die Weltmusik dabei.

Noch gar nicht die Rede war von den Sommerfestivals klassischer Musik, den Jazzfestivals in Vienne, Grenoble, Le Mans und an der Côte d'Azur, den international renommierten Theaterfestivals in Avignon und Paris oder vom Kinofestival in Cannes. Neben diesen Kunstfestivals gibt es zahllose weitere große und kleine Feste in Frankreich. Weithin bekannt ist etwa das jährliche Zigeunertreffen in Saintes-Maries de la Mer in der Camargue am 24. und 25. Mai, von eher regionaler Bedeutung sind der Karneval in Nizza, der Blumencorso in Bormes-les-Mimosas im Februar und die Feria in Arles und Nîmes. Zahllose noch kleinere Veranstaltungen kommen hinzu wie das Straßentheater-Festival in Aurillac, das Renaissancefest in Le Puy oder das Heißluftballonfest in Annonay in der Ardèche. Jeder Ort hat auch seinen Stadtpatron, der gefeiert wird, seine Kirmes oder sein Schützenfest, die Weinregionen ihre Weinfeste, manche Wallfahrtsorte sehenswerte Prozessionen.

Eindrucksvoll sind die Feierlichkeiten zum Nationalfeiertag am 14. Juli, nicht nur in Paris, wo auf den Champs-Elysées die große Parade stattfindet. Überall im Land, in jedem Dorf und in jeder Stadt, wird am Abend oder auch am Vorabend auf den Festplätzen und Straßen getanzt und gefeiert, legendär sind etwa die Bälle der Feuerwehr. Zu den Klängen von Akkordeons, Blaskapellen oder Rockmusik und mit viel Wein verbrüdern sich Alt und Jung, Touristen und Einheimische. Mit einem großen Feuerwerk endet die Nacht. Auch Mariä Himmelfahrt und die Fête de Saint-Jean (24. Juni) zeichnen sich durch große Feuerwerke aus. An sich kann aber jedes kleine Dorffest seine Reize haben: Mitzufeiern macht überall dort Spaß, wo noch urwüchsiges buntes Treiben herrscht oder wo man sich auf alte Traditionen rückbesinnt und nicht der Kommerz oder die touristische Vermarktung im Vordergrund stehen – das ist und bleibt leider das große Dilemma für Reisende.

len Radiosendern bis zum Abwinken durchgenudelt. Der erfolgreichste Vertreter dieser „Weltmusik" ist *Manu Chao,* einst Leadsänger der Band *Mano Negra,* dessen Mix aus mediterranen, lateinamerikanischen und afro-karibischen Rhythmen inzwischen weltweit kopiert wird, so erfolgreich war er mit seinem Solodebüt.

Andere Musikgruppen haben mit **Raï,** einer Synthese aus europäischer und nordafrikanischer Musik, in Frankreich großen Erfolg, sind aber außerhalb des Lands nur Weltmusik-Aficionados ein Begriff. *Carte de Séjour* (Aufenthaltsgenehmigung) nennt sich eine Gruppe, *Faudel, Cheb Kada, Cheb Khaled* und *Cheb Khader* brachten den algerischen Blues auch in die Diskotheken.

Quoten sorgen dafür, dass die französische Sprache nicht aus Kino, Fernsehen und Radio verschwindet. Immerhin machen die französischen Plattenfirmen die Hälfte ihres Umsatzes mit französischen Titeln! Genau wie der französische Film wird auch französische Musik subventioniert, damit nicht zu viel Anglo-Amerikanisches aus den Lautsprechern tönt.

## Literatur

Frankreich gilt als vorbildliches Land, was die Pflege seiner Kultur angeht. Doch auch hier geht im Wettstreit der Medien die Zahl der Leser zurück. 44 % der Franzosen haben 2002 kein Buch gekauft, 39 % kein einziges gelesen. Die audiovisuellen Medien sind inzwischen in Frankreich eine ernsthafte Konkurrenz für die „Buchkultur". Populäre Sendungen wie die einst legendären, inzwischen eingestellten *„Apostrophes"* von *Bernard Pivot*

021fr Fotos: gk

scheinen aber auch Leute zum Lesen zu bringen, die sonst wohl kaum zum Buch gegriffen hätten. *Apostrophes* – Vorbild und Vorläufer von „Literarischem Quartett" und *Elke Heidenreichs* „Lesen" – war eine **literarische Talkshow,** die jeden Freitagabend zu einer guten Sendezeit (21.30 Uhr) lief und die zu den beliebtesten Sendungen im Fernsehen gehörte. Sie verzeichnete Einschaltquoten, die Autoren in Deutschland nur erträumen können. Der Moderator *Pivot* lud Autoren neuer Publikationen zu einer Diskussionsrunde ein, die häufig in erbitterte Wortgefechte ausartete. In jeder Sendung stand ein bestimmtes Thema im Mittelpunkt: War es zum Beispiel erotische Literatur, trafen ein Übersetzer chinesischer Geschichten, mehrere Romanautoren und ein Callgirl, das seine Memoiren veröffentlicht hat, aufeinander – schnell war eine Debatte über Erotik und Pornografie entfacht. Für einen jungen Autor steigerte eine Einladung von *Pivot* mindestens genauso die Auflage und den Bekanntheitsgrad wie die Verleihung eines wichtigen Literaturpreises.

Traditionelle **Literaturkritik** dagegen hat wenig Einfluss, nur Medienereignisse machen ein Buch bekannt, einen Schriftsteller berühmt. Das führt zu Verflachung und Banalisierung, für fundierte Kritik und scharfe Analyse bleibt wenig Raum, immer ausschlaggebender wird die Person des Autors, die Telegenität seiner Erscheinung. Dem Leser wird nicht ein argumentativ fundierter Lektüretipp, sondern Showbusiness geboten. Das macht Literatur in Frankreich zu einem immer kurzlebigeren Phänomen, ein Sensationserfolg jagt den nächsten. Ein Buch hat nur wenige Wochen eine Chance, sich zu verkaufen, bevor neue Titel es verdrängen.

Eine einflussreiche Einrichtung sind auch die französischen **Literaturpreise.** Der wichtigste ist der *Prix Goncourt,* der im Jahr 2003 100 Jahre alt wurde. Nicht das Geld ist dabei wichtig, man erhält nur einen geringen Betrag, sondern der Prestigewert des Preises. Er bringt Höchstauflagen und schnellen Ruhm, Einladungen zu Talkshows und Rezensionen in den Zeitungen, Beifall von allen Seiten und manchmal ebenso schnelles Vergessen. Am gleichen Tag im gleichen Restaurant wird auch der *Prix Renaudot* verliehen. Ursprünglich war er mal als Gegenpreis gedacht, um Fehleinschätzungen der Goncourt-Jury zu korrigieren, das ist er aber längst nicht mehr. Der *Prix Femina* und der *Prix Médicis* werden kurz danach verliehen, daneben existieren noch über hundert unbedeutendere Preise.

Schon häufig kritisiert wurde die „Mafia", die sich hinter der Preisvergabe verberge. Auffallenderweise erhielten die Autoren von nur drei Verla-

Bei den Bouquinisten auf dem Quai Montebello findet man Bücher aller Art

gen, Grasset, Gallimard und Seuil, über 80 % dieser Preise. Die vielfältigen Verflechtungen der Pariser Literaturszene sind ohnehin sehr eng und Mitglieder der Jurys für die Literaturpreise sind zugleich oft selbst Autoren oder Mitarbeiter dieser drei Verlagshäuser. Kritisch angemerkt wird daher oft, dass diese Konzentration nicht gerade die Vielfalt fördere oder neue Talente ermuntere.

## Kino

Die französische Kinokultur scheint in allen Bereichen weit lebendiger als jede andere europäische Filmszene. Die Filmproduktion ist größer, das Publikum ist leichter ins Kino zu locken, die Filmkritik ist besser, die Filmförderung umfassender als in Deutschland und konzentriert sich nicht nur auf die Förderung der Produktion, sondern auch auf den Vertrieb. Für deutsche Filmemacher haben sich solche Rahmenbedingungen erst in den letzten Jahren entwickelt. Weitaus länger als alle anderen europäischen Kinonationen hat Frankreich dem Trend abwärts widerstanden. Die Franzosen selbst konstatieren dennoch zu Recht eine Krise, weil sie Zahlen von heute mit denen von früher vergleichen. Auf die Frage: ‚Wer ist schuld am Kinosterben?' ist die erste Antwort natürlich immer: das Fernsehen. Über 100 Spielfilme laufen pro Monat, mit den Wiederholungen von *Canal Plus* sogar 300. An manchen Abenden kann man sechs Spielfilme im Fernsehen anschauen. Dass so ein Programm Auswirkungen auf die Besucherzahlen der Kinos hat, wird niemanden überraschen.

Aber das TV lebt auch von und mit dem Kino, es gibt zum Teil recht erfolgreiche **Koproduktionen,** die ohne finanzielle Unterstützung durch Fernsehsender nicht zustande gekommen wären. Beliebter Einwand gegen solche Mischproduktionen: Hier würde ja nur auf Einschaltquoten geschielt, das Wettrennen um Werbekunden und Massenpublikum verhindere experimentelle Filme und kritische Berichterstattung. Finanziert würden nur Projekte ohne Risiko.

Die zweite Bedrohung des französischen Films sieht man in der Konkurrenz durch amerikanische Produktionen. Zu schützen versucht man den französischen Film durch **Quotenvorgaben** an die Fernsehsender, sie dürfen nur festgelegte Prozentsätze an amerikanischen Filmen zeigen. Obwohl aber auch in Frankreich Kinos schließen mussten und die Zuschauerzahlen sanken, zeigt der Vergleich mit anderen Ländern, dass die Kino- und Filmkultur weiterhin erstaunliche Vitalität besitzt. Zu 30 % sahen Franzosen im Jahr 2006 im Kino Filme aus dem eigenen Land (zum Vergleich: Deutschland 24 %).

Die großen Zeiten des französischen Kinos sind noch nicht vergessen. Von den Brüdern *Lumière* wurden die laufenden Bilder kurz vor der Wende zum 20. Jahrhundert erfunden. Nur wenige Jahre später experimentierte *Georges Méliès* bereits mit Trickfilmen und gründeten *Charles Pathé* und *Léon Gaumont* die ersten Produktionsfirmen. Ohne die gesamte Geschichte der französischen Filmindustrie hier zu erzählen, sei nur darauf verwiesen, dass neben vielen berühmten Regisseuren und Schauspielern auch bestimmte Filmgenres eng mit französischem Kino verknüpft werden: der *film noir* der 1940er-Jahre (obwohl der Begriff inzwischen für die Parallelentwicklung im US-Kino benutzt wird) und die *nouvelle vague* der 1960er-Jahre.

Besonderes Interesse fand in Frankreich immer wieder der **Kriminalfilm.** Angefangen bei den Fantomas-Filmen von 1913/14 über viele Filme mit *Jean Gabin, Jules Dassins* Rififi, die Maigret-Serie, manchen Filmen von *Jean-Pierre Melville* bis hin zur Gegenwart führt eine bruchlose Kontinuität.

Für den düsteren **film noir** stehen zum Beispiel *„Quai des Orfèvres"* (1947) von *Henri-Georges Clouzot* oder *„Portes de la nuit"* (1946) und *„Quai des brumes"* (1938) von *Marcel Carnée.* Die alptraumhafte Atmosphäre von Verzweiflung, Heuchelei, Korruption und Pessimismus dieser schwarzen Filme reflektierte die Unsicherheit der Nachkriegsjahre.

Die **nouvelle vague** ist die Sammelbezeichnung für eine Gruppe von Filmemachern, die dem französischen Kino in den 1960er-Jahren mit theoretischen Aufsätzen und in ihrer experimentellen Praxis neue Anstöße liefern wollte, weg vom kommerziellen Kino. Zu den Regisseuren gehören *François Truffaut, Claude Chabrol, Jean Luc Godard, Eric Rohmer, Jacques Rivette* und *Alain Resnais.* Ihr wichtigstes Organ war die Zeitschrift *Cahiers du Cinéma.* Sie erfanden den Autorenfilm, schrieben selbst die Drehbücher, filmten häufig mit unbekannten Schauspielern. Im Ausland begründeten diese Regisseure den Ruf des französischen Films als anspruchsvoll und intellektuell. Schon Ende der 1970er-Jahre allerdings begann man parallel vom Niedergang des französischen Kinos zu sprechen, man verwünschte das Fernsehen und lamentierte über stagnierende Produktions- und Besucherzahlen wie über nachlassende Qualität und Mangel an Regisseuren und Drehbuchautoren.

Auch in Frankreich ist die **Abhängigkeit vom Fernsehen** durch die Koproduktionen größer geworden – vor allem teure Produktionen werden von den Sendern mitfinanziert. Dass diese Spielfilme sich am Markt orientieren und an standardisierte Rollen, Genres, Themen und Stile halten – zudem werden häufig gleich bei der Produktion Kriterien einer Fernsehästhetik angelegt –, ist die eine Seite der Medaille. Die andere ist, dass Frankreich das Überleben seiner Filmindustrie dieser schnellen Anpassung

an die neue Lage verdankte. Als in den 1980er-Jahren die Kinoeintritte zurückgingen, wurden die großen Fernsehanstalten mit Sendeauflagen und diversen Anreizen zur Produktionsbeteiligung angehalten.

Mitte der 1990er-Jahre drängte Frankreich darauf, dass eine **Quotenregelung** auch in die Fernsehrichtlinien für Europa aufgenommen würde. 60 % aller Sendungen sollten europäischen Produktionen vorbehalten bleiben; so will man sich gegen amerikanische Filme abschotten. Der Vorschlag wurde unter anderem von Deutschland abgelehnt. Kritisiert wurde der französische Entwurf als Protektionismus für die eigene Filmproduktion, denn die Definition dessen, was als europäisch gilt, schloss aufseiten der Franzosen alle osteuropäischen Produktionen aus.

In Frankreich selbst gelten nach wie vor Quoten, doch unter dem Konkurrenzdruck der sich vermehrenden privaten Sender wendet sich das Fernsehen zu Lasten des Spielfilms und der Nachrichtenmagazine anderen Programmbereichen zu – vor allem Gewinnspiele, Quizshows, Talkrunden und Unterhaltungssendungen. Das Kulturministerium will daher statt der Produktion verstärkt auch Vertrieb und Export unterstützen, z. B. indem etwa einem amerikanischen Vertrieb die Synchronisation eines Films finanziert wird.

Die französische Kinokultur ist vielseitiger als in Deutschland

# Comics

La BD, das sind die Initialen für **Bande dessinée,** so nennt man Comics in Frankreich. Überaus populär sind diese „gemalten Streifen", so die wörtliche Übersetzung. Comics werden zwar auch in Frankreich als Unterhaltung klassifiziert, doch nicht als „triviale", sondern als anspruchsvolles Vergnügen für Intellektuelle. Längst hat das Erzählen in Sprechblasen und Bildern die Weihen der Kunst erhalten. Die BD hat in Frankreich einen Status erreicht, der kaum vergleichbar ist mit der Einschätzung von Comics in anderen Ländern (es sei denn seit einiger Zeit in Japan). Sammelbände in Hardcoverausgaben erreichen Rekordauflagen, Comicverlage erzielen Riesenumsätze. Es gibt passionierte Zeichner, fanatische Leser und obsessive Sammler. Spezialisierte Buchhandlungen, Antiquariate und Tauschbörsen bedienen die große Nachfrage.

Trotz der amerikanischen Herkunft sind Comics inzwischen ein essenziell französisches Genre. Warum ihr Erfolg gerade in Frankreich so groß ist, ist schwer erklärbar. Vielleicht mag es daran liegen, dass es immer Comics mit politischer Aussage oder künstlerischem Anspruch gab und nicht nur mit kommerzieller Ausrichtung. In Frankreich überwiegt ein anderes Verständnis des Genres: Als komplexe Kunst mit intellektuellen Anspielungen, als sehr moderne Kunst, die keine lineare Lektüre erfordert, sondern das Montageprinzip verwendet und somit gleiche Techniken wie moderne Rockmusik oder moderne Malerei.

Die BD wird in Frankreich als ein **Medium für Erwachsene** angesehen, in Deutschland stellten lange Jahre überwiegend Kinder die Lesergemeinde der Comics. Populäre Kultur wird ernst genommen: Ein Indiz dafür ist, dass Comics in Frankreich Autoren haben. Im Gegensatz zu anderen Ländern, in denen bestimmte Reihen zwar unter ihrem Titel bekannt sind, aber sich kaum Zeichner einen großen Namen gemacht haben, gibt es in Frankreich viele beliebte und **bekannte Künstler:** Druillet, Wolinsky, Franquin, Bilal, Hergé, Moebius, Bretécher, Tardi, Cabu, Reiser u. v. a. Während zu Beginn meist nur die Figuren bekannt waren und ihr Schöpfer unbekannt blieb, sind heute BD-Autoren so berühmt wie Popstars oder Schauspieler. Fanatiker sammeln signierte Originalzeichnungen und Fans drängeln sich zu Autogrammstunden.

Weltweit die bekanntesten der französischen Autoren sind René Goscinny (Texter) und Albert Uderzo (Zeichner). Seit 1959, schon mehr als vier Jahrzehnte lang, erscheinen die Abenteuer der beiden Comic-Helden **Asterix und Obelix.** René Goscinny und Albert Uderzo hatten damals sicher nicht damit gerechnet, dass der kleine Gallier zu einer der erfolgreichsten Comicfiguren der Welt würde – mit eigenen Fanseiten. Inzwischen sind mehr als 30 Fortsetzungen erschienen, die in ebenso viele Sprachen übersetzt wurden. Längst beschränkt sich die Vermarktung nicht mehr nur auf die Hefte: Asterix' Abenteuer wurden verfilmt, in Frankreich eröffnete ein Vergnügungspark, der das gallische Dorf für Besucher auferstehen lässt, Merchandising-Artikel sorgen für weitere Verbreitung. Die Abenteuer der beiden Gallier sind in die römische Antike verlagert. Der Held Asterix ist ein listiger kleiner Knirps, der erst durch die Einnahme eines Zaubertranks zu übernatürlichen Krafttaten fähig wird. Nach den amerikanischen Helden Superman, Batman und Flash Gordon wurde ein so menschlicher Held schnell zu einem Publikumserfolg. Millionenauflagen ließen auch das Ausland aufmerksam werden und schon bald erschienen fremdsprachige Ausgaben. Der „gallische" Humor dieser volkstümlichen Zeichenserie lebt von Anspielungen auf nationale Stereotype (Asterix bei den Belgiern, Asterix bei den Schweizern), angefangen bei der Namensbildung bis hin zu spezifisch französischen Witzen; viele Wortspiele sind kaum übersetzbar. Dennoch ist Asterix weltweit beliebt, und nicht nur bei frankophilen Lesern. Die Asterix-Hefte werden in rund 120 Ländern vertrieben und sind die kommerziell erfolgreichsten Comicfiguren.

In Frankreich selbst sind jedoch viele andere „Helden" mindestens genauso bekannt wie Asterix. Figuren und Elemente aus anderen Serien sind für die Franzosen so familiär, dass ohne Unterlass Anspielungen darauf gemacht werden: *coupe à Tintin,* ein Haarschnitt wie Tintin, wirbt ein Friseur im Schaufenster mit einem anderen Klassiker der BD.

Ein kurzer **Rückblick auf die Entwicklung** des Comics und die wichtigsten Serien: Vorläufer haben die Comics bereits im 19. Jahrhundert, zum Beispiel *Rodolphe Töpffer, Christophe* (La Famille Fenouille von 1889) oder *J. P. Pinchon* (Bécassine, 1905). Die Texte befinden sich zum Teil noch unter den Bildergeschichten, nicht in Sprechblasen. Ein Belgier (*Georges Remi*) mit dem Pseudonym *Hergé* erfand 1929 die Figur Tintin, noch heute eine der bekanntesten Comicfiguren (in Deutschland ist die Serie unter dem Titel **Tim und Struppi** erschienen). Das erste Heft, das 1948 in Frankreich erschien, hieß *„Aventures aux pays des Soviets",* dem noch viele Reisen in andere Länder folgten. Tintin, ein jugendlicher Reporter, wird nach Russland geschickt. Dort muss er ständig ums Überleben kämpfen, seine Angreifer tragen alle irgendeine Art von Uniform und versuchen ihn daran zu hindern, die wahren Verhältnisse im Land zu entdecken. Die antikommunistische Tendenz dieses Heftes ist häufig analysiert worden, dennoch hat das konservative Image *Hergés* niemals an seiner Popularität kratzen können. Er hat noch jahrzehntelang diese Serie fortgesetzt, mit großem Erfolg und ungeachtet aller Moden und Trends im

Genre der BD. Als er 1983 starb, überschlug sich die Presse in Nachrufen. Die Tageszeitung *Libération* ging noch weiter und ersetzte in einer Ausgabe alle Fotos durch Illustrationen, die den Comics von Hergé entnommen wurden.

In den 1940er-Jahren entwickelten dann eine ganze Reihe von belgischen Zeichnern neue Reihen, zugleich blieb man aber auch in Frankreich nicht untätig. **Lucky Luke** zum Beispiel ist eine belgisch-französische Produktion (von *Maurice de Bevère,* unter dem Pseudonym *Morris*), die seit 1947 erscheint. Die Cowboyparodie, Lucky Luke mit der immer glimmenden Fluppe im Mund, wurde seit 1955 unter Mitarbeit *Goscinnys* produziert.

Kaum weniger beliebt sind die *Schlümpfe,* die seit 1958 gedruckt werden. Die **Schtroumpfs** (von *Pierre Culliford,* Pseudonym *Peyo*), sind blaue Protagonisten, die den Großteil ihres Vokabulars aus Ableitungen von *schtroumpfer* bilden.

Ein protektionistisches Jugendpressegesetz versuchte 1949, unter dem Deckmantel des Verbots von Gewaltdarstellung für Kinder, die Einfuhr von amerikanischen Comics zu verhindern. Nach und nach verschwanden so gut wie alle amerikanischen Zeichenserien vom französischen Markt. Damit war der Weg frei für französische Zeichner und Texter.

Die eigentliche Revolution begann in den 1960er-Jahren. 1959 erscheint zum ersten Mal die Zeitschrift **Pilote,** mit *René Goscinny* als Herausgeber, die sich an ein älteres Publikum wendet. Hier machten viele der später unabhängig und erfolgreich arbeitenden Zeichner ihre ersten Gehversuche, etwa *Claire Bretécher* oder *Jean-Marc Reiser.*

1960 wird **Harakiri** gegründet, eine Zeitschrift mit dem Untertitel *Journal bête et méchant* (dumme und boshafte Zeitschrift). Immer wieder wurden einzelne Nummern verboten oder beschlagnahmt, wenn die Satire zu bissig war, wenn einzelne Personen sich angegriffen fühlten oder Tabuthemen behandelt wurden, etwa ein Heft über KZs, Juden und Nazis wurde zensiert.

In den folgenden Jahren wurden **weitere Magazine** gegründet, zum Teil von Zeichnern, die von *Pilote* oder *Harakiri* weggingen: 1969 *Charlie Mensuel,* 1972 *L'écho des Savanes,* 1975 *Métal Hurlant* (zuerst vorrangig der Science Fiction gewidmet), 1985 *Vécu.* Ähnliche Magazine heißen *Fluide Gacial, Circus* und *A Suivre.*

In den 1960er-Jahren tauchten auch die ersten erotischen und pornografischen BDs auf, seit 1962 zum Beispiel erscheint die Pin-up ähnlich modellierte *Barbarella.* Leichtgeschürzt macht sie sich zu ihren Abenteuern auf; ihr Erfolg wird bald kopiert mit Figuren wie *Jodelle* oder *Valentina.* Im Gegenzug zu dieser sexistischen Variante erscheinen später Serien auf dem Comicmarkt, die traditionelle Stereotype durchbrechen wie die *Ca-*

*therine* von *Catherine Beaunez*. Die Zeichnerin *Claire Bretécher* schafft mit ihren **Frustrierten** eine Comicreihe ohne feststehenden Protagonisten im Mittelpunkt. Ihre Figuren sind eine Gruppe von sich als links verstehenden Dreißigern. Kein Held, keine Individualität zeichnet sich ab, die Personen bleiben anonym. Dennoch handelt es sich um eine relativ homogene Gruppe, oft Paare oder Familien, Freunde oder Bekannte, ehemalige 68er, Intellektuelle und Linksschickeria, deren Selbstverständnis als feministisch, links, antiautoritär und engagiert dem Spott preisgegeben wird. Sie lümmeln sich auf Sofas oder auf dem Fußboden und reden, reden, reden. Mit ihren Phrasen entlarven sie sich selbst. Der Witz *Claire Bretéchers* beruht ganz auf dem Text, die grafische Variation in den Comics bleibt minimal. Ihre mitleidlose Satire der „Szene" wurde auch in Deutschland zu einem großen Erfolg.

Der Zeichner *Cabu* schuf in den 1970er-Jahren mit seinem Comic **Mon beauf** ein neues Sinnbild für den Durchschnittsfranzosen. *Beauf* ist eigentlich die Abkürzung für *beau frère,* Schwager, in der Umgangssprache aber Synonym für den Spießer schlechthin. Die Geschichten drehen sich um den Patron eines Bistros, versehen mit allen negativen Eigenschaften, die so ein Spießer in den Augen jugendlicher oder intellektueller Leser haben könnte: Er ist reaktionär, intolerant, unkritisch sich selbst gegenüber, liebt Fußball, Pferderennen und liest den *Parisien libéré.*

Seit den 1980er-Jahren ist der **BD-Markt** eine expandierende Industrie und kaum mehr überschaubar. Comics machen inzwischen schon um 15 % der Titelproduktion französischer Verlage aus; neben der Massenware gibt es Neuauflagen der inzwischen schon Klassiker genannten alten Serien, zum Teil in bibliophilen Ausgaben, und anspruchsvolle Comics, für die auch ein Preis ausgeschrieben wird. Verliehen wird der *Alfred* (wie der *César* des Films), ein Pinguin, der von *Alain Saint-Ogan* für einen Comic geschaffen wurde. Jährlich findet in Angoulême der *Salon de la BD* statt, wo die besten Zeichner prämiert werden. In Angoulême befindet sich auch ein Forschungszentrum, das sich speziell mit Comics beschäftigt. Es ist zugleich Archiv (hier landet ein Exemplar jeder BD), das für Information und Dokumentation sorgt, und Schule, an der man ein BD-Diplom machen kann (seit 1983). Selbst eine speziell der BD gewidmete Kritik hat sich inzwischen etabliert, zum Beispiel in den 1969 von *Jacques Glénat* gegründeten *Cahiers de la Bande Dessinée.*

Die Institution BD beschränkt sich nicht mehr nur auf die Hefte selbst, sondern die Figuren sind in Alltag und Kommunikation und in den Kommerz eingegangen. Die **Werbung** bedient sich häufig gezeichneter Helden, viele Comics wurden adaptiert, so etwa die *Frustrierten* von *Bretécher* als Marionettenspiel, die französische Rockgruppe *Téléphone* ließ einen

Videoclip von *Bilal* zeichnen. *Druillet* veröffentlichte eine BD-Adaption des Salammbo-Romans von *Gustave Flaubert,* auch die französische Geschichte ist als BD-Version erhältlich, BD-Zeichner werden für Kinoplakate beauftragt (z. B. *Tardi* für den Fellini-Film *„E la nave va",* oder *Bilal* für *„Mon oncle d'Amérique"* von *Alain Resnais, Reiser* für „Das große Fressen" von *Ferreri*) – diese Aufzählung wäre weiter fortzusetzen und mag nur zur Erläuterung dienen, wie breitenwirksam Comics sind, wie sehr sie im französischen Alltag gegenwärtig sind.

# Die Rolle der Medien

## Tageszeitungen und Magazine

Frankreich genießt den Ruf, eine vielfältige Presse mit großer politischer Spannbreite zu besitzen. Die Franzosen selbst sehen das anders: Sie bedauern die zunehmende Monopolisierung des Zeitungsmarktes und den Verlust an Lesern. Jedes Jahr gibt es weniger Zeitungen: Seit 1945 sind von über zweihundert Zeitungen mehr als ein Drittel eingegangen; diesen wenigen laufen die Leser weg. Ohnehin sind die Franzosen eigentlich lausige Zeitungsleser, sodass die **Auflagenhöhen französischer Zeitungen** dem Vergleich mit Großbritannien oder Deutschland nicht standhalten. Pro Tausend Einwohner werden in Frankreich nur 167 Tageszeitungen verkauft, gegenüber 322 in Deutschland oder 393 in Großbritannien (2004), damit rangiert Frankreich weit hinten. Einmal die Woche gedruckte Informationen reicht den meisten offenbar. Seit den 1990er-Jahren haben die französischen Blätter stetig Leser verloren, erstmals 2007 gab es wieder ein geringfügiges Wachstum von 0,2 %. Diese bedauerlich wenigen Leser neigen zum Entsetzen der französischen Journalisten nun auch noch immer häufiger dazu, gar keine Tageszeitung mehr zu lesen, sondern nur noch Illustrierte, Programmzeitschriften und Unterhaltungsmagazine. Bei den **Wochenzeitschriften** liegt Frankreich nämlich weltweit auf Platz eins, bei den Tageszeitungen abgeschlagen auf Platz 28. Seriöser Journalismus finde kein Publikum mehr, nur noch oberflächliche Unterhaltung sei in Frankreich gefragt. Das französische Kulturministerium überlegt ernst-

haft, ob es jedem Jugendlichen in Frankreich zu seinem 18. Geburtstag ein zweimonatiges Gratis-Abo für eine Tageszeitung schenken soll. (In Frankreich existiert ein Zustellsystem praktisch nur im Großraum Paris und in einem weit geringeren Maße in einigen anderen Regionen – einzige Ausnahme: das Elsass.) Das Vertriebsmittel in Frankreich ist der Direktverkauf. Viele junge Leser bevorzugen jedoch die kostenlose Internetausgabe.

In aller Welt schrumpfen die Auflagen der Printmedien. In Deutschland sank die Gesamtauflage in den letzten 5 Jahren um 7,7 %, in Dänemark um 9,5, in Österreich um 9,9 und in Japan (das traditionell den größten Zeitungskonsum der Welt hat) um 2,2 %. EU-weit ging der Absatz von Tageszeitungen in den letzten Jahren um täglich eine Million Exemplare zurück, weltweit um durchschnittlich 2 %. Die **Zeitungskrise** hat auch vor Frankreich nicht halt gemacht: Nicht nur die Auflagen gingen zurück, auch Anzeigen- und Werbeeinnahmen sanken dramatisch. Mehrere landesweite Blätter bauten Personal ab oder kämpfen ums Überleben, wie die Boulevardzeitung *France Soir*.

Selbst Frankreichs renommierteste Tageszeitung, die links-liberale **Le Monde** mit Schwergewicht auf Politik und Wirtschaft und einem umfangreichen Auslandsteil, schrieb mehrere Jahre in Folge Verluste. Sie ist jedoch unangefochten die führende Zeitung Frankreichs und gilt vielen auch als die beste. Zwar ging die Auflage auf knapp 317.000 (2007) zurück, was von manchen regionalen Zeitungen übertroffen wird, nicht aber ihr Monopol der Meinungsbildung. *Le Monde* liefert sorgfältige Berichterstattung, umfassende und inhaltlich fundierte Information. Sie bildet das Forum für die Meinungsäußerung von Intellektuellen, von Politikern, Philosophen, Schriftstellern. Wer hier nicht mitredet, gilt wenig in Frankreich, denn in *Le Monde* finden die Debatten statt, die die Nation beschäftigen. Außerhalb Frankreichs ist sie die meistgelesene französische Zeitung, leicht zu erkennen am klassischen Layout: kaum Fotos, keine farbigen Balken oder Überschriften. Eine Entsprechung gibt es in der Bundesrepublik nicht, was Seriosität und intellektuelles Niveau betrifft. Schon gar nicht die *Welt;* falls man sich vom gleichen Namen auf die falsche Fährte locken lässt.

**Le Figaro,** Auflage 323.000 (2007), eine im Spektrum rechts angesiedelte Tageszeitung, litt ebenfalls massiv unter der Krise. Einst ein renommiertes Blatt (und das älteste), hat die Zeitung sich in den letzten Jahren zu einem Journal mit stockkonservativer Ausrichtung gewandelt. Hier darf die „Neue Rechte" Frankreichs ihre Artikel publizieren. In den Geburts-, Heirats- und Todesanzeigen finden sich die Namen des Adels und des Großbürgertums.

Die **Libération,** Auflage 132.000 (2007), wurde Anfang der 1970er-Jahre als linke Alternative zu den herkömmlichen Zeitungen gegründet, ähnlich wie die *taz* in Deutschland, der sie als Vorbild diente. Auch hier hatte man in den ersten Jahren mit Einheitsgehalt angefangen und den Setzern erlaubt, Kommentare in Klammern einzufügen. Einer der Mitbegründer war *Jean Paul Sartre.* Die Artikel sind kritischer, frecher und unangepasster als in anderen Tageszeitungen, aber dennoch seriöse Berichterstattung – ausgezeichnete Journalisten schrieben das kleinste Blatt in den Rang einer der wichtigsten Zeitungen Frankreichs empor. Die *Libé* bringt informative und gut recherchierte Reportagen, im Feuilleton präsentiert *Libé* ihren Lesern auch Bereiche wie Rockmusik oder Videofilm. Außerdem ist diese Zeitung eine der am professionellsten gemachten Tageszeitungen Europas; sie wird mit modernster Drucktechnik hergestellt.

Selbst die eigentlich erfolgreiche Boulevardzeitung **Le Parisien,** Auflage 523.000 (2007), die auflagenstarke Zeitung der „kleinen Leute", häufte Verluste an. Das ausländerfeindliche Blatt wird vom typischen französischen Spießer gelesen.

Von der Krise sind vor allem die überregionalen Zeitungen betroffen – von einst 30 Titeln der Nachkriegszeit blieben keine zehn. In Frankreich haben Zeitungen in der Regel ohnehin weniger Käufer als etwa deutsche,

Die französische Zeitungsbranche erlebt zurzeit eine Krise

weil Franzosen lieber Magazine lesen. Und auch in Frankreich machten die verheerende Offensive der Gratiszeitungen und der Wettbewerb mit den neuen Medien den Markt schwieriger. Eine besorgniserregende Entwicklung, vermutlich wird der Konzentrationsprozess noch weitergehen. Die knappen Eigenmittel, steigende Kosten und sinkende Verkäufe haben dazu geführt, dass mächtige Unternehmen zunehmendes Gewicht in Frankreichs Presselandschaft gewannen. Der Rüstungsindustrielle *Serge Dassault* hat die Socpresse-Gruppe erworben, die rund 70 Titel verlegt, darunter *Le Figaro; L'Express, L'Expansion* und viele regionale Tageszeitungen wurden aber inzwischen an das belgische Unternehmen *Roularta* verkauft. Ein anderer Rüstungsindustrieller, *Arnaud Lagardère*, besitzt die Hachette-Gruppe (den weltweit größten Zeitschriftenkonzern mit rund 260 Titeln in 36 Ländern), die in Frankreich an die 50 Zeitschriften publiziert, darunter *Elle, Parents* und *Première* und zahlreiche Tageszeitungen. Die Pressekonzentration in den Händen medienferner Unternehmen in Frankreich schreitet damit einen Riesenschritt voran. Selbst die ehemals antikapitalistische Tageszeitung *Libération* lässt den Bankier *Rothschild* ihr Finanzloch füllen.

Der **Canard Enchainé** ist eine 1919 gegründete satirische Wochenzeitung mit frechem, fast anarchischem Ton, Vergleichbares gibt es bei uns nicht. Die Position der Zeitschrift ist keiner politischen Partei zuzurechnen, die Kritik richtet sich jedoch traditionell vor allem gegen die Rechte. Durch Veröffentlichung von belastenden Materialien hat sie schon häufig für bedeutsame Enthüllungen mit politischer Brisanz gesorgt. Finanziell ist der *Canard* unabhängig; keine Anzeigen, Werbung wird abgelehnt. Die Aufmachung gleicht einer Tageszeitung, kein Magazin mit Hochglanzpapier.

Der **Nouvel Observateur** ist das Wochenmagazin für die linke Leserschaft, eine Mischung aus *Zeit* und *Spiegel*. Das zweitgrößte Magazin Frankreichs entstand 1964, gegründet als Forum der linken Gegenöffentlichkeit; damals war das kurz *Nouvel Obs* genannte Magazin kritischer, militanter, respektloser als heute. Die Leser sind ein akademisches Mittelschichtpublikum, die Art von Leuten, die sich in *Claire Bretéchers* Yuppie-Comics tummeln.

Das Nachrichtenmagazin **L'Express** wurde 1953 von *Françoise Giroud* und *Jacques Servan-Schreiber* gegründet, eine politische Wochenzeitschrift, die von der Aufmachung her dem *Spiegel* sehr ähnlich ist und die größte Auflage unter den Nachrichtenmagazinen hat. *Françoise Giroud* war später Staatssekretärin für Frauenfragen und danach für Kultur.

**Le Point** ist ein weiteres Wochenmagazin, das kaum andere politische Orientierungen vertritt als der *Express*. Die beiden gelten als konservativ bzw. rechtsliberal und teilen sich die gleiche Leserschaft.

Auflagenstärkste Zeitung Frankreichs ist das in Rennes erscheinende Regionalblatt **Ouest France,** über 794.000 Exemplare (2007). Die Regionalpresse in Frankreich verfügt über eine große Tradition und hat den Wettbewerb gegen Radio, Fernsehen und Internet im Vergleich zur überregionalen Presse gut überstanden. Traditionell gibt es in Frankreich häufig auch nur eine Tageszeitung in der jeweiligen Region. In der Rangliste der Auflagenhöhe können auch weitere **regionale Blätter** ganz gut mithalten: *La Voix du Nord* aus Lille (296.000), der in Bordeaux gedruckte *Sud-Ouest* (320.000), *Le Dauphiné Libéré* aus Grenoble (270.000) und *Le Progrès* aus Lyon (290.000). Knapp 18 Millionen Franzosen lesen täglich eine regionale Zeitung, nur 8 Millionen eine nationale (Pariser) Zeitung. Mit dem Einfluss verhält es sich (noch) proportional umgekehrt, zum Beispiel hat *Le Monde* als Kommunikationsmittel der Elite ein Eigengewicht jenseits ökonomischer Erfolge. Doch ein Teil der Pariser Presse degeneriert immer mehr zur Regionalpresse für den Pariser Raum.

## TV

„Homotelematicus – eine neue Spezies des Medienzeitalters", nannte die Zeitschrift Paris-Match die Franzosen in einer Reportage und fragte: Können Franzosen überhaupt noch ohne Fernsehen leben? Die Antwort mag ja oder nein lauten, auf jeden Fall verbringen die Franzosen mehr Zeit vor der Glotze als die Deutschen. Vor dem Fernseher sitzen die Franzosen 207 Minuten täglich (2007), fast dreieinhalb Stunden. Online-Kommunikation und das Surfen im Internet führen allerdings zu einer rückläufigen Nutzung.

Bis Anfang der 1980er-Jahre gab es drei **staatliche Fernsehkanäle** unter der Aufsicht der ORTF *(Office de Radiodiffusion Télévision Française),* der Monopolgesellschaft für die französischen Medien. Da die ORTF unter Aufsicht der Regierung stand und ihre wichtigsten Funktionäre von dieser ernannt wurden, war das Fernsehprogramm entsprechend regierungstreu (und langweilig). Bereits unter *Giscard d'Estaing* wurde die ORTF in sieben Gesellschaften umgewandelt; nach 1981 wurde die Auflösung der ORTF von den Sozialisten noch forciert, um die enge Verflechtung von Staat und Fernsehen zu lockern. In den vergangenen Jahren wurden die Medien und ihre Kontrolle mehrfach umorganisiert.

Nach mehreren Anläufen befindet sich die französische Medienlandschaft (PAF – *Paysage Audiovisuel Français* genannt) noch immer in einer Phase der Umstrukturierung. Das Erste Französische Fernsehen, die *Télévision française no 1,* kurz TF 1 genannt, ehemals öffentlich-rechtlich, wurde verkauft. *France 2* (FR2) ist einer der beiden öffentlichen Sender, neben FR 3 *(France Regions).* FR 3 ist ernsthafter, weniger spektakulär aufgemacht und stark regional ausgerichtet. Im **Wettbewerb mit den privaten Sendern** um Einschaltquoten und Werbekunden degenerierte FR 2 dagegen vom elitären Minderheitenprogramm zum populären Unterhaltungskanal mit nach unten offener Niveauskala. Kritiker meinen, dass FR 2 in der Konkurrenz um das dümmste öffentlich-rechtliche Programm gute Chancen auf einen vorderen Platz habe. Anspruchsvolle Sendungen gibt es im Staatsfernsehen nur noch spätnachts oder bei *Arte,* dem Kultursender, der in Frankreich etwas höhere Einschaltquoten aufweisen kann als in Deutschland. Der Karikaturist *Pancho* zeigte in einer Zeichnung ein amerikanisches Paar, das zum ersten Mal in Frankreich fernsieht: *„I love French TV",* sagt der Ehemann; *„It's so american",* pflichtet ihm seine Frau bei. Dabei sind die Sender verpflichtet, mindestens 60 % des Programms mit französischen Produktionen zu bestreiten. Aber es ist ja auch in Deutschland so, dass die Kopien amerikanischer Unterhaltungsserien und Doku-Soaps zum Teil schlechter sind als das Original.

## Radio

Mit den *radio libres,* den **freien Radios,** hat sich die französische Radiowelt enorm verändert. In den 1970er-Jahren tauchten die ersten Piratensender auf, wie *Radio Verte* in Paris oder *Radio Dreyecksland* im Elsass. Zunächst existierten sie illegal, aber die Gesetze wurden 1981 der Realität angepasst. Seit sie legalisiert wurden, um das Staatsmonopol im audiovisuellen Bereich zu beenden und um den Regionen größeren Einfluss zu gewähren, gibt es über 1200 private und um 40 lokale Sender (langfristig soll jedes Département ein eigenes Radioprogramm erhalten). Seither herrscht in Frankreichs Äther eine fröhliche Anarchie. Allein in Paris kann man um fünfzig Sender empfangen. Viele haben sich auf bestimmte Bevölkerungsgruppen spezialisiert wie *Radio Beur, Radio Portugal, Radio Communautés Juives* oder *Futur Génération* (Schwule), andere auf ein bestimmtes Programmangebot. *Radio Latina* sendet überwiegend Lateinamerikanisches, *Tropic F. M.* bevorzugt Karibisches, *Radio Notre-Dame* und die *Fréquence protestante* Religiöses. Bedingung für die Sendelizenz, die jeweils nur für drei Jahre erteilt wird, ist die Beschränkung des Senderadius auf 30 km im Umkreis. Da sich die meisten freien Sender über Werbeeinnahmen finanzieren, spielt auch hier Geld die größte Rolle. Mit den Anfängen, als die Piratensender sich am Antiatomkampf beteiligten, Werbung ablehnten und meist von ökologisch oder regionalistisch orientierten Gruppen gemacht wurden, haben die privaten Stationen nur noch wenig am Hut. Um ein großes Publikum und damit Werbekunden zu gewinnen, muss man ein „ausgewogenes", unterhaltsames Programm senden.

Die meisten Sender berieseln daher ihre Hörer rund um die Uhr mit der gleichen Mischung aus Hits, Werbespots und extrem schnell gesprochenem Gequatsche der Moderatoren – aus Piraten sind Geschäftsleute geworden. Um die raren Frequenzen werden harte Kämpfe geführt. Radio *NRJ* (sprich wie engl. ‚Energy') ist der Renner, ein mächtiger Musiksender mit viel Werbung und großen Hörerzahlen. Die 30-km-Grenze kann er mit einem Netzwerk aus vielen Stationen überschreiten.

*Radio France,* **die öffentlich-rechtliche Hörfunkanstalt,** kontrolliert vier landesweite Sender (neben regionalen Metropolenprogrammen in Paris, Straßburg, Bordeaux und Nantes): *France Inter* hat Musik, Theater, Nachrichtenmagazine und Unterhaltungssendungen im Programm. *France Culture* ist der Kultursender mit vielen Interviews mit Künstlern und Wissenschaftlern, mit Literaturbeiträgen und Hörspielen. Er hat nur etwa 450.000 Hörer und 1 % Marktanteil. Bei *France Musique* wird das Programm von klassischer Musik dominiert, ab und zu Jazz, Live-Konzerte, gelegentlich Operetten, all das, was als „ernste" Musik gilt. *France Info* bringt Nachrichten und Reportagen.

Neben den freien Radios auf Mittelwelle und UKW gibt es schon länger die *postes périphériques* auf Langwelle. Die Bezeichnung beruht auf der Lage der **Sender außerhalb der Grenzen** Frankreichs: *RTL* in Luxemburg, *Europe 1* im Saarland, *Radio-Sud* in Andorra und *Radio Monte Carlo* in Monaco. Diese Rundfunksender mit populären Unterhaltungsprogrammen waren früher die einzige Konkurrenz zum Staatssender und erreichten trotz ihrer kommerziellen Ausrichtung durch liberalere Berichterstattung große Hörerzahlen. Seit man über 3000 Radiosender über das Internet hören kann, spielen nationale Grenzen jedoch keine Rolle mehr.

# Elite oder Volksbildung? – Erziehung und Bildung in Frankreich

*„Ein Vater, dessen Sohn in die Ecole polytechnique aufgenommen wird, kann beruhigt sterben: Er hat seinen Sprössling auf die Umlaufbahn gebracht."*

(François Nourissier)

Landet man im Gespräch mit Franzosen irgendwann einmal beim Thema Studium und Schule, wird ein großer Unterschied zum deutschen Ausbildungssystem auffallen. Die wichtige Rolle der universitären Ausbildung in

Deutschland gibt es in Frankreich so nicht. Die **Hochschulen** wurden in eine randständige Position gedrängt, sowohl in der Lehre wie in der Forschung. Im französischen Hochschulwesen gibt es eine deutliche Trennlinie zwischen zwei Ausbildungswegen. Eine typische Karriere à la française führt an eine der prestigereichen **Grandes Ecoles.** Nur hier erwirbt man akademisches und soziales Ansehen. Ein Abschluss an einer der Elitehochschulen eröffnet den Zugang zu Spitzenpositionen, die Diplome der Universitäten sind oft nur Makulatur für Arbeitslosigkeit.

Und den amerikanischen Traum vom Tellerwäscher zum Millionär träumt in Frankreich kaum jemand. Karriere ist ein Synonym für Grandes Ecoles. Wer dort aufgenommen werden will, muss sich dem **Auswahlexamen** stellen. Die harten Vorprüfungen, die *concours,* entscheiden über Aufnahme oder Absage und damit über die weitere Zukunft des Bewerbers. Während einer ein- bis dreijährigen Vorbereitungszeit arbeiten die Studenten unter äußerster Anspannung, um die Auswahl zu bestehen. Wem es gelingt, der hat eine steile Karriere vor sich. Dennoch sind diese nationalen Wettbewerbe nicht Indiz für Chancengleichheit. Nur formal kann hier jeder reüssieren. Arbeitersöhnen gelingt es selten, fast alle Schüler hatten auch schon Väter auf der Schule. Soziale Aufstiegschancen sind in Frankreich gering; die Grundschule und das Gymnasium sind kein Korrektiv für soziale Unterschiede der Elternhäuser.

Das **Erziehungssystem** ist pyramidenförmig strukturiert: An den Kaderschmieden der Republik, den Grandes Ecoles, führen die Vorprüfungen zu scharfer Selektion. Die Universitäten dagegen akzeptieren jeden mit Abitur, als Institution bleibt die Uni in Frankreich daher zweite Wahl. Einen Numerus Clausus gibt es nicht, der freie Zugang zur Universität gilt als Grundrecht. Die Aristokratie der Grandes Ecoles bildet eine kleine Elite, der Plebs der Universitäten die große Masse darunter. In diesem Zweiklassensystem gibt es kaum Übergänge, mit Beginn des Studiums sind die Weichen gestellt für die zukünftige Karriere. Die Elite Frankreichs rekrutiert sich aus den Absolventen der Grandes Ecoles. Doch auch aus dem leichten Zugang zur Hochschule folgt nicht, dass jeder Arzt werden kann, der das nur will. Während des Studiums wird kräftig gesiebt, Prüfungshürden führen dazu, dass beispielsweise nach dem ersten Studienjahr in der Medizin nur 10 % der Studenten weiterstudieren können.

Das starre Ausbildungssystem ist häufig kritisiert worden, weil es modernen Anforderungen nicht mehr gerecht zu werden scheint. Kritiker sprechen gern von einer **Mandarinkaste,** die sich da immer wieder aus sich selbst rekrutiere. Der Zugang zu Spitzenpositionen in Staat und Verwaltung, Wissenschaft und Wirtschaft bleibt allein den Absolventen der Grandes Ecoles vorbehalten.

Reformer wollen dieser Technokratenelite demokratischere Ausleseverfahren entgegensetzen, um Frankreich dynamischer und konkurrenzfähiger zu machen. Denn zum Teil muss man sich diese Oberschicht in den Schaltstellen von Macht und Management wie ein Klassentreffen von Ehemaligen vorstellen, mit Brüderschaft und Korpsgeist, Seilschaften und Klüngelei, Protektion und Absprachen. Die „polytechnische Mafia" nannte ein 1973 erschienenes Buch die Absolventen der Grandes Ecoles. Die *high potentials* einen Überzeugungen, ein homogener Hintergrund und ein starkes Gefühl der Verbundenheit – man kennt einander und denkt ähnlich, egal welchem politischen Lager man angehört. Da zu den Absolventen nicht nur die mächtigen Politiker und die Spitzenbeamten der Verwaltung, sondern auch die Hälfte der Unternehmensbosse in der freien Wirtschaft gehören, hat diese Kaste die „Firma Frankreich" fest im Griff.

## Grandes Ecoles

- **Ecole Polytechnique:** Die französische Ingenieurhochschule bildet die technische Elite des Landes aus, die *Polytechniciens,* auch *X* genannt. Sie ist die angesehenste der Grandes Ecoles und untersteht als Militärein-

Ein Treffpunkt für Wissenschaftler und Studierende – die Nationalbibliothek

richtung dem Verteidigungsministerium. Die Studenten der Ecole Polytechnique haben Offiziersstatus.

- **Ecole libre des sciences politiques:** Sie bildet die politische und administrative Elite aus.
- **Ecole Normale Supérieure:** Spezialhochschule für die geistige Elite. Die Bezeichnung steht für fünf Grandes Ecoles, die den Akademikernachwuchs in den geisteswissenschaftlichen und in den naturwissenschaftlichen Disziplinen ausbilden, unter anderem Gymnasiallehrer und Universitätsprofessoren. Die ENS genießt den Ruf als intellektuell beste Schule. *Jean-Paul Sartre* zum Beispiel war einer ihrer Absolventen, die *Normaliens* genannt werden.
- **Ecole Nationale d'Administration:** Die renommierte Verwaltungshochschule bildet Beamte und Diplomaten aus. Ihre Absolventen werden (nach dem Kürzel ENA) *Enarchen* genannt, aus ihnen rekrutieren sich die Führungskräfte im Staatsdienst. *Valéry Giscard d'Estaing,* der frühere Staatspräsident, war hier Student, sein Nachfolger *Jacques Chirac* ebenfalls sowie diverse Minister und Premierminister. Lange war in Frankreich die klassisch-humanistische Bildung mit Latein und Griechisch am angesehensten, doch wurde sie von ihrer Spitzenstellung durch die Wirtschafts- und Handelsfächer verdrängt. Prestige und Macht sind von der philologischen ENS zur ENA abgewandert.

Neben den genannten gibt es noch zahlreiche Hochschulen für speziellere Ausbildungen, insgesamt etwa 200 Grandes Ecoles, die jedoch nicht alle das gleiche Prestige besitzen.

## Universitäten

Die katastrophale Realität der französischen Universitäten: ständiger Geldmangel, schlecht bezahlte Lehrer, **Massenbetrieb,** miserable Ausstattung, kaum Forschung, da auch die Forschung zentral organisiert wird. Professoren und Studenten werden während des Studienjahres völlig absorbiert von den zentral regulierten Prüfungen. Die staatliche Kontrolle der Wissensanforderungen hindert die Dozenten an einer freien Gestaltung des Unterrichts und macht für die Lernenden das Studium zu einer sturen Paukerei. Letztlich verdienen die Universitäten Frankreichs ihren Namen kaum, sind sie doch eher ein verlängerter Sekundarstufenunterricht. Eigener Wissensdrang, Freiheit in der Wahl der Themen und selbstständiges Arbeiten ist so gut wie unmöglich. Abfragbares Wissen bestimmt die Prüfungsstoffe und verführt zum gedankenlosen Auswendiglernen, nicht zur kritischen Diskussion. Die Hochschullehrer sind staatliche Funktionäre, eingeengt von bürokratisierten Routinen und Konservatismen. Intellektueller Wettstreit und wissenschaftliches Arbeiten findet an Instituten statt, die parallel zu den schwerfälligen Universitäten gegründet wurden, etwa am CNRS *(Centre National de la Recherche Scientifique)* oder an der EHESS *(Ecole des Hautes Etudes en Sciences Sociales)*.

Dazu kommt die **hohe Durchfallrate;** mehr als die Hälfte aller Studenten verlässt die Universität ohne Abschluss. Ihre Zukunft ist gänzlich perspektivlos. Die hohe Versagerquote liegt an der Art der Prüfungen. Die Vergabe von Stellen erfolgt ganz nach Bedarf. Für die Stellen im öffentlichen Dienst werden die Kandidaten in zentral festgelegten, für ganz Frankreich einheitlichen und anonymen Prüfungen ermittelt. Dadurch soll die Gleichheit der Chancen aller Bewerber garantiert werden. Es muss jedoch nicht eine bestimmte Note oder Punktzahl erreicht werden, sondern die Zahl der offenen Stellen bestimmt die Zahl der bestandenen Examina. Sind also 40 Lehrerposten frei, bestehen 40 Bewerber, egal ob 40 teilgenommen haben, 400 oder 40.000. Dass vielleicht Nummer 41, 42 usw. auf der Rangliste ähnlich gut qualifiziert sind wie Nummer 40 und 39, spielt keine Rolle. Immer wieder machen die Studenten ihrer Unzufriedenheit mit den Studienbedingungen in Demonstrationen Luft, doch das Eliteschulsystem der Grandes Ecoles blieb unangetastet.

# Die französische Sprache

Französisch ist nicht nur die Sprache Frankreichs (und damit eine Nationalsprache unter anderen), sondern gilt auch als **Sprache der Gebildeten.** Diesen Ruf verdankt es der Tatsache, dass jahrhundertelang der Adel und die Gebildeten anderer Länder Französisch sprachen und die französische Kultur pflegten, d. h. das französische Vorbild nachahmten. Bildung, Kultur und Zivilisation galten als französisch. Daran erinnern noch heute unsere Lehnworte im Bereich vornehmen Benehmens, der Kavalier ebenso wie Manieren, Etikette, Noblesse und Konversation. Elegant, galant, charmant, mondän oder raffiniert war eben nur der, der französische Sprache und Sitten beherrschte.

Leider neigten viele zur Übertreibung. Auf die überzogene Nachäfferei, das Französisieren, sind im 18. Jahrhundert wundervolle Satiren erschienen, in denen sich das Bürgertum mit neuerwachtem Selbstbewusstsein vom Adel abgrenzte. Dennoch gehörte es weit über das 19. Jahrhundert hinaus zum guten Ton, dass jede höhere Tochter Französisch lernte. Obwohl die kulturelle Dominanz Frankreichs längst Vergangenheit ist, haftet dem Ansehen der Sprache noch ein wenig dieser höfischen Vergangenheit an. Und Franzosen selbst halten die Überlegenheit der französischen

# Die französische Umgangssprache

Auch wenn man in keinem anderen Land so sehr auf die Norm des „richtigen" Französisch pocht, hört jeder Franzose Unterschiede im Sprachgebrauch, geografische, soziale oder stilistische. Deutlich unterscheiden sich oft schon das geschriebene und das gesprochene Französisch. Stärkere Abweichungen werden als Slang oder Jargon klassifiziert, als Argot. **Argot** war früher die Geheimsprache der Gauner und Vaganten, heute bezeichnet man damit die französische Umgangssprache. Die Franzosen unterteilen selbst diese Sprachebene noch in weitere Unterklassen. Ihr sensibles Sprachbewusstsein differenziert jede Ausdrucksweise als „gutes" oder „schlechtes" Französisch. Da gibt es das **familiäre Französisch,** das man „unter sich" wohl benutzen kann, nicht aber bei offiziellen Anlässen. Das sogenannte **Patois** (Mundart) ist eine regional geprägte Variante. Das **Szenefranzösisch** der Jugendlichen setzt sich aus Argotausdrücken, englischen Begriffen, Wortspielen und eigenen Erfindungen zusammen. Dies gesprochene Französisch ändert sich ständig, Szeneausdrücke entstehen neu. Die Werbung lebt von ihnen ebenso wie neue Gegenwartsliteratur, Filme oder Comics.

Verwirrend kann die unter Jugendlichen weit verbreitete Angewohnheit sein, Worte einfach umzudrehen. Das wird **verlan** genannt, und das wiederum ist die Umkehrung von „umgekehrt" *(à l'envers)*. Die Kontaktanzeige, die eigentlich *Nana cherche mec* (Tussi sucht Typ) heißen würde, wird durch das umdrehen von *mec* zu *Nana cherche keum*.

Die Abweichung von der Schriftnorm wird je nach Standort unterschiedlich beurteilt: Rigorose Puristen verabscheuen jede Veränderung als Zeichen von Dekadenz, andere betrachten den ständigen Wandel einer Sprache als notwendigen Bestandteil ihrer Lebendigkeit. Die Puristen finden sich meist im Umkreis der Akademie. Die **Académie française** wurde 1635 von *Richelieu* gegründet und sollte die Vereinheitlichung der französischen Sprache durchsetzen. In der Akademie ist man seit Jahrzehnten damit beschäftigt, ein Wörterbuch der französischen Sprache herauszugeben, das genau wie der Duden normativ festsetzt, was als richtiges Französisch zu gelten hat. Wegen der langwierigen Arbeit erscheinen die einzelnen Bände immer mit großer Verspätung, den aktuellen Sprachentwicklungen hinterherhinkend. Als

Sprache über jede andere für erwiesen (eine merkwürdige Theorie, nach der es *bessere* und *schlechtere* Sprachen geben soll!).

Die „Tatsache", dass in Frankreich französisch gesprochen wird, und zwar von jedermann – wer wollte das bestreiten? Dass dieser Zustand erst historisch durchgesetzt werden musste und dies nicht ohne Gewaltanwendung vonstatten ging, dringt erst seit den 1970er-Jahren in den Bereich allgemeinen Wissens vor. Unter den neuen Fragestellungen der Regionalbewegungen gab es auch Forschungen zur **Sprachgeschichte** und der Verdrängung der Dialekte. Lange Zeit galt aber unangezweifelt die Gleichsetzung Dialekt = *Patois* (Platt), die Vorstellung, Dialekte seien ein ländliches, verschliffenes, eben „schlechteres" Französisch. Die Abwer-

einflussreiche, aber konservative bis antiquierte Institution hat die Académie daher schon viel Spott auf sich gezogen. Doch die feierliche Wahl neuer Mitglieder ist ein nationales Schauspiel, zu dem auch der Staatspräsident seine Zustimmung geben muss. Die 40 Mitglieder, die „Unsterblichen" genannt, werden auf Lebenszeit gewählt, nur beim Todesfall rückt jemand nach. Erst 1980 wurde mit der Schriftstellerin *Marguerite Yourcenar* zum ersten Mal eine Frau als Mitglied aufgenommen und 2004 mit *Assia Djebar* die erste Nordafrikanerin. Gescheiterte Kandidaten trösten sich damit, dass in früheren Zeiten selbst *Molière, Balzac, Diderot* und *Descartes* nicht aufgenommen wurden – auch die unberechenbaren Urteile gehören zu den verspotteten Mysterien der Akademie.

In ihrer traditionalistischen Strenge scheint die altehrwürdige Akademie jede Veränderung grundsätzlich abzulehnen; vor allem das **Franglais** ist ihr ein Dorn im Auge. Unter dem Titel *„Parlez-vous Franglais?"* erschien 1964 ein Buch von *René Etiemble,* das den englischen Einfluss auf die französische Sprache kritisierte. Der Begriff ist eine Zusammenziehung aus Français und Anglais und meint Ausdrücke wie *le weekend, le fast food, le shampooing, sponsoriser, le camping, le must, le flirt, le parking, le meeting,* deren Gebrauch im gesprochenen Französisch so selbstverständlich ist wie im Deutschen T-Shirt, Pool oder Computer.

Es wurde eine Gesellschaft gegründet, um die französische Sprache zu schützen und Anglizismen zu bekämpfen: die AFTERM, die *Association française de terminologie* (Gesellschaft für Terminologie). 1975 hat die französische Nationalversammlung ein Sprachgesetz verabschiedet, das eine Reihe fremdsprachlicher Ausdrücke verbot und durch Neuschöpfungen ersetzte. Verbindliche Listen legten Ersatzbegriffe für Anglizismen fest, etwa *ordinateur* für Computer, deren Gebrauch zumindest für Schulen, Medien und Verwaltung vorgeschrieben ist, die im Alltag jedoch kaum beachtet werden. Für Verstöße gegen das Gesetz können Geldbußen verhängt werden. Diese offizielle Haltung gegenüber den Leihwörtern aus dem Englischen und Amerikanischen zeigt die spezifisch französische Art des Umgangs mit der Muttersprache. Die große Masse, vor allem die Jugendlichen, kümmern sich jedoch wenig um die Aufregung um das *Franglais,* sondern benutzen die englischen Ausdrücke weiter.

tung, die mit dieser Gleichung verbunden war, bereitete niemand Kopfzerbrechen. Heute allerdings sprechen Wissenschaftler, die sich mit dem Thema Sprachgeschichte beschäftigt haben, von „linguistischer Kolonisierung" oder sogar von *„Glottophagie",* Sprachenfresserei *(Louis-Jean Calvet). „Einem Menschen seine Sprache rauben im Namen der Sprache selber, damit fangen alle legalen Morde an." (Roland Barthes)*

In ganz Frankreich spricht man französisch. Das steht so in der Verfassung: *„La langue de la République est le français"* (Artikel 2). In ganz Frankreich? Warum spricht man dann elsässisch, korsisch, bretonisch, baskisch an den Rändern? Wie auch in anderen Ländern ist die „Nationalsprache" das Ergebnis eines jahrhundertelangen historischen Prozesses. Dass sich

Frankreich im Unterschied zu Belgien oder der Schweiz als *pays unilingue* (einsprachiges Land) versteht, ist nicht naturgegeben, sondern politisch gesteuert und vollzog sich auch auf Kosten der regionalen Sprach- und Kulturvielfalt.

Im späten Mittelalter ging es zunächst um die Durchsetzung der **Volkssprache** gegen die **Gelehrtensprache** Latein. Aber der Kampf wurde an mehreren Fronten geführt und galt ebenso dem Baskischen, dem Bretonischen, dem Alemannischen, dem Okzitanischen und dem Katalanischen. Das heutige Französisch entstand in Paris und der umgebenden Region Ile

## Frankophonie

Französisch wird nicht nur in Frankreich gesprochen. Insgesamt gibt es auf der Welt zwischen 75 und 270 Millionen Französisch sprechende Menschen. Die Differenz der Zahlen beruht auf unterschiedlichen Berechnungskriterien. Die erste Zahl umfasst nur Sprecher mit Französisch als Muttersprache. Die zweite Zahl umfasst zusätzlich alle Sprecher, die Französisch als Zweitsprache benutzen, wie etwa in manchen afrikanischen Ländern oder in der Karibik. Etwa 115 Millionen Menschen in 63 Ländern, so schätzt man, sprechen Französisch fließend.

Wie schon der Rückblick auf die Sprachgeschichte zeigte, hat sich das Französische, also der Dialekt der Ile de France, innerhalb Frankreichs gegen andere Sprachen durchsetzen müssen. Ähnlich rigoros wurde das Französische häufig in den **Kolonien** installiert, zum Nachteil der Landessprache(n). Als Politik der Assimilation diente die Stärkung des Französischen in den Kolonien dazu, die kulturelle Identität der Kolonialmacht Frankreich den unterworfenen Kulturkreisen aufzuzwingen. Daher muss man bei der Aufzählung französischsprachiger Länder den sehr unterschiedlichen Status der Sprache berücksichtigen. In einigen Fällen kämpft eine Minderheit um den Erhalt ihrer Muttersprache: im anglophonen Kanada, in Belgien der wallonische Teil der Bevölkerung, die französische Schweiz gegen die germanisierende Umgebung. In anderen Fällen ist das Französische eine aufgezwungene Herrschaftssprache, wie zum Beispiel in den afrikanischen Ländern. Einige Länder Afrikas entschieden sich jedoch auch nach der Unabhängigkeit für Französisch als Landessprache, da keiner ihrer eigenen Dialekte die Chance hatte, von der gesamten Bevölkerung akzeptiert zu werden. Die unterlegenen Sprachen wurden von der Kolonialmacht Frankreich nicht alle gleich behandelt: Mit dem Arabischen wurde weit glimpflicher verfahren als mit dem schwarzafrikanischen Sprachen, da das Arabische eine Schriftsprache ist und über eine literarische Kultur verfügt, während viele Sprachen Afrikas „nur" orale Sprachen waren.

Zweisprachigkeit beschreibt also ganz unterschiedliche (Macht-)Verhältnisse. Die sprachliche Identitätsfrage stellt sich in Tunesien, Martinique oder Kanada jeweils unterschiedlich, gewiss jedoch anders als im Mutterland Frankreich.

**Frankophonie –** der Begriff wurde in den 1960er-Jahren von *Léopold Sédar Senghor* (dem früheren senegalesischen Staatspräsidenten) und *Habib Bourgiba* (dem tunesischen Präsidenten) populär gemacht. 1970 vereinigten sich 25 „frankophone" Länder, heute sind es 40. Der Begriff gefällt nicht allen gleich gut, impliziert er doch die oben erwähnte koloniale Vergangenheit. Der Terminus sollte nicht nur eine

de France. Parallel zur Konstituierung Frankreichs als Nation, zur Unterwerfung territorialer Gebiete wurde dem sprachlichen Partikularismus an der Peripherie der Kampf angesagt. Der Streit um die Herrschaft wurde auch als Streit um die Sprache ausgetragen.

Das Languedoc etwa kam im 13. Jahrhundert unter französische Herrschaft: Mit der Inbesitznahme des Territoriums einher ging die Vernichtung einer ganzen Kultur (Minnesang, Liebeshöfe, eine blühende Literatur, die Religion der Katharer). Ein regelrechter Kreuzzug wurde vom Norden gegen den rebellischen Süden geführt, auch gegen die *langue d'oc,* die

Sprachgemeinschaft bezeichnen, sondern auch eine Gemeinschaft von Ländern mit gleichen Interessen. Um aus der Sprachgemeinschaft eine Staatengemeinschaft und ein politisches Bündnis zu machen, streicht Frankreich ab und zu großzügig Staatsschulden von Dritte-Welt-Ländern. Mit Sprache wird hier Politik gemacht. Doch die nach Unabhängigkeit strebenden Kolonien geraten häufig in Konflikt mit dem Mutterland. Deshalb ist es zur Einigkeit noch ein weiter Weg.

Sogar ein **Minister für Frankophonie** wurde eingesetzt, der die Kluft zwischen Europa und den Drittweltländern verringern soll. Außerdem kümmert er sich um den Status des Französischen außerhalb Frankreichs – schließlich war Französisch mal eine der Weltsprachen und die Franzosen sehen nur ungern den Prestigeverlust. Für die Pflege und den Erhalt der französischen Sprache außerhalb Frankreichs arbeiten daher zahlreiche offizielle Organisationen und private Vereine.

Je nach Land hat sich zum Teil das Französische verändert, nicht nur Aussprache, Betonung und Wortschatz sind anders, sondern es sind auch neue Mischformen entstanden wie das Kreolische der Antilleninseln oder das kanadische Französisch (siehe im Anhang Kauderwelsch-Sprechführer). In folgenden Ländern und Regionen wird Französisch gesprochen:

- Als Muttersprache und offizielle Sprache:
  in Frankreich, einem Teil Belgiens, der Schweiz, Luxemburg, Monaco, Andorra, Saint Pierre-et-Miquelon, Guadeloupe, Martinique, Frz. Guyana, Réunion, Marotte, Vanuatu, Neukaledonien, Frz. Polynesien, Wallis-et-Futuna, Kanada (Quebec)
- Als offizielle Sprache und Schulsprache:
  in Benin, Burkina-Faso, Burundi, Comores, Djibouti, Elfenbeinküste, Gabun, Guinea, Kamerun, Kongo, Madagaskar, Mali, Mauretanien, Niger, Obervolta, Ruanda, Senegal, Seychellen, Tschad, Togo, Zaire und in der Zentralafrikanischen Republik
- Als Verkehrssprache:
  in Algerien, Marokko und Tunesien – dort ist Französisch eine Pflichtsprache in der Schule, man kann sich überall mit ihr verständigen. Es gibt eine einheimische französische Presse, aber die offizielle Sprache ist die jeweilige arabische Landessprache. Ebenfalls Verkehrssprache ist Französisch im Libanon, der bis 1943 unter französischer Mandatsherrschaft stand, in den Ländern des ehemals französischen Indochina: Kambodscha, Vietnam, Laos. Außerdem auf Mauritius.
- In folgenden Regionen hat Französisch noch einen lokalen Status:
  Jersey, Aostatal, Louisiana, Pondichéry (Indien)

Sprache des Südens. 1532 wird die Bretagne französisch, 1539 verordnet der **Beschluss von Villers-Cotterets** Französisch als verbindliche Sprache für Gerichtsverhandlungen – ein weiterer Meilenstein in der Geschichte der Vereinheitlichung zur Nationalsprache.

Die Entstehung einer modernen Verwaltung und zentralisierter Strukturen machte eine einheitliche Sprache erforderlich. Die Epoche der **Französischen Revolution** brachte neben „Freiheit" und „Brüderlichkeit" auch „Gleichheit". Die Verbreitung der Ideen der Französischen Revolution machte es notwendig, dass alle Bewohner Frankreichs französisch verstehen und sprechen, dass Französisch die einzige Sprache wird. Auf dem Fundament der unter dem Absolutismus weit fortgeschrittenen Zentralisierung der Verwaltung wurde Sprache offensiv als Herrschaftsinstrument eingesetzt. Die Integration des ländlichen Frankreichs und der Randbezirke in den Zentralstaat ist Ergebnis der Französischen Revolution, auch wenn der Prozess insgesamt jahrhundertelang dauerte. In den Bewohnern der Peripherie vermutete man Reaktionäre und Königstreue. Ab 1794 wurde in alle Provinzen ein sogenannter *instituteur* (ein Erzieher) geschickt, der dafür zu sorgen hatte, dass die neue Verfassung und alle Dekrete jedem einzelnen Bürger bekannt sind. Durch „patriotische Unterweisung", durch Vorlesen und Unterricht sollte er sich vor allem an die Bürger wenden, die Französisch nicht verstanden oder nicht lesen konnten. Mit rigider Politik verfolgte man die Idee, dass die Einheit der Sprache zugleich die Einheit der Gemeinschaft bildet, alle anderen sind Barbaren. Die Regionalsprachen galten als Hort von Aberglaube, Vorurteil, Unvernunft und Ignoranz.

Nach der Jahrhundertwende von 1800 gelten endgültig alle **Regionalsprachen** als *Patois. Basbreton* war noch bis weit ins 20. Jahrhundert hinein ein Synonym für Tölpelhaftigkeit und Dummheit. Die Basse Bretagne war die Region, wo noch bretonisch gesprochen wurde. Von dort holten sich die Pariser Familien traditionellerweise die Dienstmädchen, über deren Dummheit immer wieder Witze gemacht wurden.

Kaum war das politische Problem der aufsässigen Grenzbewohner erledigt, begann die Archivierung des fast vergessenen Kulturguts. Im 19. Jahrhundert „entdeckte" man die provenzalischen Dichter des Mittelalters wieder. Man legte Lieder und Märchensammlungen an. Für die Konservierung war es nötig, Schriftcodierungen für die Dialekte zu entwickeln. Heute arbeiten die Regionalbewegungen und die moderne Sprachwissenschaft mit den im 19. Jahrhundert begonnenen Sammlungen.

Im 20. Jahrhundert konnten die regionalistischen Bewegungen erste Erfolge verbuchen: 1951 wurde mit einem Gesetz, der **Loi Deixonne,** zum ersten Mal wieder ein Versuch gestartet, die regionalen Sprachen zu fördern. Seither gibt es immer mehr Bemühungen, die ethnischen Sprachen wiederzubeleben – in Universitäten und einigen Schulen werden die Regionalsprachen wieder als Unterrichtsfach gelehrt. Die Verdrängung aus dem Alltagsleben ist jedoch kaum noch rückgängig zu machen – aktive Sprecher und die „natürliche" Weitergabe der Sprache von einer Generation zur nächsten gibt es immer weniger. Solange Fernsehen, Radio und Presse französisch bleiben, sind vermutlich auch nur marginale Veränderungen zu erzielen.

Allerdings kommt das Engagement für die Regionalsprachen meist aus den Regionen selbst, staatlicherseits ist das Misstrauen gegenüber der Peripherie merkwürdig konstant geblieben. Das „Europa der Regionen" mag für die Wirtschaftsförderung ein Schlagwort sein, für die Sprachpolitik gilt es nach wie vor nicht. Erst 1999, nach jahrelangem Zögern, unterzeichnete Frankreich die **„Europäische Charta der Regional- und Minderheitensprachen"** (http://conventions.coe.int) – begleitet von einer heftigen Debatte in der Presse. Die Charta zur Bewahrung der Sprachen- und Kulturvielfalt widerspräche der französischen Verfassung, das „Europa der Regionen" sei nur ein Trick, um Frankreich zu schwächen. Ratifizierung und Inkrafttreten lassen daher auf sich warten – ebenso wie die staatliche Anerkennung der französischen Regionalsprachen und die Definition Frankreichs als *pays multilingue,* als mehrsprachiges Land.

## Französisch! Französisch?

*Crevette* kommt aus dem Normannischen, *quai* auch. *Yaourt* ist bulgarisch, *café* arabisch oder türkisch. *Sucre, chiffre, chimie, sirop, coton, jupe, magasin* – französische Wörter? Nein, ebenfalls aus dem Arabischen. *Caviar?* – aus dem Persischen. *Cerise, orange, pagode, divan, tambour* – aus dem Persischen. *Le krach, le Waldsterben, le blitzkrieg* – wo soll das denn hinführen? Und *weekend, countdown* und *hearing* – noch schlimmer. Aber *cheval, mouton, alouette* sind französisch? Nein, keltisch. *Kaki?* Hindu. *Jungle, bungalow, pyjama, shampooing* englische Lehnworte? Nein, ursprünglich Hindi. *Alcool?*

Arabisch. *Tulipe, cravache, sérail?* Türkisch. *Coyote, cacao, tomate, cacahuete?* Aztekisch. *Paprika, goulasch?* Na klar, ungarisch. *Muscadet?* falsch geraten: provenzalisch. *Harpe?* Germanisch. *Huguenot?* – aus alemannisch: Eidgenosse. *Caprice* aber muss doch französisch sein? Nein, italienisch, ebenso wie *tombola, graffiti, pistache. Yacht?* Niederländisch. *Crabe?* Auch niederländisch. Und *kimono?* Natürlich japanisch. *Kangarou* ist australisch, was sonst, *cola* sudanesisch, *igloo* ist eskimo. Alles klar? *Parlez-vous français?*

# Denkweisen und Verhaltensformen

## Lebensgefühl

Der französische Ausdruck *savoir-vivre,* **Lebenskunst,** ist zum stehenden Begriff geworden. Die Franzosen besitzen angeblich eine besondere Gabe, das Leben zu genießen, einen Lebensstil, der es ermöglicht, die Gegebenheiten lächelnd hinzunehmen oder sogar zum eigenen Vorteil zu verändern. „*'T'en fais pas!',* ist ein schöner Grundsatz. ‚Bring dich nicht um!' Nun, hier bringt sich keiner um." (*Kurt Tucholsky,* Pyrenäenreise). Wenn man weiß, dass Köln und das Rheinland ab 1794 zwei Jahrzehnte französisch waren, erklären sich so vielleicht auch die kölschen Gebote „Et es

wie et es, Et kütt wie et kütt und Et hätt noch immer jot jejange." Alle Franzosen, so sagt man, sind Lebenskünstler. Auch das *Laisser-faire*, die angeblich typisch französische Leichtigkeit des Seins, das „Leben und Leben lassen" wurde zum stehenden Begriff. Dem Alltag kleine Lebensfreuden abzugewinnen, scheint ihnen weitaus leichter zu fallen als den Deutschen. Dem deutschen Hang zu Effizienz und Ordnung wird gerne die französische Neigung zu Leichtigkeit und Improvisation entgegengesetzt. Der Franzose weiß, dass die Dinge schließlich „auch so" gehen, dass man die Sache „dennoch" schaffen wird.

*„Er lässt uns Deutschen den Ruhm unserer guten Organisation, er erkennt sie an, aber er sieht darin einen Vorzug, den er seinem Lande nicht wünscht, weil er in dieser Organisation – ob zu Recht oder zu Unrecht – etwas wie Kasernengeist wittert. Wir Deutsche pflegen den Menschen nach seiner Leistung zu bewerten. Wir schätzen die Arbeit um ihrer selbst willen. Wir bemessen ihren Wert nach der Gründlichkeit und Sachlichkeit, mit der sie geleistet wird. Frankreich kennt dieses Arbeitsethos nicht. Es versteht es darum auch bei uns nicht. Von französischer Seite ist nicht selten der Vorwurf gegen uns erhoben worden, wir arbeiteten zu viel. Was mag das für Gründe haben? fragt sich dann der Franzose. Sollte dahinter nicht so etwas wie eine heimliche Verschwörung verdächtiger Art stecken? Aber auch wir verfallen an diesem Punkte leicht einem entsprechenden Missverständnis. Für unser Gefühl erleidet eine Existenz, die nicht in der Arbeit ihre wesentliche Aufgabe sieht, eine gewisse Einbuße an Würde. Wogegen es den Franzosen menschenunwürdig dünkt, die Maßverhältnisse zwischen Arbeit und Muße zu verletzen. Er möchte, wenn auch in noch so bescheidener Weise, sich des Lebens freuen. Der Genuss des Daseins ist für ihn ein unbezweifelbarer Wert."*

Seit *Ernst Robert Curtius* diese Sätze 1930 schrieb, gibt es auch in Deutschland immer mehr Menschen, die nicht nur ihr Leben lang arbeiten wollen und jedes Vergnügen dem Rentenalter vorbehalten. Doch noch immer gilt der typische Deutsche als arbeitsam, der typische Franzose als Lebenskünstler. Er arbeitet zwar auch, aber nicht besessen, das Notwendige gerade noch so hinzukriegen hält er für ausreichend. Zwang, Routine und Stetigkeit sind ihm verhasst. Mittags mal die Pause etwas ausdehnen, das macht er mit einem charmanten Augenzwinkern wieder gut. Solche Lebensfreude macht natürlich auch dem lieben Gott Freude. *Heine* zitiert in „Französische Zustände" das alte Sprichwort: *„Wenn Gott sich im Himmel langweilt, dann öffnet er das Fenster und betrachtet die Boulevards von Paris."*

„Leben und Leben lassen" – die typisch französische Lebenseinstellung

## Sprichworte und Redensarten

Viele Sprichworte und Redensarten eines Volkes lassen Rückschlüsse zu auf die jeweilige Mentalität. Aus langer Tradition entstandene „Volksweisheiten" verraten viel über Denkweisen und Lebensart einer Gemeinschaft. Spruchweisheiten, Anekdoten, Aphorismen, Witze und ins Allgemeingut übergegangene Zitate sind das Gedächtnis eines Volkes und bewahren sein Wissen (z. B. in den Wetterregeln). Von Generation zu Generation wurden Lebensrezepte weitergegeben, die Philosophie der kleinen Leute: wie man ohne allzu großes Unglück überlebt, der Boshaftigkeit der Nachbarn entgeht, den Neidischen ein Schnippchen schlägt, die Mächtigen überlistet, den Zufall (vielleicht) umgeht. Häufig sind sie pessimistisch oder resignativ, wie viele französische Redensarten über die Ehe zeigen. Aber sie verraten auch die Fähigkeit, sich mit dem kleinen Glück zu bescheiden, mit den Gegebenheiten zu arrangieren oder sogar von den bescheidenen Umständen noch zu profitieren. Ein paar Beispiele:
*Ce qui est bon ne peut pas faire de mal.* Diese Redensart, was gut sei, könne nicht schaden, belegt eine unkomplizierte Einstellung zum Genuss. Medizin und Ernährungswissenschaften besagen das Gegenteil: Was gut schmeckt, muss nicht unbedingt gesund sein; und zu viel von einer Sache ist bestimmt schädlich. Das Maßhalten predigen denn auch viele deutsche Sprichwörter. Demgegenüber klingen viele französische Sprichwörter fast genusssüchtig.
*Le lit est une bonne chose, si l'on n'y dort on s'y repose.* „Das Bett ist eine tolle Sache, wenn man nicht drin schläft, ruht man sich aus."
Vielleicht reicht es ja aus, nur den Eindruck zu erwecken, man stehe früh auf und arbeite viel: *A beau se lever tard qui a bruit de se lever marin.* „Wem man nachsagt, er stehe früh auf, der mag ruhig lange schlafen."
Und wer nichts zu beißen hat, der soll doch wenigstens am Wein seine Freude haben: *A peilt manger bien boire.* „Bei magerer Kost (wenigstens) gut trinken."
Die Sprichworte rund um den Wein sind kaum zu zählen. An ihnen erkennt man die zentrale Rolle, die der Wein für das Alltagsleben besitzt (siehe Kapitel „Weinland

## Nationale Identität, Patriotismus und Nationalismus

Geradezu berüchtigt ist der unverbesserliche französische **Nationalismus** gepaart mit absolutem Desinteresse für den Rest der Welt. Maßlos von sich selbst eingenommen, verhält sich mancher Franzose arrogant und unhöflich gegenüber Fremden. Die von Zweifeln ungetrübte, unkritische Liebe der Franzosen zum Vaterland scheint dem Deutschen bestaunenswert. So sehr es „dem Deutschen" an Selbstbewusstsein fehle, so sehr habe „der Franzose" zu viel davon. Weder der Algerienkrieg noch die Kollaboration, weder die Greenpeace-Affaire noch der Indochinakrieg scheinen grundsätzliche Zweifel an der Nation ausgelöst zu haben. Verallgemeinernd wird den Franzosen eine unbeschädigte nationale Identität unterstellt, im Gegensatz zur fehlenden Identität der Deutschen, die aufgrund ihrer Geschichte keinen Grund haben, sehr stolz auf ihr Deutschsein zu

Frankreich"). So dient er als Vergleich, wo in Deutschland Getreide oder Holz herhalten muss:

*Chaque vin a sa lie.* „Jeder Wein hat seine Hefe." In Deutschland wird daraus: „Kein Holz ohne Wurm, kein Korn ohne Spreu; jede Sache hat auch ihre Nachteile."

Das gleiche gilt für *A bon vin point d'enseigne.* „Guter Wein bedarf keines Verkaufsschildes, für eine gute Sache muss keine Werbung gemacht werden."

Oder *Le vin est tiré, il faut le boire,* wörtlich: „Der Wein ist (auf Flaschen) gezogen, man muss ihn trinken". Sinngemäß meint der Ausspruch: „Wer A sagt, muss auch B sagen."

Doch nicht nur bildlich meint man es, wenn man vom Wein spricht. Manchmal geht es einfach ums Trinken. *Un bon verre de vin enlève un écu au médecin.* „Ein Gläschen Wein stiehlt dem Arzt einen Taler."

Und sinngemäß genauso: *Qui vin ne boit après salade, est en danger d'être malade.* „Wer nach dem Salat keinen Wein trinkt, riskiert es, krank zu werden." Die vorgeblich gesundheitsfördernden Kräfte des Weins bieten einen willkommenen Anlass, recht viel davon zu trinken.

Schließlich macht er mutig und draufgängerisch: *Après bon vin, bon cheval.* Wörtlich heißt das „Nach gutem Wein, gutes Pferd", gemeint ist natürlich die Reitkunst des Weintrinkers.

Wer beim Trinken nicht mithält, fällt aus dem Rahmen: *Le vin pour boire, l'eau pour se raser.* „Wein ist zum Trinken da, Wasser zum Rasieren."

Als letztes Beispiel ein paar Redensarten zur Sonne. In unseren trüben Breitengraden ist die Sonne ein Symbol für Wärme, Leben und Wachstum.

In Frankreich scheint sie manchmal zu stark: *Avoir le soleil et le vent au dos.* „Wenn man Sonne und Wind im Rücken hat, ist man glücklich."

Das Gegenteil, nämlich unglücklich, ist der, dem die Sonne in die Augen scheint: *Voir le soleil aux yeux. Chercher l'ombre du soleil.* „Den Schatten der Sonne suchen, heißt das Unmögliche zu suchen."

sein. Zudem machte die Teilung Deutschlands eine nationale Identifikation komplizierter, auch war der deutsche Sprachraum ja nie identisch mit dem deutschen Staat. (Zu Frankreichs inneren Auseinandersetzungen, etwa mit den Regionen, siehe Kapitel „Paris und der Rest der Welt – die Hauptstadt und die Regionen".)

Für Franzosen gelte die Gleichung Staat = Nation = Kultur = Demokratie, heißt es. *„Frankreich ist eine Nation, England ein Reich, Deutschland ein Volk",* prägte der Historiker *Michelet* im 19. Jahrhundert als Formel, um die Unterschiede zu benennen. Die Rede von der **grandeur de la France,** von der Nation *une et indivisible,* einig und unteilbar, ist heute nicht weniger beliebt als ehedem. Am 14. Juli servierte die Air France zur Feier der Revolution blau-weiß-rote Brötchen. Der blau-weiß-rote Blumenstrauß auf dem Kamin von *Giscard d'Estaing,* das blau-weiß-rote Kleid von Frau *Mitterrand* würden, schwarz-rot-gold gedacht, in Deutschland eher als Geschmacklosigkeiten gelten. In Frankreich scheint dieses plakative Bekenntnis zur Nation niemandem unangenehm aufzufallen. Der Vorschlag, den Eiffelturm in den Nationalfarben blau-weiß-rot anzustreichen, findet immer mal wieder Anklang. Dieser unbefangene Gebrauch der Nationalfarben mag manchem Ausländer übertrieben oder unpassend erscheinen, doch nationales Pathos macht in Frankreich keine Angst.

Neben der Bewunderung der eigenen Größe gerät den Franzosen wenig in den Blick. Frankreich hält sich für den Nabel der Welt – dazu als Kuriosum ein Fundstück aus der Statistik: 25 % der Franzosen glauben, dass sich die Sonne um die Erde dreht (Quelle: Francoscopie, eine jährlich erscheinende Sammlung von Statistiken zu Familie, Arbeit, Gesellschaft, Freizeitverhalten etc).

Der **Glaube an die französische Besonderheit und Einzigartigkeit** ist mit dem Anspruch auf universale Geltung verbunden. Frankreich versteht sich selbst als kulturelles Modell, als verallgemeinerbares Vorbild für die gesamte Menschheit. *Ernst Robert Curtius* nannte das die missionarische Selbstauffassung Frankreichs: Man glaube stets im Besitz der Zivilisation zu sein, ein Gegenbegriff zur deutschen Kultur. Wir bewerten Kultur höher als Zivilisation, die Franzosen Zivilisation höher als Kultur. Kultur war in Deutschland zudem immer nur das Anliegen eines kleinen Kreises, der Bildungselite; in Frankreich ist Zivilisation ein klassenübergreifender Wert. Selbstbewusst, ja überheblich schreibt Frankreich sich den Primat der Kultur zu und begründet darauf seinen Führungsanspruch. Selbstverständlich war das nationale Ziel stets auch Menschheitsziel, die Franzosen verstanden sich als auserwähltes Volk, hatten sie doch der Welt die Menschenrechte gebracht. *„Die Franzosen gehen von der Doktrin aus – mehr Dogma als Instinkt, dass der Franzose der vollkommene Mensch ist. Sie sind der Ansicht, dass ein Ausländer niemals ihr Niveau erreichen kann, aber dass er an Wert gewinnt, je näher er ihm kommt." (T. E. Lawrence)* Böse formuliert nennt man die Franzosen unerträglich besserwisserisch, dabei borniert, maßlos von sich selbst überzeugt und arrogant. Frankreichs kulturelle Dominanz gehört heute der Vergangenheit an, es ist ein Phantasma ohne Realitätsgehalt. Die Arroganz haben die Franzosen beibehalten, die Vorherrschaft aber verloren. Anderen Nationen scheint Frankreichs Anspruch auf die weltweite Führungsrolle vermessen. Neben maßloser Selbstüberschätzung gab es zwar auch in Frankreich warnende Stimmen, die überall nationalen Niedergang konstatierten, im militärischen Bereich wie in der Wissenschaft, in Kunst und Politik, in Wirtschaft und Sprache. Die „Gran-

Denkmal für die Résistance-Kämpfer der Auvergne

de Nation" Frankreich werde in einer imaginären Weltrangordnung zu einer unwichtigen, bedeutungslosen Nation. Diese Untergangsmythologie ist aber nur die Kehrseite des gleichen Führungsanspruchs, nicht unbedingt Indiz für Realismus oder Selbstkritik.

Die Frage nach der **nationalen Identität,** nach dem Nationalcharakter ist eine Frage, die zuallererst die Franzosen selbst beschäftigt. Eine Unzahl von Buchtiteln, Analysen und Aufsätzen zum Thema „wer sind wir, was wollen wir, welches sind unsere Werte und Normen, welches unsere Probleme" finden sich auf dem französischen Buchmarkt. Die große Zahl von Veröffentlichungen mit Titeln wie *„Français qui êtes-vous", „L'identité française", „Identité de la France", „Fin de la France? Histoire d'une perte d'identité"* und vielen ähnlichen sind weniger ein Zeichen großer Selbstsicherheit als Indikator für eine für Frankreich ganz ungewöhnliche Skepsis. Die Menge dieser Selbstporträts ist Indiz dafür, dass sich in Frankreich Pessimismus ausbreitet. Während jedoch deutsche Schwarzmaler und Untergangsphilosophen an schwindender Wirtschaftsmacht, mangelnder Wettbewerbsfähigkeit und steigenden Arbeitslosenzahlen verzweifeln, lauten die Fragen in Frankreich anders: „Was ist, worin besteht unsere kulturelle Identität, wer und was bedroht sie, ist sie schon längst nur noch ein Mythos?"

Gleichgültig, ob es sich bei dieser Art von Selbstbespiegelung nur um eine modische Randerscheinung handelt oder um eine Rückkehr zu konservativer Nationalideologie, interessant ist die Beobachtung dieses Nachdenkens für den Ausländer allemal, auch wenn sich die Einschätzungen nicht decken. Denn außenstehende Beobachter kommen oft zu ganz anderen Antworten als die Franzosen selbst. Letztendlich ließe sich gerade dieser Unterschied zwischen Selbsteinschätzung und Fremdbild nutzbar machen. Beschreibbar ist dann nicht die „Tatsache", wie „die Franzosen" sind, sondern die Differenz zwischen Selbsteinschätzung und Fremdbild, zwischen Vorurteil und widersprechender Erfahrung, zwischen Klischee und Abweichung, zwischen Frankreich heute und früher, zwischen Frankreich und Deutschland.

Die festgestellte **Identitätskrise** wird durch zwei einander widerstrebende Bewegungen verursacht: Zum einen gibt es das Streben (und auch den Zwang) nach Modernisierung in allen Bereichen, was aber gleichbedeutend ist mit einer zunehmenden „Europäisierung". Diese wird jedoch durch das Beharren auf Tradition und konservativen Werten gebremst. Gerade für Frankreich scheint es typisch, dass an nationalen Besonderheiten und Skurrilitäten eigensinnig festgehalten wird. Dieser Modernisierungskrise mussten sich alle Länder Westeuropas stellen, die meisten jedoch weitaus früher als Frankreich. Dort wird die „Krise" erst jetzt virulent, weil der stärkste Modernisierungsschub viel später einsetzte, im Gegensatz zu Deutschland, wo wegen der Kriegszerstörungen der Neuaufbau bereits seit 1945 zu tiefgreifenden Veränderungen geführt hat.

## Individualismus

Eine den Franzosen hartnäckig zugeschriebene Eigenschaft ist ihr schrankenloser Individualismus. Unfähig, sich den Regeln des Straßenverkehrs unterzuordnen, nicht in der Lage, sich in eine Schlange einzureihen, jedes Rauchverbot ignorierend. Nicht nur jeder einzelne der 62 Millionen Franzosen sei ein unverbesserlicher Individualist, auch das Land gilt als der Individualist unter den Völkern. Spötter behaupten, zu einem fixen Datum finde sich der französische Individualist mit 20 Millionen seinesgleichen auf den Straßen in Richtung Urlaubsziel, wo sie gemeinsam einsam sind und Handtuchkante an Handtuchkante ihre Ferien verbringen. Nicht umsonst gilt Frankreich als das Land der faszinierenden Gegensätze.

Die Franzosen gelten daher als **unregierbar** und verzeichnen Rekorde an Revolutionen und Bürgerkriegen. Ständig wird auf den Staat geschimpft, aber wenn ein Problem auftaucht, wird nach ihm gerufen. Aufsässig, ausschweifend und aufmüpfig nennt man die Franzosen, Vorschriften seien dazu da, gebrochen zu werden, Gesetze umgehe man, wo man kann, Steuerhinterziehung sei ein nationales Hobby.

Die Franzosen verstehen sich als ausgesprochene Individualisten

## Esprit

Die gegenseitige Verflechtung unter den französischen Intellektuellen ist charakteristisch und in keinem anderen Land ähnlich zu finden.

Wichtigstes Element, das diesen Zirkel zusammenhält, ist die Konversation, die geistreiche Plauderei unter Gleichgesinnten über Politik und Gesellschaft, über Kultur und Aktuelles. Das Spiel der gebildeten **Anspielungen** muss man beherrschen, um Zugang zu finden zu dieser Gruppe, die sich als geistige Elite Frankreichs versteht. Französischkenntnisse allein garantieren nur das Verstehen der Worte, nicht unbedingt auch das Verständnis der Bedeutung „zwischen den Zeilen". *Saisir l'allusion,* die Anspielung begreifen, nennt man das weitergehende Verständnis des kulturellen Hintergrunds in Frankreich.

Der französische **Konversationsstil** gilt im Vergleich zur deutschen Ernsthaftigkeit als ein wenig oberflächlich, aber lebhafter und witziger, weniger theoretisch und systematisch und mehr auf das Augenblicksurteil des guten Geschmacks vertrauend. Schlagfertigkeit, Zweideutigkeit und Ironie sind die besten Mittel, eine Auseinandersetzung zu bestehen. Man kann Schnitzer begehen und seine Wissenslücken dennoch unter wohlgesetzten Sentenzen verbergen, besitzt man die entsprechende Selbstsicherheit. Auftreten und Statur, Haltung, Aussprache, Umgangsformen und Lebensart sind weit wichtiger als abfragbares Wissen. In scharfsinnigen Worten äußert man geistreiche Kritik über Gott und die Welt, ohne die eigene Meinung dogmatisch zu verkünden, ohne Privates zu offenbaren, ohne unbedingt überzeugen zu wollen. Die Distanzierung von den Dingen, über die man redet, prägt den **Diskussionsstil.** Bedingungslose Identifikation gilt als unangemessen. Eine „Herzenssache" zu vertreten, ist im lockeren Geplauder genauso tabu wie pedantische Genauigkeit oder didaktischer Eifer. „Brillante Studien über Dinge, von denen man keine Ahnung hat", charakterisierte ein Franzose die geistigen Produkte seiner Landsleute.

029fr Foto: gk

Viele haben schon versucht, zu bestimmen, was den französischen *esprit* ausmache, was das Spezifische sei an der Denkweise. Oberflächliche Brillanz werde mehr geschätzt als die konkrete Analyse, elegante Improvisation mehr als harte Fakten und subjektiver Kritik messe man mehr Wert bei als sachlicher Beurteilung, so die viel zitierten Gegensätzlichkeiten von deutscher und französischer Denk- und Redelogik.

*„Wer als Politiker etwas gelten will, muss sich literarisch ausweisen können. Wer als Redner wirken will, muss den literarischen Kollektiv-Besitz der Nation zur Verfügung haben. Wer das gesprochene oder geschriebene Wort nicht beherrscht, kann im öffentlichen Wesen keinerlei Einfluss ausüben. Fachkenntnis und Sachlichkeit können den Mangel an literarischer Bildung in Frankreich niemals ersetzen. Nur in Frankreich gibt es jenen Typus von Büchern, die den literarischen Menschen durch ihre Form, den politischen Menschen durch ihre Formeln fesseln. Sie können Polemik, Analyse, Doktrin sein – aber sie dürfen niemals bloße Fachliteratur sein. In Frankreich dürfen Politiker Romane schreiben, dürfen Romanciers politische Bücher verfassen, ohne das Recht einzubüßen, ‚ernst genommen' zu werden."*

*(Ernst Robert Curtius)*

Gerühmt wird die unvergleichliche Eleganz der französischen Sprache, die Logik ihrer Struktur, die Flüssigkeit der französischen Vorträge und Essays, die Redegewandtheit der Franzosen, besonders die fast spielerische **Formulierungskunst von Politikern und Schriftstellern.** Dies steht hier in einem doppelten Sinn: Schriftstellernde Politiker oder mit politischen Ämtern betraute Schriftsteller wären in vielen anderen Ländern undenkbar. Oder wäre *Günter Grass* als Minister vorstellbar? In Frankreich durchaus möglich: *André Malraux,* der Autor von *„La Condition Humaine"* war lange Minister im französischen Kabinett. *„In Frankreich erfährt selbst der erfolgreiche Staatsmann seine höchste Genugtuung in seiner Bestätigung als Literat, als homme de lettres." (Peter Scholl-Latour)* Politiker werden immer auch nach ihrer Bildung und Sprachbeherrschung beurteilt, nach Expressivität, Rhetorik und Stil ihrer Äußerungen. Redegewandtheit ist das wichtigste Element für eine Karriere. Sogar die angesehensten Mitglieder von seriösen französischen Banken oder Wirtschaftsunternehmen fürchten nicht, mit literarischen Ambitionen oder polemischen Essays ihrem Ruf zu schaden. In Deutschland fast undenkbar, gehört man in Frankreich erst wirklich den „oberen Zehntausend" an, wenn man als *homme de lettres* auch für literarischen Aufruhr gesorgt hat.

Witz und sprachliche Gewandtheit, pointierte Urteile, Scharfzüngigkeit und Scharfsinnigkeit ernten mehr Beifall als die sachlicheren Argumente;

charmante Oberflächlichkeit, sympathische Ausstrahlung und Höflichkeit lassen mehr erreichen als konkrete Aussagen oder verbindliche Programme. Geht es also in Frankreich um die **Form,** in Deutschland um die Sache? Diese schablonenhafte Gegenüberstellung ist als Verallgemeinerung sicherlich unhaltbar, da sie stark vergröbert. Richtig daran ist vermutlich, dass **sprachliche Gewandtheit** (mündlich wie schriftlich) in Frankreich positiv vermerkt wird. Rhetorisches Training beginnt schon in der Schule. Von klein auf wird der lustvolle Umgang mit Sprache, der Spaß an der treffenden Formulierung betont und honoriert.

Das **bon mot,** Aphorismen, Wortspiele, Zitate aus Klassikern, Wortwitz und Wortneuschöpfungen begegnen einem in Werbung und Graffiti, in der Tagespresse und in öffentlichen Reden, bei geselligen Anlässen und im Alltag. Frankreich liebt seine Sprache und spiegelt sich in ihr. Das Reden über Worte, Sätze, Stil, Sprache und Literatur gehört zu den beliebtesten Gesprächsthemen. Für einen Deutschen ist es schwierig zu verstehen, wie wichtig grammatische Regeln für Franzosen sein können. Der *Nouvel Observateur* bemerkt, die Franzosen seien verrückt nach dem Französischen. Es erscheinen genauso viel Bücher zum Thema Sprache wie zum Thema Küche.

## Demokratie

*La langue de la République est le français.*
*L'emblème national est le drapeau tricolore, bleu, blanc, rouge.*
*L'hymne national est la Marseillaise.*
*La devise de la République est Liberté, Egalité, Fraternité.*
*Son principe est: gouvernement du peuple, par le peuple et pour le peuple.*

Frankreich gilt als das Mutterland der Demokratie und republikanischer Traditionen. In Artikel 2 der Verfassung heißt es: Die Sprache der Republik ist das Französische, das nationale Emblem ist die blau-weiß-rote Trikolore, die Nationalhymne ist die Marseillaise, die Devise der Republik heißt Freiheit, Gleichheit, Brüderlichkeit, ihr Prinzip ist Regierung des Volks durch das Volk und für das Volk.

*Heinrich Heine* zum Beispiel, einer der unvoreingenommensten Beobachter, schickte 1832 auch heute noch lesenswerte Eindrücke aus Frankreich nach Deutschland. Mit kritischer Sympathie betont *Heine* ganz bestimmte Seiten an den Franzosen: den Skeptizismus, die Anzweiflung jeder Autorität, die Frechheit, den Atheismus und die Frivolität der Franzosen, vor allem ihren Hang zur Demokratie. Sein Blickwinkel ist der der damaligen deutschen Verhältnisse; demgegenüber erscheint Frankreich als das Mutterland der Zivilisation und der Freiheit, das französische Volk als Repräsentant der **demokratischen Ideen** („Französische Zustände"): *„Der Republikanismus der Franzosen ist unwillkürlich, desto mehr aber ihnen eigentümlich. Revolutionen gehören sozusagen zum täglichen Brot, sie werden nebenbei erledigt und scheinen dem Volk ebenfalls als kollektive Neigung gegeben. Keiner hat hier ein unbestrittenes Ansehen. Aber nicht bloß der Glaube an Personen ist hier vernichtet, sondern auch der Glaube an alles, was existiert. Ja in den meisten Fällen zweifelt man nicht einmal; denn der Zweifel selbst setzt ja einen Glauben voraus. Es gibt hier keine Atheisten, man hat für den lieben Gott nicht einmal so viel Achtung übrig, dass man sich die Mühe gäbe, ihn zu leugnen. Es will mich bedünken, dieses Volk glaube nicht mal an den Tod."*

Dass das Frankreichbild eng mit Demokratie und die Franzosen mit fehlender Autoritätsgläubigkeit assoziiert werden, hängt mit der Geschichte zusammen, mit den zahlreichen **Revolutionen,** in den sich das französische Volk gegen seine Monarchen erhob, und mit der Geschichte der **Menschenrechte:** Am 26. August 1789 wurde die *Déclaration des droits de l'homme et du citoyen* von der Nationalversammlung Frankreichs als Verfassungsrecht verabschiedet.

## Zentralisierung

Länger als irgendein anderes Land wurde Frankreich von der Idee der nationalen Einheit bestimmt. Im Vergleich zur feudalen Zersplitterung und der viel bemühten „Verspätung" Deutschlands ist Frankreich von einer beispiellosen zentralistischen Vergangenheit geprägt. Differenzen und Trennendes (zwischen Nord und Süd, zwischen Stadt und Land und unter den einzelnen Regionen) wurden totgeschwiegen oder sogar bekämpft. Mit Erfolg: Frankreich gilt als zentralisiertestes Land der westlichen Welt.

Schon unter der Monarchie begann die Zentralisierung von Macht und Verwaltung; und obwohl es in der Französischen Revolution um die Einführung einer Republik ging, setzte man doch die zentralisierende Politik der absoluten Monarchie mit rigideren Mitteln fort; manche Historiker sprechen sogar von Völkermord an der Bevölkerung widerständischer Provinzen. Um die nationale Einheit durchzusetzen, schien auch Gewaltanwendung legitim. Im Jahr 1790 wurde Frankreich in Départements eingeteilt. An die Stelle der alten Provinzen setzte man willkürlich begrenzte Verwaltungsdistrikte. Ihre Zahl hat sich mehrfach geändert, im Moment sind es knapp hundert. Mit der Einführung der Départements sollte der Zusammenhalt und Widerstand der Regionen gebrochen werden.

Frankreichs demokratische Tradition ist heute über zweihundert Jahre alt; dennoch fehlte ihr bislang ein pluralistischer Aspekt. Eine Gewaltenteilung wie die der deutschen Bundesländer gab es in Frankreich nicht. **Pluralismus** ist als positiv besetzter Wert in der politischen Kultur Frankreichs relativ neu.

Erst die Dezentralisierungspolitik der Ära *Mitterrand* bedeutet einen (zaghaften) Versuch in Richtung auf mehr Vielfalt (siehe auch Kapitel „Paris und der Rest der Welt – die Hauptstadt und die Regionen" und das Kapitel „Sprache"). Auch für die Immigranten veränderte sich (zumindest auf der Gesetzesebene) nach dem Machtwechsel 1981 einiges positiv. Gleichzeitig erhielten aber die extrem Rechten verstärkt Zulauf unter dem Motto: Frankreich den Franzosen.

# DER FRANZÖSISCHE ALLTAG VON A BIS Z

## Alkohol und Rauchen

In der Statistik des Alkoholkonsums insgesamt (nicht nur an Wein) steht Frankreich zusammen mit Ungarn, Spanien und Portugal vorn. In diesen Ländern lag der Pro-Kopf-Verbrauch an reinem Alkohol (100 % Äthanol) 2004 zwischen 10 und 11 Litern. Große Unterschiede gibt es, welche Art von Alkohol getrunken wird: Während das **Weinland** Frankreich mit 60 Litern Rebensaft pro Kopf und Jahr hier die Rangliste anführt, sind in der Hopfen-und-Malz-Liga Tschechien und Irland mit über 140 Litern die Spitzenreiter. Bei den Spirituosen schließlich führt Polen mit 3,4 Litern, gefolgt von Zypern und Ungarn. Zwar ist seit den 1980er-Jahren der Alkoholkonsum stetig zurückgegangen, doch Probleme für Gesundheitskosten und Unfallstatistik verursacht er nach wie vor. Das Land der Weintrinker kämpft mit den Folgen: Alkoholbedingte Krankheiten gehören zu den

Aktiv und locker – die französische „Lebenkunst" spiegelt sich auch im Alltag wider

häufigsten Todesursachen in Frankreich, Leberzirrhose ist eine Volkskrankheit und auch die meisten Verkehrsunfälle sind mit Alkohol verbunden. Der These der Winzer, Weinhändler und Berufsverbände, Wein sei keine Droge, widersprechen französische Gesundheitspolitiker inzwischen vehement.

In Frankreich gehört Wein zum geselligen Leben dazu, mit Freunden, in der Familie, vor allem aber zu jeder Mahlzeit (allerdings greifen wie in den Nachbarländern immer mehr Jugendliche zu Alcopops und Modebieren). Konsumiert wird häufig, aber mäßig. Beunruhigt vom Grad der sozialen Akzeptanz, der Normalität sind nur die Krankenkassen und die Ärzte. In Frankreich fällt auf, wer Alkohol ablehnt oder sich gar als abstinent bekennt. Zwar gibt es auch hier die Extreme, militante Alkoholgegner und alkoholabhängige Trinker. Insgesamt macht aber der kaum beschränkte Zugang Alkohol zu einer weit verbreiteten **Alltagsdroge,** deren Gebrauch schon früh erlernt wird. Weder gehören die geschlechtsspezifische Trennung (Männer trinken, Frauen nicht) noch die zeitliche Grenze (erst abends ist Alkohol legitim; wer tagsüber schon trinkt, ist abhängig) zu den verbreiteten Vorurteilen in Frankreich. Die Konventionen erlauben bzw. fördern sogar den Alkoholgenuss in der Öffentlichkeit und bei geselligen Anlässen. Es wird chronisch getrunken, aber maßvoll, sozial akzeptiert und durchaus verhaltensunauffällig. In anderen Ländern trinkt man, um betrunken zu werden. In Frankreich ist Trunkenheit selten das Ziel, Trinken an sich ist das Vergnügen. *„Der Franzose verpönt den Rausch, und der Wein leiht sich dazu nicht her, da er das Bewusstsein nicht trübt, sondern verschärft und belebt. Deutschtümler werfen dem Franzosen von Zeit zu Zeit den Mangel an Trinkliedern vor. Nun wohl, wie soll man zum Wein singen, wenn man reden muss! Singen ist die erste Stufe des Außersichseins, aber der Franzose will vom Wein die Entmaterialisierung des Gesprächs, stärkere Kühnheit des Gedankens, kurz, Konzentration. Die gleiche Rolle teilt er ihm bei den Mahlzeiten zu, mit denen er fast immer verbunden ist, denn der Franzose setzt sich lieber an den gutbestellten Tisch als zur einsamen Flasche. Maß ist auch hier das Gesetz des Genusses."* (Friedrich Sieburg)

Betrunkene erregen Anstoß; eben weil man jederzeit der sozialen Kontrolle durch die Anwesenden (Familie, Freunde, Kollegen) ausgesetzt ist, sieht man auffallend wenig Betrunkene. **Trinken ohne betrunken zu werden** ist eine nationale Technik, die den Franzosen als Franzosen qualifiziert. In Skandinavien, das zwar einen weitaus geringeren Alkoholverbrauch pro Kopf hat, sieht man häufig randalierende Betrunkene. In den nordischen Ländern herrschen andere Trinksitten: Skandinavien hat eine Kippkultur, d.h., es wird zügig gesoffen, vor allem harte Sachen. Tempo heißt die Devise, am besten Schnaps, das geht am schnellsten. Je illegitimer oder rationierter der Alkoholgenuss, desto größer, aber auch seltener die Exzesse.

In Frankreich gilt das Gegenteil: **„nippen, nicht kippen"** ist die Devise. Einen guten Cognac auf der Zunge zergehen lassen ist eine kulturelle Fähigkeit, die erst erlernt werden muss. Deutsche Biertrinker dagegen zeichnen sich durch Trinkrituale aus, die man in Frankreich gar nicht kennt, wie Brüderschaft trinken, um die Wette trinken, Runden ausgeben, einander Zutrinken. Der französische Weintrinker muss möglichst viele Weine und deren Herkunftsgebiete kennen, Farbe, Geschmack und Bukett beurteilen, den richtigen Wein aussuchen, die Lagerung und Temperatur der Weine fachgerecht organisieren. Die Zeremonie des Dekantierens, das Kosten des ersten Schlucks, die Kunst, das Etikett lesen zu können, die Jahrgänge einzuschätzen erfordert wahre Spezialisten. Wer über Weine gut Bescheid weiß, sie einordnen und beurteilen kann und genießt, der gilt ebenso als „Gebildeter" wie mancher Goethekenner in Deutschland, ja manchem erscheint die Kunst des Weinkenners fast wie eine Geheimwissenschaft.

Weil inzwischen aber auch in Frankreich Ärzte, Krankenkassen und Gesundheitsbehörden vor den Gefahren des regelmäßigen Alkoholkonsums warnen und die Regierung eine **Anti-Alkohol-Kampagne** lanciert hat sowie die Weinwerbung wie die Tabakwerbung stark reglementiert, sehen sich Frankreichs Winzer in ihrer Existenz bedroht (siehe auch Kapitel „Airbus und Atomkraft – die französische Wirtschaft").

Raucher sollten sich rechtzeitig darauf einstellen, dass es in Frankreich keine Zigarettenautomaten gibt. Man muss daher entweder jederzeit einen ausreichenden Vorrat an **Zigaretten** zu Hause horten oder nach Ladenschluss versuchen, in einem der länger geöffneten *bar-tabacs* Nachschub zu organisieren. Tagsüber erhält man im *bureau de tabac,* in einem der staatlich konzessionierten Tabakläden, Zigaretten, Zeitschriften, Streichhölzer, Lotteriescheine, Briefmarken und Telefonkarten für bargeldloses Telefonieren. Die typischen, schwarzen Zigarettenmarken *Gitanes* und *Gauloises* sind aber bedroht. Weit gehaltvoller als ihre blonde Konkurrenz sind die Filterlosen „starker Tobak" für Raucher mit kräftiger Lunge – ein Handicap, seit weltweit nur noch „light" geraucht wird. Längst gibt es auch „leichte" Versionen der *Gauloises.* Seit 2008 gilt ein strenges Antirauchergesetz. In Betrieb, Bahnhof, Schule oder Behörde, im Restaurant, Bistro oder der Metrostation – Rauchverbot ist die Regel. Typisch französisch, von einem Extrem ins andere, mag da mancher denken. Lassen sich französische Individualisten ihre Gesundheit gesetzlich vorschreiben? Es bleibt abzuwarten, ob Frankreich auf ein Kulturgut verzichten wird, das das Bild ganzer Generationen mitprägte: Wer kann sich *Serge Gainsbourg* ohne *clope,* ohne Fluppe, vorstellen? Noch beginnt am Rhein nicht die rauchfreie Zone Europas – mehr als ein Drittel der Franzosen rauchen. Das Gift im Tabak verdankt übrigens einem Franzosen seinen Namen: *Jean Nicot* verschrieb im 16. Jahrhundert *Katharina von Medici* das Kraut als Schmerzmittel.

## Ausgehen in Frankreich

Während der Woche gehen Franzosen selten aus, der traditionelle Ausgehtag ist der Samstag. Anders als in Deutschland verabredet man sich in Frankreich selten „auf ein Bier". Man trifft sich mit Freunden und Bekannten zum Essen in einem Restaurant oder man geht gemeinsam ins Kino. Für den in Deutschland unter Studenten als normal geltenden, fast täglichen Kneipenbesuch und den Biergarten im Sommer findet sich in Frankreich keine Parallele. Eine Variante, die es in Frankreich nur in Großstädten gibt, ist die sogenannte Szenekneipe, in der man schnell mal vorbeischaut, um jemanden zu treffen, den man kennt. Frankreichs neue Mittelschicht, Freiberufler, Intellektuelle und Schickeria trifft sich in Literaturcafés und Theaterfoyers. Kneipenvielfalt wie in Deutschland wird man in Frankreich nicht finden. Ins *bistro* geht man eher tagsüber oder für den *apéritif* vor dem Essen im Restaurant. Auch das in Deutschland übliche „Stehen" am

Tresen, möglichst noch in zweiter oder dritter Reihe, findet man kaum. Grundsätzlich sitzt man, ob am Tisch oder am Tresen. Die Theke ist noch viel mehr ein Männerplatz als in Deutschland, wo eine Frau am Ausschank kaum noch Aufsehen erregt.

**Discos** sind meistens nur teuer. Es gibt kaum aufsehenerregende Discos wie in New York. Trendsetter bei Musik sind sie auch selten: Französische Discomusik ist alles andere als avantgardistisch. Die Franzosen gehen am Wochenende ganz gern in die Disco, aber sehr leidenschaftslos, viele scheinen sich eher zu langweilen, aber man geht halt hin. Von Discofieber jedenfalls keine Rede!

Im Durchschnitt gehen Franzosen etwa einmal pro Woche essen, lieber aber öfter. Meist bevorzugen sie ein **Stammlokal,** von denen sie drei, vier haben. Der Ehrgeiz, immer neues auszuprobieren oder die Küchen aller Länder zu testen, besteht selten. Und man lädt sich gegenseitig regelmäßig nach Hause ein, allerdings selten zu privaten Festen, sondern zum Essen. Mindestens einmal im Monat kocht man für Gäste und genauso oft wird man bei Freunden zum Essen eingeladen. Trifft man sich im Restaurant, bleibt man dort oft den ganzen Abend, das Essengehen ist nicht nur Startpunkt für eine Tour durch mehrere Lokale. Richtig spät wird es sowieso selten, die Franzosen gehen früher ins Bett als die Deutschen.

Der **Kinobesuch** ist der Favorit beim abendlichen Amüsierangebot. Darauf stellt sich sogar das staatliche Fernsehen ein: Am Samstagabend, dem klassischen Ausgehabend der Woche, dürfen keine Spielfilme gezeigt werden. Frankreich ist das Land der Kinoliebhaber, Paris die Stadt in Europa, in der man die meisten Filme sehen kann, die ausländischen oft in der Originalversion mit Untertiteln. In Paris gibt es über 500 Kinos! Das macht das Angebot an Filmen fast unbegrenzt: die neuesten Produktionen, alte Spielfilme, Kultfilme und Raritäten, für jeden Geschmack ist etwas dabei und für den Cineasten ist Frankreich ein Paradies. Doch auch Frankreich bleibt nicht unbeeinträchtigt von der europaweit grassierenden Kinokrise. Die Zahl der Filmbesucher nimmt ab, die Schließung zahlreicher Kinohäuser lässt sich nicht vermeiden, man lamentiert über zu viele amerikanische Produktionen und die Konkurrenz des Fernsehens und der DVDs. Dennoch sind die Franzosen im Vergleich zu den Deutschen begeisterte Kinogänger, trotz der vielen Spielfilme im Fernsehen. Am Wochenende stehen lange Schlangen vor den neu angelaufenen Filmen. Selbst in kleinen Provinzstädten ist das Angebot besser als in Deutschland auf dem Land.

Viele Franzosen bevorzugen das Essen in ihrem Stammlokal

## Im Bistro

Cafés gibt es in Frankreich an jeder Straßenecke. Café, bar und bistro sind in Frankreich eher Synonyme – Kaffee und Kuchen gibt es hier nicht. Neben Heim und Familie hat das Stammbistro zentrale Bedeutung für einen Franzosen. Hier trinkt er am blankpolierten Tresen schnell einen Espresso im Vorbeigehen oder nach der Arbeit vor dem Abendessen einen apéro. Hier berichtet er dem Nachbarn den letzten Klatsch, diskutiert die große Politik genau wie das letzte Fußballspiel, wenn er dies nicht sogar im Bistro selbst anschaut. Hier werden mehr geschäftliche Abschlüsse getätigt als im Büro, hier wird man schneller handelseinig als im Betrieb. Auch vormittags herrscht schon reger Betrieb, viele Anwohner nehmen ihr (karges) Frühstück im Bistro um die Ecke ein. Spätestens beim vierten Besuch wird man in die Runde einbezogen und als Nachbar anerkannt. Handwerker, Hausfrauen, Arbeitslose, Studenten, Ladenbesitzer, Exzentriker, Künstler, Geschäftsleute, Büroangestellte – es treffen sich Menschen aller Klassen, die innerhalb ihres Viertels noch in fast dörflicher Nachbarschaft leben. Viele Anwohner kommen fast jeden Tag. Der Cafébesuch gehört zu den selbstverständlichen Angewohnheiten eines Franzosen. Beim ersten Sonnenstrahl werden Marmortische und die leichten Stühle aus Rohrgeflecht nach draußen gestellt. Die Caféterrassen füllen sich; wann immer es geht, sitzt man im Freien, um das Leben auf der Straße wie ein Schauspiel zu genießen.

Ein Sonntagnachmittagsausflug zu Kaffee und Kuchen in einem Lokal im Grünen dagegen wäre undenkbar. Anders als die deutschen Cafés, in denen jeder besetzte Tisch ein eigenes Territorium bildet (man bittet um Erlaubnis, einen Stuhl wegnehmen zu dürfen), stellt das Bistro eine Gesellschaft dar, deren Zentrum der Tresen ist. Trotz aller Unterschiede, was Kundschaft und Lage betrifft, ist das Stammbistro ein fester

## Cafés-théâtres

Eine Besonderheit des französischen Nachtlebens sind die *Cafés-théâtres*. Das sind Cafés oder Restaurants mit Theatervorführung. Kleine Gruppen spielen hier Kabarett zwischen Klamauk und Polemik, aggressive Stücke, die von Wortwitz und Anspielungen leben. Gute Französischkenntnisse sind unentbehrlich, um die Pointen zu verstehen. Meist sind es winzige Etablissements mit nur wenigen Tischen und einem kleinen Ensemble. Man spielt ohne Bühne, oft ohne Kostüme, mitten zwischen den Gästen.

## Bürokratie

Vor allem deutsche Studenten, die für ein **Auslandssemester** in Frankreich waren, stöhnen unisono in ihren Erfahrungsberichten. Man muss nur mal im Internet surfen, dort wiederholen sich die Klagen: „Wer glaubt, die Deutschen hätten die Bürokratie erfunden und wären darin Weltmeister,

Bestandteil im Alltag jedes Franzosen. In kleineren Orten ist das Café zugleich die zentrale Nachrichtenbörse. Alle Neuigkeiten und Gerüchte laufen beim *Patron* zusammen. Viel Zeit verbringt man dort, aber als Teil des Alltags, man versteht den Espresso im Vorbeigehen nicht als Ausgehen.

Die ersten Cafés entstanden in Paris im 17. Jahrhundert. Als Lokaltypus war es so neu wie der Kaffee als Getränk. Hier traf man sich zum Gespräch über Politik, Literatur, Kunst oder Geschäft, es war Nachrichtenbörse und Treffpunkt zugleich. Man las die ausliegenden Zeitungen und diskutierte über die Tagespolitik. Die Verbindung zwischen Journalismus und Café war ähnlich eng wie die zwischen Café und Literatur. Deutschland hat nie diese Art von Kaffeehausliteratur gekannt, aber die Pariser Cafés im 19. und 20. Jahrhundert sind undenkbar ohne die Literatenszene, die in ihnen ihre Tage verbrachte, lesend, schreibend, redend, streitend.

Nirgendwo sonst hat das Café eine solche herausragende Bedeutung erlangt wie in Frankreich. Manches Café hat Weltruhm erlangt aufgrund seiner prominenten Gäste, man denke nur an so illustre Namen wie die der Cafés *Flore* und *Deux Magots* in Paris. Dort verkehrten *Picasso* und *Giacometti, Simone de Beauvoir* und *Sartre* waren Stammgäste.

In Frankreichs Cafés erhält man mit dem bestellten Getränk den Kassenbon. Es ist durchaus üblich, das abgezählte Kleingeld später einfach auf dem Tisch liegen zu lassen, wenn man geht. Es wird nicht erwartet, dass man beim Kellner persönlich bezahlt. Auch wenn man seinen Kaffee längst ausgetrunken hat, kann man ruhig sitzen bleiben und Zeitung lesen oder die vorbeiflanierenden Passanten beobachten. Man muss nicht ständig nachbestellen. Auch unfreundlicher wird man deswegen nicht behandelt.

Übrigens gibt es unterschiedliche Preise: Am Tresen sind alle Getränke ein bisschen preiswerter.

der irrt! Frankreich ist besser!" So oder ähnlich wird die französische Formular-Bürokratie charakterisiert, dann folgt die Beschreibung des Hindernisparcours durch die französischen Ämter: Wohngeld? Nur, wenn es ein Konto gibt. Kontoeröffnung? Nur, wenn man den Studentenausweis vorweist usw. Welche Papiere und Stempel, Aus- und Nachweise jeweils benötigt werden, erfahren diese Gaststudenten in ihren Bemühungen um *carte de séjour* (Aufenthaltsgenehmigung), Kontoeröffnung, Beantragung von Wohngeld und Studentenausweis. Das ein oder andere fehlende Dokument hätte man vielleicht schon aus Deutschland mitbringen müssen; das macht es noch etwas komplizierter.

In weitaus größerem Umfang beeinträchtigen Behördendschungel und Regelwerk ausländische **Investoren.** Der zweitgrößte Markt Europas mit seinen rund 60 Mio. Verbrauchern bietet sich auch deutschen Unternehmen als attraktiver Wirtschaftsstandort an. Gut ausgebildete Arbeitskräfte, eine gute Infrastruktur und das allgemeine Wirtschaftsumfeld bilden ein günstiges Investitionsklima. Aber als nicht zu übersehendes Investitionshemmnis und nachteilig für ein Engagement in Frankreich gilt die komplexe Bürokratie.

Ob Studium oder Bewerbung auf einen Auslandsjob, ob Zweitwohnsitz-Eigentümer oder Investoren, für alle Ausländer ist die größte Hürde zudem die **Sprache.** Die wichtigste Voraussetzung für den reibungslosen Umgang mit Verwaltung und Behörden in Frankreich ist die fließende Beherrschung der Landessprache. Denn trotz Globalisierung und vielen internationalen Unternehmen spricht man in Frankreich nahezu ausschließlich Französisch. Wer den Sachbearbeiter/die Sachbearbeiterin auf Französisch anflehen kann: „Monsieur, ich habe ein Problem und bin völlig verloren! Ohne Ihre Hilfe kann ich das Problem nicht lösen. Sie sind wahrscheinlich der einzige, der mir noch helfen kann …!" ist der Lösung seiner administrativen Fragen gewiss einen Schritt näher.

Für Franzosen stellt sich das Sprachproblem nicht, aber unübersichtliche Ämtervielfalt, Formular-Wirrwarr, Zuständigkeitsfehler und Pingeligkeit in Frankreichs Amtsstuben haben auch schon manchen gutwilligen Bürger zur Verzweiflung getrieben. Für sie bzw. für gut Französisch sprechende Ausländer hat die französische Verwaltung eine **Website** als zentrale Anlaufstelle eingerichtet: www.service-public.fr. Sie dient teils als Rechtsberatung und Fach-Information, aber auch, um Dokumente, Formulare und Anträge herunterzuladen. Mit etwas Geduld und Surferfahrung im Internet erfährt man hier so ziemlich alles über französische Gesetze, Kommentare, Urteile, Dienststellen und Verwaltungsangelegenheiten, Ministerien, Präfekturen und Zulassungsstellen. Nach bestimmten Einlogg-Voraussetzungen kann man u. a. folgende Formulare ausdrucken oder auf die Festplatte herunterladen: Bauanträge, Führerscheinanträge oder -umschreibungen, Auto-Ex- oder -Import, Gewerbeanmeldung, Arbeitslosenmeldung, Formulare der Krankenkassen und der Sozial- bzw. Familienfürsorge.

Frankreich liebt seine Beamten und seine Bürokratie. Ämter werden in Frankreich zelebriert und wer etwas erreichen will, tut gut daran, das nicht zu vergessen. Wer längerfristig in Frankreich lebt, wird zudem feststellen, dass beim Umgang mit Franzosen und französischen Behörden die Tradition der **„guten Beziehungen",** die Tradition, jemand zum Essen einzuladen und über den geschäftlichen oder administrativen Rahmen hinaus gute private Kontakte zu pflegen, ungebrochen wirksam ist – vor allem auf dem Land. Dabei geht es nicht um Klüngel oder gar Korruption! Durch Mitgliedschaft oder Sponsoring in einem wichtigen lokalen Verein, gemeinsame Essen mit politischen Lokalgrößen oder Ehrenämter in karitativen oder kirchlichen Organisationen entstehen Freundschaften und Beziehungsnetzwerke, die im entscheidenden Moment Verfahren beschleunigen und Beschwerden überflüssig machen.

Für andere Bevölkerungsgruppen, vor allem die Immigranten, stellt sich das Verhältnis zur Bürokratie existentieller dar. Die **Sans-Papiers,** die sogenannten Illegalen oder besser die „Papierlosen", haben von Staats wegen keine Rechte in Frankreich. Sie kämpfen für ihr Aufenthaltsrecht: Seit den 1990er-Jahren treten die *Sans-Papiers* offensiv auf – sie besetzen Kirchen und Lokale; sie gehen in der Mittagspause in Betriebe, um mit den ArbeiterInnen zu diskutieren; sie verteilen trotz Verbot Flugblätter in Metrostationen; sie sprechen selbst mit Politikern und Parteien; wenn sie nicht eingeladen werden, dann laden sie sich eben selbst ein und sind einfach da.

Diese *Sans-Papiers* sind nicht nur Menschen, die ohne Papiere illegal eingereist sind, sondern auch viele, die wegen Gesetzesänderungen nach vielen Jahren in Frankreich ihre Papiere nicht verlängert bekommen. Die Konditionen, Papiere zu erneuern, wurden in den letzten Jahren deutlich verschärft. Und der Teufelskreislauf – für Papiere muss man Arbeit haben, muss man eine Wohnung haben, für eine Arbeit und eine Wohnung braucht man Papiere – ist ohnehin schwer zu durchbrechen.

„Franzosen lieben Revolutionen, aber hassen Reformen", charakterisierte ein amerikanischer Historiker die politische Kultur in Frankreich. Besonders schwierig gestalten sich **Reformen des Staatsapparates,** jenes Ungetüms, das schon viele Regierungen und Verfassungen überlebt hat und wohl rund fünf Millionen treue Diener zählt. Wie viele es genau sind, weiß niemand. Andere Zahlen behaupten, dass etwa jeder vierte Erwerbstätige beim französischen Staat in Lohn und Brot steht. Der öffentliche Dienst ist in Frankreich allgegenwärtig und gilt als unantastbar. Schon mehrere Minister mussten in den vergangenen Jahren den Hut nehmen, weil sie die schwerfällige Verwaltung flottmachen wollten. Gleichwohl herrscht Einigkeit darüber, dass der öffentliche Dienst unproduktiv und überdimensioniert ist – im europäischen Vergleich kostet etwa die Steuerverwaltung in Frankreich doppelt so viel wie in Italien, Spanien oder in den nordischen Ländern.

Zudem hat **Beamtenschelte in Frankreich Tradition.** Immer wenn die Gesellschaft in Krisen rutsche und von Umbrüchen geschüttelt werde, müsse die Staatsverwaltung als Sündenbock herhalten, konstatiert ein Beobachter.

Dass in Frankreich die **Verwaltungsreform** nun ernsthaft angegangen wird, scheint unzweifelhaft. Allerdings sollten Schlagworte wie Entbürokratisierung, Deregulierung und Abbau überflüssiger Vorschriften und Verordnungen nicht darüber hinwegtäuschen, dass tatsächlich wirtschaftliche Gründe dahinterstehen. Infragestellung des Beamtenstatus, Personalabbau in der Verwaltung, längere Lebensarbeitszeiten, höhere Sozialbeiträge und Einschnitte bei den üppigen Familienbeihilfen: Dem Staat im Staat geht es an den Kragen, weil er nicht mehr finanzierbar ist.

# Einkaufen

Lebensmittel kauft man in Frankreich nur für den Tag ein, Vorratskäufe für eine Woche werden erst getätigt, seit immer häufiger beide Ehepartner berufstätig sind. Weil aber einige Franzosen den Zeitaufwand nicht scheuen, **frische Lebensmittel** einzukaufen, finden viele Märkte sogar täglich statt. Die großen französischen Städte haben Markthallen, wo man unter einem Dach Gemüse, Fleisch, Obst, Fisch und Molkereiprodukte täglich frisch angeboten bekommt. Einen Besuch in einer solchen **Markthalle** sollte man auf jeden Fall in sein Reiseprogramm aufnehmen. Mit dem Spektakel eines *marché* kann kein Supermarkt konkurrieren, der makelloses, in Plastik verschweißtes Obst, Massenprodukte aller Art, Fabrikware, Tiefkühlkost und Instantprodukte feilbietet.

Nicht nur die Markthallen, erst recht die **Wochenmärkte** unter freiem Himmel sind in Frankreich sehenswert. Selbst wenn man nichts kaufen will: Ohne den Besuch eines Marktes ist ein Urlaub in Frankreich unvollkommen. Die Kunst der Dekoration ist hochentwickelt: Hier findet sich der Geflügelhändler, der sein flatterndes Federvieh in Holzkäfigen präsentiert; die toten Exemplare, den Kopf noch gefiedert, hängen an Haken zur Ansicht aus; daneben hockt der Alte, der nur Ziegenkäse verkauft, davon aber fünf verschiedene Sorten aus eigener Herstellung, sorgfältig auf selbstgeflochtenen Schilfmatten angerichtet; ein Imker, der den lokalen Honig anbietet, dazu ein paar Schritte weiter ein Verkäufer, der 15 Sorten eingelegter Oliven, daneben Artischocken, Schafskäse und Peperoni in großen Holzbottichen feilbietet; und natürlich unzählige Obst- und Gemüsehändler, die aus Früchten Pyramiden stapeln und aus Knoblauch, Zwiebeln und Kartoffeln Stillleben arrangieren. Dicht nebeneinander Appetitliches und Unappetitliches; zumindest für den deutschen Geschmack sind manche Innereien nicht gerade anregend. Doch in der französischen Küche gibt es für jedes Teil „vom Vieh" Verwendung: Kalbskopf, Schweinefuß, Hirn, Hoden, Bries und Nieren gelten keineswegs als Armeleuteessen, sondern, je nach Zubereitung, als Delikatessen.

**Wählerische Kunden** prüfen selbst den Reifegrad von Obst und Gemüse oder fachsimpeln über die wohlschmeckendste Art der Zubereitung. Zum visuellen Vergnügen kommt das Stimmengewirr der Käufer und Verkäufer und natürlich die Düfte und Gerüche: beim Käsehändler, der hunderte von Sorten führt wie beim Fischhändler, wo man das Meer zu rie-

---

Frische Lebensmittel von den Wochenmärkten werden bevorzugt

03 Ihr Foto: gk

chen glaubt. **365 Käsesorten** gibt es, für jeden Tag des Jahres eine, sagt man in Frankreich, wahrscheinlich sind es aber noch mehr. Der Vielfalt der Sorten aus Kuh-, Schafs- oder Ziegenmilch entspricht die Vielfalt der Formen und Farben: Kugeln, Pyramiden, Torten, Rollen und Quadrate, mit Asche, mit hellem oder dunklem Schimmel, gelb, weiß, grau. Hartkäse neben weichen, cremigen oder bröseligen Arten. *Le fromage,* der Käse, ist mehr als ein Belag fürs Brot, er gehört zu allen Mahlzeiten als letzter Gang. Ein französisches Sprichwort behauptet, eine Mahlzeit ohne Käse sei wie ein Tag ohne Sonne. Einigen französischen Käsesorten wird, ähnlich wie manchen Weinen, ein geschütztes Herkunftszeichen verliehen, eine *appellation d'origine contrôlé.* Dazu gehören etwa der *Munster* aus dem Elsass, der Schimmelkäse *Roquefort* aus den Cevennen, der *Cantal* aus der Auvergne und der milde *Reblochon* aus den Savoien. Käse wird in Frankreich häufig aus nicht pasteurisierter Milch hergestellt, weswegen deutsche Lebensmittelbehörden die Einfuhr am liebsten verbieten würden. Das wäre bedauerlich, da gerade die Rohmilchkäse zur Vielfalt der Geschmacksnuancen beitragen. Der natürliche Reifungsprozess wird nicht aufgehalten. Es bedeutet aber für viele Käsesorten, dass sie bestimmte Saisonzeiten haben, in denen man sie möglichst essen sollte, weil sie dann am besten schmecken.

Wahrscheinlich sind in keinem anderen Land die Lebensmittelgeschäfte so vielfältig und so wichtig wie in Frankreich. Neben den vielen kleinen

Tante-Emma-Läden gibt es **Spezialgeschäfte,** die bei uns längst eingegangen sind: den Metzger, der nur Pferdefleisch verarbeitet, die *volaillerie* als Geflügelspezialist, die *crémerie,* die nur Molkereiprodukte führt – Milch, Sahne und Butter zum Teil auch lose, die *triperie,* das Innereiengeschäft. Auch diese Händler bauen ihre Stände gern auf den Märkten auf. Sie garantieren für Frische und Qualität, können Auskunft über Herkunft und Alter der Ware geben. Nur eines darf man nicht: in Eile sein. Am besten ist es, wenn man sehr viel Zeit hat. Unmöglich, hier in Windeseile noch schnell die letzten Besorgungen zu erledigen! Ein Besuch auf dem Markt ist ein geselliges Ereignis, man verrät Rezepte, schwatzt mit Nachbarn und Freunden.

Noch überwältigender als auf den Wochenmärkten waren Vielfalt und Mengen im „Bauch von Paris". Der legendäre **Großmarkt von Paris,** der sich ursprünglich mitten in der Stadt befand, musste in den 1960er-Jahren in den Vorort Rungis weichen. Noch heute schwärmen Kenner vom Flair der damaligen Markthallen, wo sich nachts oder zum Frühstück halb Paris traf. Der neue Großmarkt in Rungis ist unzweifelhaft effizienter als die alten Hallen, doch leider fehlt ihm deren Charme und das pittoreske Flair. Er

### Baguette

In der Bäckerei *(boulangerie)* gibt es diverse Brotsorten zu kaufen, *pain de seigle, pain de campagne* (Landbrot), *pain complet* (Vollkornbrot) oder auch Brot mit ganzen Nüssen oder Walnüssen. Eines ist aber allen Sorten gemeinsam: Sie sind alle sehr hell, auch das Vollkornbrot ist nur ein helles Weizenbrot. Franzosen, die schon mal in Deutschland waren und dort Schwarzbrot kennen gelernt haben, reden immer mit leichtem Befremden darüber. Sie scheinen es für eine spezifisch deutsche kollektive Verirrung zu halten. In Frankreich ist das „tägliche Brot" unangefochten das klassische Baguette, mehrmals pro Tag wird es frisch gebacken. Duftend und ofenfrisch steht es in den Regalen. Einen Tag altes Brot zu essen, das wäre eine Zumutung für einen Franzosen. Allerdings ist es auch kaum möglich, am zweiten Tag ähnelt das ehemals so leichte und knusprige Weißbrot einem Holzscheit und ist ungenießbar. Ein Baguette sollte immer erst kurz vor dem Servieren aufgeschnitten oder französischer: gebrochen werden, da es schnell austrocknet. Ein Baguette wiegt um 250 Gramm und ist etwa 80 cm lang. Das Stangenweißbrot gibt es auch dünner, als *flûte* (Flöte) oder als *ficelle* (Fädchen), zu kaufen. Zum typischen Straßenbild einer französischen Stadt gehören Menschen, die ihr Weißbrot einzeln oder sogar bündelweise nach Hause tragen, wie sehr dieses Bild auch als Klischee von der Werbung benutzt wird. Längst ist Baguette auch außerhalb der Grenzen Frankreichs zu einer beliebten Brotsorte geworden, doch scheint es nie ganz so knusprig zu gelingen wie dort. Daneben bieten die Bäckereien *croissants, pain au chocolat* und *brioches* an. Ihr Angebot geht kaum darüber hinaus; eine größere Kuchenauswahl bietet eine **Patisserie.**

gehört zu den größten der Welt, selbst Restaurantbesitzer aus der Bundesrepublik Deutschland tätigen hier ihre Einkäufe wegen der überwältigenden Menge des Angebots. Der Delikatessen-Umschlagplatz Europas mit 900 Händlern ist ein Markt der langen Wege – allein die Fischhalle hat die Ausmaße von drei Fußballfeldern. Rund 17.000 Menschen arbeiten hier und schlagen jährlich 2,2 Mio. t Lebensmittel um – die anfallende Müllmenge entspricht der einer Stadt von 3,5 Mio. Einwohnern.

Neben den bunten Wochenmärkten gibt es in Frankreich viele weitere Spezialmärkte. Manche Städte haben Blumen-, Vogel-, Briefmarken- oder Kleidermärkte und natürlich gibt es häufig Flohmärkte. Der **Flohmarkt** an der Porte de Clignancourt in Paris gehört zu den ältesten Trödelmärkten. Hier finden sich halbe Rumpelkammern und wertvolle Antiquitäten, Kunstgewerbe neben Second-Hand-Klamotten, Modeschmuck und Raritäten, Wertloses, Krimskrams, Skurriles und Nippes.

**Biologisch angebaute Lebensmittel** erhält man heute immer häufiger in Frankreich. Noch vor ein paar Jahren erntete der besorgte, umweltbewusste Deutsche nur mitleidiges Lächeln auf die Frage nach ungespritztem Gemüse, nach Vollkornmehl oder gar Müsli. Heute gibt es einige Händler, die sich auf die neue Nachfrage eingerichtet haben. Umweltsensibilität funktioniert in Frankreich aber im kommerziellen Bereich noch weitgehend als Mode.

So sehen denn die entsprechenden Läden auch aus wie Kosmetikgeschäfte, die Einrichtung ist durchgestylt, die Produkte sind nach Farben sortiert. Neben Lebensmitteln führt man Kräuter, Seifen, Duftstoffe, in Körben arrangiert, zu hohen Preisen. Die Produkte firmieren als Luxusartikel, es fehlt gänzlich der alternative Touch, der in Deutschland üblich ist.

Leider ist auch in Frankreich der *epicier du coin,* der kleine **Eckladen,** gefährdet. 1972 entfielen auf 10.000 Einwohner in den USA 10 Lebensmittelläden, in der BRD 24 und in Frankreich 52! Paradiesische Zustände! Doch der *petit commerce,* die kleinen Einzelhändler verschwinden. Wie in Deutschland schon seit Jahrzehnten sind die *petit commerçants,* die Bäcker und Metzger, Gemüse- und Fischhändler, dem Druck der Supermärkte nicht gewachsen. Tausende kleiner Läden mussten schon der übermächtigen Konkurrenz weichen. Gab es in einer Stadt wie Lyon vor 20 Jahren noch 300 Käsegeschäfte, sind es heute gerade mal knapp 50. Entlang der Ausfallstraßen und in den Industriegebieten finden sich **riesige Einkaufszentren** mit großen Parkplätzen, sehr großem Warenangebot und nicht zu unterbietender Preiskalkulation. Sie verändern nicht nur die Einkaufsgewohnheiten der Franzosen. Discounter, Großbäcker mit „fabrikfrischen" Fertigprodukten und *hypermarchés* bleiben auch nicht ohne Folgen für die bäuerlichen Erzeuger.

Das Unbehagen gegenüber den anonymen Supermärkten, Tiefkühlkost und Fertiggerichten ist keineswegs mehr selbstverständlich. Aldi und Lidl erobern sich auch in Frankreich Märkte.

Überlebensstrategien der kleinen Geschäfte sind vor allem flexible Ladenöffnungszeiten und das Beharren auf Qualität und Frische der Waren. Ausschlaggebend für die Treue der Kunden ist sicher auch oft die freundliche Beratung und der persönliche Kontakt bis hin zu Serviceleistungen wie Anschreiben oder Lieferung nach Hause. Viele Franzosen halten deshalb an dieser kostspieligeren, aber auch kommunikationsintensiveren Variante des Einkaufens fest: Hier wird noch mit Nachbarn geplauscht, hier kennt der Händler seine Kunden noch persönlich.

## Familie und Kinder

Karriere bedeutet in Deutschland für Frauen meist den Verzicht auf Kinder und Familie; nur ledig kann frau erfolgreich sein. Noch vor 20 Jahren widmete sich die französische (Haus-)Frau ganz Mann und Kindern, heute sind in der Regel beide berufstätig. Mit 1,92 Kindern pro Frau (2003) liegt die **Geburtenrate** weit über dem europäischen Durchschnitt (Deutschland 1,34); im französischen Großbürgertum sind durchaus auch fünf Kinder oder mehr üblich. Etwa der einstige Landwirtschaftsminister *Hervé* und seine ebenfalls in einem hochdotierten Job tätige Frau *Clara Gaymard* haben acht Kinder.

034f Foto: gk

Meist schon kurz nach dem gesetzlichen Mutterschaftsurlaub kehren viele Französinnen in ihren Beruf zurück. Während nur knapp 60 % der deutschen Mütter von zwei Kindern ihrem Beruf nachgehen, sind es in Frankreich 80 %.

Wie organisieren die Französinnen diese Doppelbelastung? Die Gewissheit, Beruf und Familie vereinbaren zu können, unterscheidet sie von vielen Frauen in Europa und den USA. Und das, obwohl in Frankreich noch sehr traditionelle Vorstellungen herrschen – zu einem normalen Lebensplan einer Frau gehören Heirat, Ehe und Kinder. Zum einen liegt das am höheren Stellenwert der Familie, Kinder gelten nicht als Kostenfaktor und Beschränkung der individuellen Entfaltungsmöglichkeiten sondern als Bereicherung. Während in Deutschland 30 % der Frauen gar keine Kinder bekommen, sind es jenseits des Rheins nur 15 %. Zum anderen wurde die in den 1970er-Jahren auch in Frankreich gesunkene Geburtenrate durch eine aktive, durchdachte **Familienpolitik** gesteigert, die etwa staatliche Kinderbetreuungsangebote, finanzielle Beihilfen und Rentenvergünstigungen umfasst (ab drei Kindern bekommt man 75 % des Gehalts als Rente, bei vier 86 %, bei sieben Kindern 100 %). Die Betreuung von Kleinkindern ist gut organisiert, es gibt viele Krippenplätze und Beihilfen zur Anstellung von Kinderfrauen, die Schulen sind Ganztagsschulen. Internationale Vergleiche zeigen, dass eine positive Einstellung gegenüber berufstätigen Müttern hinzukommen muss – ausgerechnet in jenen Ländern mit einer starken Mutter- bzw. Hausfrauenrolle wie Italien, Spanien, Deutschland verweigern sich die Frauen dem Kinderkriegen, während in Ländern mit vielen berufstätigen Frauen auch viele Kinder geboren werden (Frankreich, Skandinavien, Großbritannien).

Die neuesten Schätzungen der Demografen gehen daher davon aus, dass Frankreich 2050 mit 75 Millionen Einwohnern das **bevölkerungsreichste Land der EU** sein wird – jedenfalls, wenn die Türkei nicht beitritt. Wer sich an die Ängste erinnert, die die 82 Millionen Einwohner des wiedervereinigten Deutschlands 1989 in Frankreich auslösten, wird sich vorstellen können, wie wichtig dieser Babyboom für die Franzosen ist. Zugleich „vergreisen" Italien und Deutschland, weil sie mehr Todesfälle als Geburten verzeichnen. Schätzungen zufolge wird die Bundesrepublik 2050 nur noch 70 Millionen Einwohner zählen.

Am **Familienleben** hat sich trotz der Berufstätigkeit der Frauen wenig geändert. Die Ehemänner helfen selten im Haushalt, meist tun sie gar nichts. Hausmänner sind vollends die Ausnahme. Eine französische Ehe funktio-

Frankreichs Geburtenrate ist im europäischen Vergleich überdurchschnittlich

## En vacances – Frankreich macht Urlaub

Faire le PONT ist bei den Franzosen Sitte (oder Unsitte), zwei Feiertage, die durch einen (wenn es hart auf hart geht, auch durch zwei) Arbeitstage getrennt liegen, zu verbinden; eben von Feiertag zu Feiertag die Brücke zu schlagen, indem man noch einen Feiertag dazwischenschiebt ... „Wenn man an einem solchen Tag herumläuft und dringend Besorgungen erledigen will, ist man gegen Mittag dem Selbstmord nahe, weil man überall, wo man vorgesprochen hat, auf den PONT gestoßen ist." *(Walter Lenz)*

*Métro-boulot-dodo* (U-Bahn-Maloche-Pennen) – das ist die gängige Formel der Franzosen (Pariser) für die Routine des Alltags. So als ob Arbeit das Leben bestimme. Gerade das Gegenteil sagt man ihnen im Ausland nach: Die tägliche Arbeit sei das Unwichtigste im Leben eines Franzosen, ihm stehe der Sinn nach Vergnügen und Lebensgenuss. Wie macht sich also das berühmte *savoir-vivre* nach Feierabend bemerkbar? Was macht ein Franzose in seiner Freizeit, was im Urlaub?

Auf Unbeteiligte immer wieder faszinierend wirkt die Tatsache, dass ganz Frankreich am selben Wochenende gemeinsam in den Urlaub aufbricht. Anfang **August** beginnt die alljährliche Völkerwanderung Richtung Meer. Auf allen Straßen Richtung Atlantik oder Mittelmeer bilden sich endlose Blechlawinen. Ein qualvoll langer Stau vereint Tausende von Individualisten auf dem Weg zum Strand. Jedes Zimmer mit Bett ist belegt, jeder freie Fleck als Campingplatz vermietet.

Mehrfach schon versuchte die Regierung, die Urlaubszeiten zu entzerren, wie das von den Bundesländern in Deutschland gehandhabt wird, doch ohne Erfolg. Es blieb dabei: Im August sind die Städte fast menschenleer, vor allem Paris – hier bleiben die ausländischen Touristen unter sich. Ökonomisches und politisches Leben reduzieren sich dann auf ein Minimum, vor vielen Geschäften und Restaurants prangt das Schild: *Fermeture annuelle*, jährliche Schließung, Jahresurlaub.

Zwischen 80 und 90 % der Franzosen verbringen ihren Urlaub im eigenen Land, am liebsten den ganzen August. Während in den europäischen Nachbarländern häufiger, aber immer kürzer verreist wird, sind die Franzosen **Weltmeister des langen Urlaubs am Stück.** Jeder zweite Franzose will im Sommer länger als drei Wochen wegbleiben. Ferienhäuser in Frankreich werden darum in der Hochsaison oft nur monatsweise vermietet und nicht wochen- oder gar tageweise wie in anderen Ländern. Beliebter als Fernreisen sind nach wie vor **Ferien in der französischen Provinz.** Entweder wird der angestammte, alte Familienwohnsitz genutzt oder ein neu erworbenes Ferienhaus, oft ebenfalls in der Herkunftsregion, in ihrem ‚pays': Ein Drittel aller Franzosen verbringt die Ferien bei Verwandten oder Freunden. Urlaub wird in der Großfamilie gemacht und auch am Wochenende fährt man zum traditionellen Sonntagsessen mit Kind und Kegel zu den Großeltern. Spielfilme wie „Ein Sonntag auf dem Lande" (1984) von *Bertrand Tavernier* haben das liebevoll in Szene gesetzt. Nur einer von sechs Franzosen will im Urlaub ins Ausland und das sind meist die Nachbarstaaten Spanien und Italien. Nomadentrieb oder Fernweh plagen den Franzosen selten, Neugier und Interesse für das, was außerhalb der Landesgrenzen vorgeht, darf man nur sehr bedingt voraussetzen. Abgesehen von Italien betrifft der Informationsmangel der Franzosen das gesamte geografische Universum, das sie umgibt. Was kann es jenseits der Alpen und der Pyrenäen schon geben? Sand, Wüsten, Eisberge?

Nur einer hat die Franzosen erfolgreich in die Ferne gelockt: *Gilbert Trigano* mit seinem Club Méditerranée. Mit einem einfachen Rezept hatte er wirkungsvoll seinen

**Cluburlaub** verkauft: Sonne, Meer, Sport und üppige Büffets. An den schönsten Stränden der Welt wurden die Clubdörfer eröffnet. Alle sind sorgfältig von der Umgebung abgeschottet, man möchte ja keine Belästigungen durch Einheimische. Für Lokalkolorit sorgen Tagesausflüge, ansonsten bleibt man unbehelligt vom Urlaubsland. Überall findet sich die gleiche organisierte Fröhlichkeit, die unzähligen Sportkurse, dasselbe kommerzialisierte Glück, egal ob auf den Malediven, in Marokko oder in der Türkei. Darüber hinaus sind Franzosen jedoch selten von den Annehmlichkeiten eines organisierten Tourismus zu überzeugen; sie planen ihren Urlaub lieber selbst.

Der Tourismus in Frankreich schafft wie überall Probleme, vor allem am Mittelmeer. Auch hier sind viele Küstenstriche zugebaut. Da der größte Teil des Tourismusgeschäfts aber mit den eigenen Landsleuten gemacht wird, fehlen die Auswüchse, wie man sie aus spanischen Ferienzielen kennt; Schilder mit Hinweisen auf „Eisbein und Sauerkraut" oder „Man spricht deutsch" wird man nirgends finden. Frankreich blieb zum Glück weitgehend verschont vom organisierten Massentourismus, es war immer ein Reiseziel für Individualtouristen.

Frankreich, das weiß jedes neidische Schülerherz, hat unendlich lange **Sommerferien.** Drei Monate! Doch die verstreichen dem französischen Schüler im Nu; schon beginnt wieder ein neues Schuljahr. Die **rentrée,** die Rückkehr aus dem Urlaub nach Hause ist auch der Wiederbeginn des gesellschaftlichen Lebens im Herbst. Das neue Schuljahr, das Studium, die Theatersaison, alles beginnt zur gleichen Zeit. Das Tempo in der Politik wird wieder höhergedreht. Endlich ist wieder was los! Begleitet von einem Einkaufsrummel verbreitet sich latente Erwartungsfreude auf den Wiederbeginn des gesellschaftlichen Lebens. Ein großes Ereignis – die *rentrée* im Herbst scheint für Franzosen ein wichtigerer Einschnitt im Kalender als der Jahreswechsel. Die meisten Bücher erscheinen im Herbst, die wichtigen Literaturpreise werden zwischen Mitte November und Dezember vergeben.

niert noch ganz nach der klassischen Rollenverteilung: Den Mülleimer bringt der Mann wohl noch runter, aber für die aufwendigen *Diners* ist dann doch die Ehefrau zuständig, hinterher räumt sie noch auf, vorher hat sie die drei Kinder ins Bett gebracht und während des Essens amüsant geplaudert.

Der eigentliche Unterschied ist die gut funktionierende **Kinderbetreuung** in Kinderkrippen und Ganztagsschulen. Es ist durchaus üblich, Kinder im Alter von einem Jahr ganztägig in Tagesstätten zu geben. Und schulpflichtige Kinder kommen in Frankreich ohnehin erst abends nach Hause, da das französische Schulsystem nur Ganztagsschulen kennt. Dadurch sind französische Frauen tagsüber weniger zu Hause angebunden als deutsche Mütter.

Französische **Kinder** sind wohlerzogen, zurückhaltend und zeigen gute Manieren. Sie laufen nicht überall herum, fassen nicht alles an, machen sich nicht schmutzig beim Spielen. Auf Außenstehende wirken sie oft dressiert. Die sprichwörtliche Liebe der Franzosen zu Kindern lässt ihnen nur das Beste gut genug erscheinen, ob bei Kleidung oder Ausbildung. Überallhin werden die Kinder mitgenommen und immer freundlich empfangen. Niemand findet sie lästig. Nur höflich müssen sie sein, respektvoll Erwachsenen gegenüber und gesittet mit ihren Spielkameraden. Kleine Raufbolde oder Dreckspatzen findet man selten in Frankreich, getobt wird maßvoll. Umgekehrt halten viele Franzosen Kinder anderer Nationalitäten, vor allem „antiautoritär" erzogene, für ungezogen.

## Feste und Feiertage

- **1. Januar (Neujahr):** *Jour de l'an.* Man wünscht sich ein frohes neues Jahr und macht sich kleine Geschenke, *étrennes* genannt.
- **6. Januar:** *Epiphanie,* der Tag der Heiligen Drei Könige. Man isst Kuchen, *galette des rois,* in dem ein Stein oder eine Bohne versteckt ist. Wer sie findet, ist König oder Königin für einen Tag.
- **Karneval** ist in weiten Teilen Frankreichs kein Anlass für Umzüge oder Verkleidungen, nur der Karneval von Nizza ist bekannt.
- **1. Februar:** *Chandeleur* (kein Feiertag). Man isst Crêpes. Während die Crêpes über der Pfanne umgedreht werden, hält man ein Geldstück in der Hand. Das soll den Rest des Jahres über der ganzen Familie Glück bringen.
- **Ostern:** *Pâques.* Ostern bekommen die Kinder süße Ostereier geschenkt. Den Osterhasen und Ostereiersuchen kennt man nicht.
- **1. Mai (Tag der Arbeit):** *Fête du travail.* Die Gewerkschaften organisieren Umzüge. Man verschenkt Maiglöckchen an Freunde und Familie.

- **8. Mai (Ende des Zweiten Weltkriegs):** *Armistice de 1945.*
- **Himmelfahrt:** *Ascension.*
- **Pfingsten:** *Pentecôte.*
- **14. Juli (Nationalfeiertag):** Feuerwerk und Tanz auf den Straßen, Militärparaden.
- **14. August (Mariä Himmelfahrt):** *Assomption.* Religiöse Prozessionen in vielen Orten.
- **1. November (Allerheiligen):** *Toussaint.* Man dekoriert die Gräber von Freunden und Verwandten mit Blumen, meistens mit Chrysanthemen.
- **11. November (Ende des Ersten Weltkriegs):** *Armistice de 1918.*
- **25. Dezember (Weihnachten):** *Noël.* Heiligabend geht man in die Mitternachtsmesse. Geschenke gibt es erst am nächsten Morgen, am 25. Dezember. Sie werden vom Weihnachtsmann gebracht, nicht vom Christkind. Zum traditionellen Weihnachtsessen gehört der Weihnachtsputer und der *bûche de noël,* der Weihnachts-Schokoladenkuchen in Form eines Holzscheits. Weihnachten hat in Frankreich wenig von deutscher Besinnlichkeit unterm Tannenbaum, sondern ist ein großes, lautes, fröhliches Familientreffen. Das Essen steht im Mittelpunkt, aufgetragen wird alles, was an Leckerbissen und kulinarischen Köstlichkeiten vorhanden ist. Ursprünglich gab es keinen Weihnachtsbaum (mit Ausnahme des Elsass), er wurde erst später aus Deutschland übernommen. Stattdessen verbrannte man wie in England und der französischen Schweiz den *bûche de noel* (den Weihnachtsklotz, an der der oben genannte Kuchen noch heute erinnert) im Kamin.
- **Silvester:** *Saint-Sylvestre.* Zu Weihnachten und Silvester wird in Frankreich ein Drittel des gesamten Champagnerkonsums getätigt.

## Natur- und Umweltschutz

Eine Möglichkeit, ein Land näher kennen zu lernen: auf die Themen achten, über die eine Gesellschaft redet, die Probleme, die sie mit Schweigen übergeht, die heiligen Kühe, die sie bewahrt. Todesstrafe und Abtreibung, Privatschule, Umweltschutz, Ausländer und Islam in Frankreich, Amerikanisierung und Fastfood sind solch „brennende" Themen. Ein weiteres ist dies: Lange Jahre waren Umweltschutz und Atomenergie, Militärausgaben oder Friedenspolitik keine Konfliktthemen in Frankreich. Während die Presse in Deutschland und in den nordeuropäischen Ländern jeden Tag einen neuen Umweltskandal aufdeckte, existierten saurer Regen und Waldsterben in Frankreich nicht, radioaktive Belastung nach Tschernobyl oder durch die eigenen Atomkraftwerke war kein Problem, ebenso wenig wie Müllverbrennung oder das Ozonloch. *Le Waldsterben* schien ohnehin eine deutsche Erfindung, deshalb blieb das Wort unübersetzt. Ob Katalysator oder Emissionswerte, Frankreich stellte sich bei europäischen **Vorstößen zu niedrigeren Grenzwerten und strengeren Gesetzen** meist quer und niemand im Land schien daran Anstoß zu nehmen. Beim Thema Ökologie blieb die Öffentlichkeit in Frankreich merkwürdig stumm.

Dabei hatte es in Frankreich Anfang der 1970er-Jahre im Anschluss an den Mai 1968 eine militante **Umwelt- und Friedensbewegung** gegeben, die Namen wie *Larzac* und *Plogoff* Symbolkraft verliehen hatte. *Gardarem lo Larzac* war die Losung der Kampagne gegen die Erweiterung des großen Militärübungsgebiets im Zentralmassiv; *Plogoff* der Name eines Atomkraftwerks in der Bretagne, das ebenfalls auf massiven Widerstand stieß. Irgendwie schien dies Potenzial an Aufbegehren im Nichts versandet zu sein. Vor den Wahlen 1981 hatte die sozialistische Partei noch ein paar Versprechen der Art „kein weiterer Ausbau der Atomnutzung" gemacht, um sie dann schnell wieder zu vergessen. Ihre Einlösung wurde von niemandem eingeklagt. Ökologische Argumentation wurde eigentlich nicht ernst genommen und die deutsche Besessenheit irritierte die meisten Franzosen. Die mehr als 700 kleinen Initiativen, die sich für den Atomausstieg engagieren, verschaffen sich (noch) nicht so recht Gehör.

Es gab zwar eine **grüne Partei,** *Ecolos* genannt oder *Les Verts,* aber sie wurde eher belächelt und hatte lange kaum nennenswerte Wahlerfolge zu verzeichnen. Während 1983 die deutschen Grünen in den Bundestag einzogen, schienen die französischen Ökos endgültig am Ende. Erst bei den Kommunalwahlen und den Europawahlen 1989 brachten ihre Kandidaten es in einigen Städten auf beachtliche Stimmzahlen. In Straßburg wurde eine grün orientierte Kandidatin der Sozialisten, *Catherine Trautmann,* zur neuen Bürgermeisterin gewählt, in Le Puy erhielt der Kandidat der Grünen sogar 22 % der Stimmen. Diese Wahlerfolge sind allerdings noch kein Indiz für einen generellen Sinneswandel in Frankreich; gewählt wurden die *Ecolos* nur dort, wo ein Umweltproblem vor der Haustür lag: in Straßburg eine geplante U-Bahn, in Istres bei Marseille die vorgesehene Lagerung von 280.000 Tonnen Uranoxyd oder in Le Puy in der Auvergne ein Staudammprojekt am Oberlauf der Loire.

Auch bei den Wahlen im Frühjahr 2002 erhielten die Grünen landesweit wiederum nur 4,5 %, bei der Europawahl 2004 waren es allerdings 7,4 %. Aber niemand hat in den vergangenen Jahren so viel Kredit verloren bei den sozialen Bewegungen, Gewerkschaften und anderen Basisorganisationen wie die konturlosen französischen Grünen. Von ihrem zeitweisen Aufstieg war am meisten die grüne Partei selbst überrascht; unter ihren Mitgliedern hatte kaum jemand mit einem ökologischen Zeitgeist gerechnet.

Die französischen *Ecolos* stimmen nur bedingt dem Programm der deutschen Partei zu. Was sie trennt, ist der **atomare Konsens aller Parteien** Frankreichs: In Frankreich stimmt auch die grüne Partei der militärischen Atomnutzung zu. Zudem betonen streitbare deutsche Grüne ihre Orientierung nach links, während die französischen *Verts* mit ihrem Slogan *ni gauche, ni droite* (weder rechts noch links) ihre möglichen Bündnispartner in Deutschland vor den Kopf stoßen. (Wie weit der Konsens über Frankreichs militärische Streitkraft geht, zeigt auch das Thema Kriegsdienstverweigerung: Jedes Jahr finden sich nur um 2500 Verweigerer, das sind 0,3 % der Wehrpflichtigen! Obwohl die Regierung unter *Mitterrand* die Möglichkeit erleichtert hat, aus Gewissensgründen den Militärdienst abzulehnen und Zivildienst zu leisten, ist die Zahl kaum gestiegen.)

Der Bewegung **S.O.S Loire Vivante** gelang es, ungewöhnlich viele Menschen mobil zu machen. Das Engagement gilt der **Loire** als letztem unregulierten Fluss Frankreichs. Ziel ist es, den wilden Zustand zu erhalten. Die Regierung plant eine ganze Reihe von Staudämmen, angeblich wegen der regelmäßig wiederkehrenden Hochwasserkatastrophen. Die Umweltschützer behaupten, die Dämme brauche man für die Atomkraftwerke am Unterlauf des Flusses, die bei Niedrigwasser Probleme mit der Kühlung haben.

Doch noch immer bewegt Umweltzerstörung die Menschen in Frankreich wenig. Gegen Abwasserprobleme, Mülldeponien, Industrieprojekte oder Militärstandorte rebellieren meist nur die Betroffenen. Erst konkrete Probleme erzwingen eine Stellungnahme: Bei Umweltkatastrophen wie der Ölpest an der bretonischen Küste nimmt die ganze Nation Anteil.

Über Frankreich hinaus bekannt ist **José Bové,** ein Bauer und Schafzüchter aus dem Larzac, der mit spektakulären Aktionen gegen die *malbouffe* (den Fraß) kämpft, gegen gentechnisch veränderte Lebensmittel, Pestizidrückstände, Hormonkälber und BSE-Rinder ebenso wie gegen Junkfood à la McDonald's und verantwortungslose Agrarmultis. *Bové* ist einer der Gründer der **Confédération paysanne,** einer linksalternativen Bauerngewerkschaft, aktiver Globalisierungskritiker und hat Bücher veröffentlicht („Die Welt ist keine Ware", „Revolte eines Bauern") – in die Medien und ins Gefängnis brachte ihn die Zerstörung einer McDonald's-Filiale in Millau.

Junge Deutsche machen sich in Frankreich oft unbeliebt, wenn sie den Franzosen ihre mangelnde Sensibilität gegenüber Umweltproblemen vorwerfen, oft mit dem aggressiven Ton derer, die glauben, die Weisheit gepachtet zu haben. Gerade Jugendliche, die mit Eltern aufwuchsen, für die Altpapier-, Glas- und Aluminiumsammeln genauso zu den Selbstverständlichkeiten gehören wie phosphatfreies Waschmittel oder ungespritztes

Gemüse, verurteilen vorschnell ihre gleichaltrigen Freunde in Frankreich. Die haben Gegenargumente schnell bei der Hand: Wieso denn die Deutschen Umweltschutz predigen, aber nicht mal ein Tempolimit auf Autobahnen haben?

# Sport und Freizeit

## Zuschauer und Aktive

*„Einen Mann, der in der Welt herumgekommen ist, habe ich kürzlich sagen hören, die Franzosen zeichneten sich (unter anderen) dadurch vor allen Völkern aus, dass sie zu jeder Tages- und Nachtzeit essen und zu jeder Tages- und Nachtzeit lieben können. Wenn dies zutrifft (und ich hoffe, dass es zutrifft), dann würde ihnen Sport sicher ganz gut tun. Nun besteht bei den meisten zweifellos eine natürliche Abneigung gegen Leibesübungen."*

Diese Sätze schrieb ursprünglich *Bertolt Brecht* über die Deutschen. Doch beschreiben sie nun eher die Franzosen. Denn für die Deutschen trifft die konstatierte Aversion gegen Sport ja schon seit Jahrzehnten nicht mehr zu. Nur in Frankreich scheint die „natürliche Abneigung" auch heute noch weit verbreitet. Lange Zeit standen Franzosen sportlicher Betätigung misstrauisch gegenüber. Sport war das Freizeitvergnügen einer ganz kleinen Minderheit, der reichen Oberschicht. Alle anderen unterließen lieber jede unnütze Bewegung – nicht zuletzt aber auch deshalb, weil es früher noch weit mehr körperlich anstrengende Berufe gab. Seit auch in Frankreich die Schreibtischtäter überwiegen, hat sich das geändert.

Spötter behaupteten zwar noch immer, in Frankreich sei jeder ein Sportler: „Millionen vor dem Fernseher". Am liebsten sind die Franzosen eben sportlich vor der Glotze, heißt es. *Spectator sport,* **Zuschauersport,** ist auch in Frankreich die volkstümlichste Disziplin. Danach, an zweiter Stelle, folgen so bewegungsintensive Freizeitbeschäftigungen wie Angeln und Boule-Spielen (siehe auch Exkurs „Pétanque und Boule").

Freizeit bedeutete bislang dasselbe wie Füße hochlegen, entspannen, die Familie treffen. Aktivsein war kein Ideal.

Die Existenz und die Auflagenhöhe mehrerer täglich erscheinender **Sportzeitschriften** wie *L'Equipe* belegen, wie verbreitet hingegen das passive Interesse am Sport in Frankreich ist. Die Sportseiten in den Tageszei-

Trotz Tour de France bleiben Franzosen eher „Passivsportler"

tungen sind nicht umfangreicher als in deutschen Blättern, doch in *L'Equipe* kann der französische Leser sich umfassend informieren. Die Auflagenhöhe dieser Sportzeitung kann durchaus mit großen Tageszeitungen konkurrieren: Sie liegt unter den ersten fünf! Die Kommerzialisierung und Vermarktung großer Ereignisse ist in Frankreich weit fortgeschritten. Sportveranstaltungen wie die **Tour de France** (siehe auch Exkurs „Tour de France") sind Spektakel, die Zuschauermassen anziehen; vor allem die Vorliebe für Radrennen galt lange als typisch französisch – jedenfalls bevor *Jan Ullrich* die „Höllentour" auch zu einer deutschen Leidenschaft machte.

An einer der ersten Stellen in der Publikumsgunst steht, nicht anders als in Deutschland, der **Fußball.** Namen wie *Platini, Zidane, Fontaine* und *Giresse* stehen für französische Fußballlegenden.

Daneben ist **Rugby** fast genauso populär. Nationenspezifische Sportpräferenzen sind ja bekannt, bei den Amerikanern denkt man an Football oder Baseball, bei den Indern an Cricket; aber Rugby zählt in der Regel eher zu den angelsächsischen Sportarten. Es ist wenig bekannt, dass die Franzosen Rugby als eine ihrer Nationalsportarten empfinden, vor allem in Südfrankreich. Die Gründe für diese verbreitete Begeisterung kamen durch den Handel mit den Briten zustande. Rugby ist in Aquitanien beheimatet, da in Bordeaux und der Umgebung seit dem Mittelalter mit den Engländern gehandelt wurde, vor allem mit Wein. Mit den Briten kam

## Pétanque und Boule

Das Boule-Spiel gehört zu den populärsten Spielen in Frankreich, vor allem im Süden. Es wird mit Metallkugeln gespielt, die man möglichst nahe an eine von den Spielern entfernt liegende Holzkugel platzieren muss. Zwei Mannschaften spielen gegeneinander, jeder Spieler hat mehrere Kugeln. Sind es zwei pro Gruppe, hat jeder Spieler drei Kugeln, bei mehr Teilnehmern nur zwei. Die Kugeln sind zur Unterscheidung häufig mit Noppen oder Ringen verziert; alte Boulekugeln sind begehrte Sammlerstücke und nur noch selten auf Trödelmärkten zu finden. Boule wird auch in Wettkämpfen gespielt, von kleinen, lokal organisierten Wettbewerben bis zu großen Ausscheidungen unter Profispielern.

*Pétanque* und *Boule* bezeichnen das gleiche Spiel, aber zwei unterschiedliche Varianten. Der Name *Pétanque* stammt aus dem Provenzalischen: *pèd tanco* heißt „die Füße fest am Boden". Die Spieler werfen von einem eingezeichneten Kreis aus, der etwa 30 cm Durchmesser hat und den sie nicht überschreiten dürfen. Die Distanz des Spielfeldes beträgt zwischen 6 und 10 Metern. *Boule* spielt man über eine etwas größere Distanz, mit einem kleinen Anlauf, wobei das Spielfeld von einer Abwurflinie begrenzt wird.

Eine Kugel hat etwa 7 bis 8 cm Durchmesser und wiegt um 700 Gramm. Früher spielte man mit Holzkugeln, die mit Nägeln beschlagen waren; heute verwendet man Stahlkugeln. Die Holzkugel, die als Ziel dient, ist kleiner (Durchmesser ca. 3 cm). Sie wird zuerst platziert. Die Spieler versuchen dann, entweder ihre eigenen Kugeln möglichst nah heranzurollen *(pointer)* oder sie werfen sie hoch, um eine gegnerische Kugel wegzustoßen, die den Weg zum Ziel versperrt *(tirer)*.

Darin besteht die eigentliche Kunst der Spieler, genau den Treffpunkt bestimmen zu können und aus dem Handgelenk die eigene Kugel so zu platzieren, dass sie die gegnerische aus dem Weg räumt. Die Kugel, die am nächsten an der Zielkugel liegt, bringt ihrer Mannschaft einen Punkt. Ebenso jede weitere Kugel dieser Mannschaft, die besser ist, als die beste Kugel der Gegner. Bei dreizehn Punkten ist das Spiel zu Ende.

*Pétanque* ist vornehmlich ein Männerspiel. Während die Frauen das Abendessen vorbereiten oder sich um die Kinder kümmern, treffen sich die Männer zu ihrem Spiel auf den Dorfplätzen. Vom Frühjahr bis zum Herbst, wenn das Wetter es nur irgendwie erlaubt, finden sich immer ein paar Spieler zusammen. Manche hat die Leidenschaft so heftig erwischt, dass sie sogar täglich dabei sind.

auch ihr Sport. Gegen Ende des 19. Jahrhunderts wurde der erste Rugbyclub in Bordeaux gegründet, zunächst nur für Engländer, aber bald fanden sich auch französische Mannschaften. Im Unterschied zu England, wo Rugby vorwiegend an den Eliteschulen betrieben wird, hat sich Rugby in Frankreich zu einem volkstümlichen Spiel für die unteren und Mittelklassen entwickelt.

Deutsche wissen im Allgemeinen wenig über Rugby, verwechseln es häufig mit dem American Football, und kaum jemand kennt die komplizierten Spielregeln. In Frankreich ist Rugby dank der Berichterstattung in den Tageszeitungen und im Fernsehen überall bekannt. Der Verlauf des **Grand Tournoi,** des Wettkampfs zwischen sechs Nationen, wird aufmerksam verfolgt. Beteiligt sind außer Frankreich u. a. Irland, Schottland und Wales. Es wird mit einem ovalen Ball gespielt; im Gegensatz zum Fußball dürfen die Hände benutzt werden. Die Mannschaften bestehen jeweils aus 15 Männern, berühmt sind zum Beispiel die *All Blacks* aus Neuseeland. Englische Rugbyfans behaupten übrigens nicht ohne Grund: „Beim Fußball prügeln sich die Zuschauer, beim Rugby die Spieler." Die Anhänger der verschiedenen Clubs stehen im Stadion friedlich nebeneinander, während bei den Kraftpaketen auf dem Spielfeld der ganze Körper in Aktion tritt.

Vergleichbar populäre Sportveranstaltungen sind nur noch die großen Formel-1-Rennen, die 24-Stunden von Le Mans oder die Rallye Paris–Dakar sowie Ereignisse wie das Grand-Slam-Tennisturnier French Open im Roland-Garros-Stadion in Paris oder bestimmte Segelregatten.

**Pferderennen** gehören ebenfalls zu den beliebten Sportarten. Zwar reiten die wenigsten Leute selbst, dafür wetten sie umso lieber. Außerhalb der Rennbahnen sind Wettannahmestellen in den Cafés, die das Zeichen PMU *(Pari Mutuel Urbain)* tragen. Seinen Tipp kann man folgendermaßen

# Die Tour de France

Die Tour de France, das legendäre Radrennen durch Frankreich, ist das wichtigste Sportereignis des Landes, das einmal jährlich stattfindet. Am 1. Juli 1903 startete die erste Tour – erfunden wurde sie als Spektakel zur Auflagensteigerung der kurz zuvor gegründeten Zeitschrift L'Auto. Sieger wurde Maurice Garin, der auf den Etappen stets eine Flasche Rotwein mit sich führte. Seither starten die Profis jeden Sommer zu einem Rennen über knapp 4000 km in gut 20 Etappen. Die Route der Grande Boucle, der großen Schleife, wird jährlich neu festgelegt und führt zum Teil auch durch Nachbarländer. Zielort ist immer Paris.

Der jeweils Erste des Classements trägt das berühmte **gelbe Trikot,** der beste Bergfahrer ein gepunktetes, der beste Sprinter ein grünes. Die ganze Nation drückt den französischen Teilnehmern die Daumen und zittert mit bei den Strapazen in den Alpen und den Pyrenäen. Namen von „heiligen" Bergetappen wie Tourmalet, Mont Ventoux, Galibier oder Alpe d'Huez wecken Ehrfurcht. Besonders am Nationalfeiertag, am 14. Juli, ist es eigentlich Pflicht, dass ein französischer Radprofi den Etappensieg holt.

Skandale, Triumphe, Unfälle, Helden machten die Tour unsterblich. Auch die Betrugsgeschichten gehören dazu: Was heute Doping ist, waren in den Anfängen angesägte Rahmen, ausgestreute Nägel, mit Gift versetzte Getränke oder hautreizende Substanzen in den Trikots. Beliebt, um die Konkurrenz aus dem Feld zu schlagen, war es auch, Abkürzungen zu nehmen oder ein Stück mit der Bahn zu fahren. Tragische Verlierer wurden nicht weniger berühmt als strahlende Sieger: 1913 hatte sich *Eugène Christophe* am Tourmalet 18 Minuten Vorsprung herausgefahren, als seine Gabel brach. Er schulterte sein Fahrrad, marschierte 14 km ins nächste Dorf und reparierte in der Schmiede eigenhändig sein Rad – Hilfe war nicht erlaubt. Vier Stunden kostete ihn der unfreiwillige Halt, eine Geschichte, die in keinem Tour-de-France-Buch fehlt und zum französischen Allgemeinwissen gehört. Immer wieder passierte es auch, dass Fahrer an einer Straßenkreuzung die falsche Richtung einschlugen, weil niemand die Richtung wies.

In der Zeit dieser **heroischen Anfänge** gab es keine Ersaträder, keine im Autotross mitfahrenden Mechaniker, auch keine Gangschaltung für die Steigungen. Aus heutiger Sicht wirken die damaligen Leistungen umso unglaublicher als trotz der bescheidenen technischen Ausstattung und des miserablen Straßenzustands Tagesdistanzen von über 400 km zurückgelegt wurden. Im Lauf der Jahrzehnte wurde die Zahl der Etappen erhöht (bis zu 24 Etappen), die Länge der einzelnen Etappen im Gegenzug verringert.

Heute stellt das Rennen nicht nur hohe Anforderungen an die Fahrer, sondern auch an die Organisatoren und an die Teambegleiter. Start- und Zielort werden für den Medien- und Zuschauerandrang präpariert, Straßen gesperrt, die technische Ausstattung für die Journalisten aufgebaut. Vor den Fahrern passiert die *caravane publicitaire* (die Werbekarawane) die Strecke, vor, zwischen und hinter den Fahrern folgen Begleitfahrzeuge und Kameraleute, am Ende der Besenwagen, der die aufsammelt, die das Rennen aufgeben. Mit der technischen Aufrüstung stieg die Durchschnittsgeschwindigkeit – lag sie in den Anfangsjahren noch bei 25–30 km/h, überschritt sie 1999 erstmals 40 km/h. Dass der starke Leistungsanstieg neben verbesserten Trainingsmethoden auch auf den Einsatz leistungssteigernder Dopingmittel zurückgeführt werden kann, hat der Tour nachhaltig geschadet.

abgeben: *Tiercé* heißt Dreierwette, man muss auf die ersten drei Pferde, möglichst in richtiger Reihenfolge, setzen. Eine Viererwette *(Quarté)* ist ebenfalls möglich.

Sehr weit verbreitet in Frankreich ist die **Jagdleidenschaft.** Frankreichs Jäger verfügen über eine große Lobby, die ähnlich aggressiv auftritt wie die der deutschen Autofahrer. In Deutschland kann man sich die Ausdauer kaum vorstellen, mit der französische (Waid-)Männer zur Jagd gehen. Späße über Jagdunfälle und Jägerglück gehören zur Tagesordnung. Versuche, die Jagdzeiten zu beschränken, sind jedes Mal ergebnislos verlaufen: Frankreich hat die längste Jagdsaison Europas. Erfolgreich wehren sich die meist erzkonservativen Jäger gegen jede Einschränkung. Selbst eine Partei wurde von der Jägerschaft zur Europawahl 1989 (und zur Wahl 2002) aufgestellt, die gut 4 % der Stimmen erhielt, sodass sie nur knapp den Einzug ins Straßburger Parlament verfehlte. Die Wälder sind derweil leer geschossen und, wie kürzlich herausgefunden wurde, die Böden bleiverseucht. In der Camargue ermittelte man zwei Millionen Bleikügelchen pro Hektar Boden.

Vor aller körperlicher Betätigung ist des Franzosen liebste Freizeitbeschäftigung aber das **Werkeln in Haus und Hof** bzw. heute eher an Auto und Garten. *Bricolage,* Basteln als Heimwerker in Garten, Küche und Keller ist beliebt, Baumärkte gibt es auch in Frankreich wie Sand am Meer.

## Fitness, Gesundheit und Schönheitsideale

Sport verstanden als **Körperkultur,** als (gesundes) Schwitzen und Anstrengen, ist relativ neu. Die gnadenlose kalifornische Fitnessideologie und Trends wie Aerobic, Callanetics oder Pilates begannen erst in den letzten Jahren nach Frankreich überzuschwappen. Im Zeichen der Globalisierung rückt die Welt immer enger zusammen. Auch in Fragen der Fitness und der Schönheit sind die Trends, denen junge Menschen folgen, längst internationale, gar weltweite Phänomene, mit einer unübersehbaren Tendenz zur Vereinheitlichung. Die großen Marken wie Nike, Puma oder Adidas haben ihre Absatzmärkte überall. In den westlichen Gesellschaften gleichen sich Outfit-Standards und Schönheitsideale – wie sie von den großen Modemagazinen oder in der Werbung propagiert werden – immer mehr an.

So wandeln sich die Werte auch in Frankreich: Die **Gesundheit** wurde als Wert entdeckt. Bodybuilding- und Aerobicstudios entstanden, Figur, Muskeln und Kondition wurden wichtig. „In Form bleiben" ist auch in Frankreich das neue Schönheitsideal und der französische Yuppie wählt

dafür am liebsten Windsurfing, Tennis, Segeln oder Reiten. Bei den Yuppies bleibt es aber auch; von den über Dreißigjährigen treibt kaum jemand Sport. Das goldene Zeitalter des Individualsports ist in Frankreich gerade erst angebrochen; Jogging, Aerobic, Surfen, Freeclimbing und Drachenfliegen oder gar Marathon und Triathlon wurden erst in den 1990er-Jahren unter dem Zeichen von Fitness zum Freizeitvergnügen, begleitet von Dosengetränken „light" und Filterzigaretten „light" wie von kalorienarmen Gerichten.

Im Unterschied zu Frankreich hatte dagegen in Deutschland die „sportliche Ertüchtigung" schon früh den Charakter einer Volksbewegung. Die um die Mitte des 19. Jahrhunderts im Gefolge von *Turnvater Jahn* gegründeten Turn- und Sportvereine leisteten den entscheidenden Beitrag zur Popularisierung des Breitensports. Jeder zweite Deutsche unter 40 ist Mitglied in einem Sportverein oder Fitness-Studio, aber nur jeder dritte Franzose und nur jede fünfte Französin.

Muss man der Natur nachhelfen? Diese Frage würden die meisten Franzosen mit einem ja beantworten. Sie meinten damit bislang die Schönheit, die man mit Schminke, Parfümerieartikeln, einem guten Friseur und einem exzellenten Schneider erreichen kann. Eisen stemmen musste man früher nicht. Auch Ernährung (Vollwert) war kein Thema, höchstens mal eine Diät.

Über die *écolos,* die Ökos, riss man höchstens Witze. Aber das hat sich geändert. Der **neue Körperkult** beeinflusst Lebensstil und Einstellungen gegenüber Sport und Ernährung. Französische Zeitschriften sind neuerdings voll von Artikeln über Gesundheit, Fitness, biologische Ernährung. Noch äußert sich der neue Körperkult vor allem in einem starken Verkaufszuwachs bei Kosmetikprodukten. Denn für die meisten Franzosen betrifft Hygiene nur den Bereich, den man sieht. Von allen statistischen Zahlen besagt die erstaunlichste, dass nur 0,8 Zahnbürsten pro Person und pro Jahr in Frankreich verbraucht werden und gerade einmal 2,9 Tuben Zahnpasta. Jeder zweite Franzose benutzt laut Selbstaussage niemals eine Zahnbürste!

Trotz weltweiter Tendenz bleiben ein paar Unterschiede, auch zwischen Deutschen und Franzosen. Nach wie vor halten die Franzosen gar nichts von Birkenstock und behaarten Beinen. Während in Deutschland mehr Wert auf Natürlichkeit und lässige Bequemlichkeit gelegt wird und sich Sportswear großer Beliebtheit erfreut, auch bei jenen, die nicht gerade – wie die notorischen deutschen Touristen – in kurzen Hosen, weißen Socken und den berühmt-berüchtigten Sandalen auf die Straße gehen würden, neigen Franzosen und Französinnen zu einem dezenten Chic. Französinnen gehen in deutlich jüngerem Alter (nämlich schon ab 17) zur Kosmetikerin, die **Epilation,** die Entfernung der Bein- und Achselhaare ist für sie eine Selbstverständlichkeit.

Während Körperschmuck-Trends wie **Piercing oder Tätowierungen** im konservativeren Frankreich eher zurückhaltend aufgenommen werden, haben sie sich in Deutschland schnell und flächendeckend ausgebreitet. Ob Deutsche generell vorbehaltloser empfänglich sind für Einflüsse amerikanischer Kultur als die in dieser Hinsicht reservierten Franzosen?

Der Paris-Marathon hat Tausende Anhänger

# ZU GAST IN FRANKREICH

## Feinde, Nachbarn, Freunde –
## Frankreich und Deutschland

Ein historischer Tag war der 22. Januar 1963, an dem *Adenauer* und *De Gaulle* den Elysée-Vertrag unterzeichnet haben, den **deutsch-französischen Freundschaftspakt** zwischen den beiden bislang in „Erbfeindschaft" verstrickten Völkern. Später haben *Kohl* und *Mitterrand* Hand in Hand in Verdun gestanden, bei den Schützengräben und Soldatenfriedhöfen, die als Mahnmale an den Ersten Weltkrieg erinnern. In den

Wer als Tourist kein Französisch beherrscht, ist auf sich allein gestellt

deutsch-französischen Beziehungen gab es seither **Hochs und Tiefs,** die politische Realität diesseits und jenseits des Rheins sorgt immer wieder für Reibungen. Zu den unbegreiflichsten Überzeugungen der Franzosen gehörte die Meinung, die deutsche Friedensbewegung sei von der Sowjetunion ferngesteuert, um Frankreich zu schaden (da eine Invasion durch ein „neutrales" Deutschland einfach zu bewerkstelligen sei). Deutschland lasse sich missbrauchen, hier werde ein Keil zwischen die westeuropäischen Länder getrieben. Daher wurde die deutsche Ostpolitik misstrauisch beobachtet: Mit jedem neuen Vertrag, jeder Annäherung, jeder Verständigung über gemeinsame Interessen wuchs das Unbehagen. Den Franzosen galt Deutschland als das destabilisierende Element im westeuropäischen Verteidigungsbündnis; Perestroika habe die Deutschen blind gemacht für die unberechenbare Gefahr aus dem Osten.

Erst recht wurde die **Wiedervereinigung skeptisch beurteilt,** in der ersten Sorge teilweise sogar hysterisch kommentiert. Entspannungspolitik und deutsch-deutsche Annäherung verbanden viele Franzosen mit der Gefahr eines übermächtigen Deutschlands. Die alten Fragen tauchten auf: Kann man Deutschland wirklich trauen? Haben sie dem Drang nach Osten wirklich abgeschworen? Sind sie wirklich fähig zur Demokratie? Ein Journalist gab seinem Buch den Titel „Ist der Teufel Deutscher?".

Seither haben sich die Wogen beruhigt. Hellsichtigere Zeitgenossen hatten ohnehin geahnt, dass die Wiedervereinigung Deutschland nicht stärken, sondern auf Jahre hinaus schwächen würde. Nach über 40 Jahren funktioniert die deutsch-französische Freundschaft nicht immer reibungslos und ohne gegenseitige Verstimmung, doch Anlass zur Sorge gibt es nicht. Die eigentliche Frage, die beide Länder heute umtreibt, ist die nach ihrer Zukunft im geeinten Europa. Werden beide nur noch „Länder" in einem föderativen europäischen Bundesstaat sein oder käme ihnen ein besonderer Platz zu? Mit Blick auf das **wirtschaftliche Europa** wird in Frankreich zwar ebenfalls kontrovers diskutiert, ob man vom europäischen Binnenmarkt profitiere oder Nachteile habe. Vor allem aber mit Blick auf das **politische Europa** sperrt sich Paris gegen eine Erweiterung der Kompetenzen des Europäischen Parlaments – der Nationalstaat soll letzte Instanz der politischen Entscheidung bleiben. Zumal die Vorstellungen von Europa unter den einzelnen Mitgliedern seit der Osterweiterung noch weiter auseinander gehen als bislang.

Obwohl die wirtschaftliche wie die politische Zusammenarbeit zwischen Deutschland und Frankreich gepflegt wird, obwohl der Freundschaftsvertrag schon über 40 Jahre alt ist, existieren zwischen den Nachbarn auf beiden Seiten des Rheins doch noch einige Missverständnisse und Vorurteile. Anlässe, alte Ressentiments auszugraben, gibt es immer:

Berühmt-berüchtigt ist etwa das **Fußballmatch 1982** zwischen Deutschland und Frankreich im Viertelfinale der Weltmeisterschaft in Spanien. Torhüter *Toni Schumacher* schickte den französischen Stürmer *Battiston* mit einer rüden Attacke bewusstlos ins Krankenhaus, entschuldigte sich nicht und besuchte ihn auch nicht. Die französische Equipe, wiewohl technisch brillant und spielerisch überlegen, verlor das Spiel. Sofort kamen in Frankreich die alten Vorurteile gegen die Deutschen hoch und auch die FIFA kommentiert noch 20 Jahre danach: „Es wirkt, besonders nach nunmehr 20 Jahren, die vergangen sind, wie das Duell zweier Philosophien: Frankreichs Eleganz und Spielwitz trifft auf Deutschlands Kampfgeist, Siegeswillen und Entschlossenheit."

Die als typisch **„teutonisch" geltenden Tugenden** Fleiß, Ordnungsliebe, Pünktlichkeit, Perfektionsdrang, Prinzipientreue, Disziplin und Pflichtgefühl, auf die wohl die meisten Bundesbürger stolz sind, wirken auf die Franzosen oft wie Untertanenmentalität. Im französischen Deutschlandbild ist das Land kalt, arrogant und autoritär. Leider sind die einzigen Deutschen, die viele Franzosen kennen, Touristen – und Touristen machen nur selten gute Werbung für ihr Land. Stereotyp heißt es, die Deutschen fahren dicke Autos, sie sind fett und grobschlächtig, laut und dickfellig, unterm Strich die unsympathischsten Touristen, leider auch die größte Gruppe. Die Deutschen nennen als typische Eigenarten der Franzosen, diese seien arrogant, ihr zivilisiertes Auftreten lernten nur Landsmänner kennen, niemals jedoch Ausländer. Was außerhalb ihres eigenen Landes vorgehe, interessiere Franzosen wenig – kein Wunder, dass sie weder Fremdsprachen noch Reisen noch fremdes Essen lieben.

Vorstellungen vom „Wesen" von Völkern haben sich über Jahrhunderte entwickelt und verfestigt. **Nationale Stereotype** sind Elemente eines kollektiven Wissens voneinander. Die Deutschen haben einfach ein schlechtes Image im Ausland und nicht alle Ressentiments lassen sich auf den Zweiten Weltkrieg zurückführen. Die verbreitetsten Klischees lauten: Alle Deutschen sind diszipliniert, pflichtbewusst, pedantisch, pünktlich, fleißig, tüchtig, gesellig (Herdenmenschen), ordnungsliebend, tiefsinnig, humorlos, schwerfällig, kinderfeindlich, protzig, grausam.

Folgende Einschränkung wird jedoch gemacht: Im Urlaub sind die Deutschen unerträglich, bei sich zu Hause sind sie sympathisch. Franzosen, die die Bundesrepublik bereist haben, revidieren ihre Urteile ins Positive: „Die Deutschen sind ganz anders als ich gedacht habe." Sie müssen nur überhaupt erst kommen wollen. Aber ausgerechnet jetzt, wo junge Franzosen Berlin hip finden und sogar auf deutsche Bands oder Filme aufmerksam werden, wird an der Kulturvermittlung gespart, wurden mehrere Goethe-Institute in Frankreich geschlossen.

# Amerikanisierung

Kulturen beeinflussen einander, das war schon immer so. Globalisierungskritiker allerdings geben zu bedenken, dass sich in der Moderne die Art des Einflusses prinzipiell verändert hat. Durch die Massenmedien, neue Kommunikationstechnologien, die internationale Verflechtung der großen Konzerne (auch der Kulturindustrie) und grenzüberschreitende Wirtschaftsbeziehungen nähert sich die Welt immer mehr dem als bedrohlich empfundenen und viel beschworenen Zustand eines „globalen elektronischen Dorfes".

In Frankreich läuft die Debatte um solche Entwicklungen unter dem Stichwort *americanisation*. Die Ablehnung der amerikanischen Vorherrschaft wird vor allem in Bezug auf kulturelle Phänomene thematisiert. Das populäre Vorurteil von der amerikanischen Niveaulosigkeit brachte *Georges Clemenceau* zu einer bissigen Formulierung: *„Amerika ist das einzige Land, das von der Barbarei zur Degeneration überging, ohne zwischendurch eine Kultur zu entwickeln."* Die Furcht vor der totalen Nivellierung der kulturellen Produktion wie des Publikumgeschmacks wird regelmäßig durch neue Schreckensmeldungen genährt, etwa dass das französische Kino aussterbe, weil der Anteil der amerikanischen Filmproduktionen wieder zugenommen habe; dass das französische Chanson ebenfalls aussterbe und der allgegenwärtigen Berieselung mit angloamerikanischer Popmusik nichts mehr entgegenzusetzen habe; dass der sprichwörtliche französische Chic längst der Uniformierung durch Jeans habe weichen müssen und die Haute Couture nur noch ein Relikt mit Museumswert sei. Zuletzt verursachte die Ankündigung von Google, etwa 15 Millionen Bücher aus amerikanischen und englischen Bibliotheken digitalisieren und jedermann zugänglich ins Netz stellen zu wollen, in Frankreich schrilles Warngeschrei – und sogleich lancierten die Kulturrepräsentanten die Gegenidee einer virtuellen europäischen Bibliothek, um der drohenden „Amerikanisierung des Weltgedächtnisses" vorzubeugen. Dass sich die Halloween-Mode mit der Geschwindigkeit einer Epidemie in Frankreich durchsetzte, gefällt auch nicht jedermann – für den *Figaro* eine „Yankee-Invasion", für einen Politiker „ein Aspekt der Uniformisierung der Welt, der kulturellen Gleichmacherei".

Mit dem Schlagwort „Amerikanisierung" benennen französische Presse und die öffentliche Diskussion die Globalisierung der Alltagskultur. Dass gerade die USA die französische Identität gefährden, hängt mit der Überzeugung zusammen, Garant der wahren, der einzigen Zivilisation zu sein. Die Amerikaner gelten als infantil, oberflächlich, plebejisch und materialistisch – Amerika steht damit stellvertretend für die Gefahr einer neuen Barbarei, der gegenüber das spezifisch Französische, die *excep-*

Während die wirtschaftlichen und politischen Beziehungen enger werden, nimmt die Zahl der Franzosen, die **Deutsch lernen,** beständig ab. Zwischen 1994 und 2004 sank die Zahl in der Sekundarstufe um ein Drittel auf weniger als 1 Million; Spanisch ist deutlich beliebter. Viele Deutsche interessiert, was in Frankreich vorgeht, wenn auch ohne Nachdrücklichkeit. Aber auch hier lernt die junge Generation freiwillig kaum Französisch. Die Gemeinde der Frankophilen, noch in der zweiten Hälfte des 20.

*tion française*, zu retten sei. Diese Bedrohung wird als umso überwältigender empfunden, als es sich diesmal nicht um die Gefahr einer politischen oder wirtschaftlichen Vorherrschaft zu handeln scheint, sondern um eine übergreifende, alle Lebensbereiche einbeziehende Uniformierung der westeuropäischen Länder. Coca Cola und Mickymaus wurden zu Metaphern für diese neue Spielart des „kulturellen Imperialismus" und zum eingängigen Schlagwort. Die Wochenzeitschrift *Nouvel Observateur* wählte für einen mehrseitigen Themenschwerpunkt zu diesem Thema die Überschrift: *Cette souris estelle dangereuse?* (Ist diese Maus gefährlich?), *Le Monde* warnte vor der „*Cocacolonisation*". Als Zukunfts-(Horror-)vision wird Frankreich als kulturelles Disneyland ausgemalt. Kultureller Niedergang wird in allen Bereichen der französischen Hochkultur konstatiert. Seinen Rang als internationale Sprache habe das Französische längst verloren – nur Franzosen glaubten noch an die Weltsprache Französisch (siehe dazu den Abschnitt über *Franglais* im Exkurs „Die französische Umgangssprache"). Was den Bereich der Kochkunst angeht: der Siegeszug von Fastfood und Tiefkühlkost – auch hier drohe eine Verrohung der eigenen Sitten (siehe Kapitel „Bocuse oder McDonald's – Essen in Frankreich"). Gerade einem Land, das jahrhundertelang die eigene Individualität betonte, muss doppelt unwohl werden angesichts dieses Angriffs auf die „Zivilisation". Seinen Landsleuten stellt der *Nouvel Obs* die Frage, was Frankreich dem noch entgegensetzen könne, ob etwa der Beaujolais mit Coca Cola konkurrieren könne, ob Asterix mit Mickymaus, ob der *Croque Monsieur* mit dem Hamburger oder ob nur noch die Kapitulation bliebe vor Donald Duck und Bambi, Coca Cola und Big Mac, Dallas und Denver?

Der neue Antiamerikanismus kommt sowohl von rechts als auch von links. Im linken Lager stellt man konsterniert den Verlust kultureller Avantgardestellung fest, die nahezu serienmäßig abonniert schien. Ja, doch, Nobelpreise erhält man noch ab und zu – aber ist *Claude Simon* mehr Leuten vertraut als *Nagib Machfus*? Kann es sein, dass New York Paris als Kunsthauptstadt abgelöst hat, weil die französische Gegenwartskunst tatsächlich nicht gut genug ist?

In der linken Argumentation wird Universalisierung nicht per se als negativ empfunden, universal wollte man selbst ja immer schon sein, sondern die Kritik richtet sich gegen die befürchtete Nivellierung. Internationale Gleichheit, Brüderlichkeit und Freiheit beschränke sich auf die Freiheit und Gleichheit im Konsum amerikanischer Produkte, so lautet der Einwand.

Von rechts beruft man sich auf ideologische Produkte der Blut-und-Boden-Mentalität, wie immer sie auch heißen, ob Latinität, keltisches Erbe, *Francité* oder Ähnliches. Lebensformen und Alltag haben sich allerdings vom überlieferten Selbstverständnis gelöst – McDonald's gehört hier genauso zum Alltag wie überall sonst auch.

Jahrhunderts recht groß, nimmt ab. Die deutschen Medien berichten etwas häufiger über Frankreich als die französischen über Deutschland – das scheint auf ein unterschiedlich intensives Interesse am Nachbarn hinzudeuten. Den Franzosen jenseits politischer oder wirtschaftlicher Funktionen ist es anscheinend relativ gleichgültig, was auf der anderen Seite des Rheins passiert; sie zeigen wenig Neugier auf die Deutschen. Immer noch fällt den meisten Franzosen beim Stichwort Deutschland als Erstes *choucroute* (Sauerkraut) ein, als ob es darüber hinaus nichts anderes gäbe. Das schlechte Image Deutschlands steht der Neugier im Weg. Trotz der Jahrzehnte mit Schüler- und Studentenaustausch, trotz der Städtepartnerschaften und Goethe-Institute.

Nach dem Fall der Mauer und seit die deutsche Hauptstadt Berlin und nicht mehr Bonn heißt, hat sich das zumindest akzentweise verändert. Das Interesse an Berlin ist groß; als wäre es einfacher, wenn es ein Gegenüber zu Paris gäbe, wenn sich Deutschland zentralisieren ließe. Als 2001 Deutschland der Buchmessenschwerpunkt des Pariser „Salon du livre" war, fragten Journalisten, Moderatoren und das Publikum fast ausschließlich nach Berlin.

Eine viel ausgeprägtere Rivalität prägt das **Verhältnis der Franzosen zu England.** Den „ältesten Wettstreit zweier Nationen auf der Welt" hat der britische Historiker *Timothy Garton Ash* die Beziehung genannt, da sie mehr als sechs Jahrhunderte andauere und bis zum Hundertjährigen Krieg (1339–1453) zurückreiche. Historische Schlachten wie bei Azincourt, Waterloo, Trafalgar sind unvergessen. In den 1960er-Jahren befand daher *De Gaulle,* Franzosen und Deutsche müssten Brüder werden, denn *„unsere Feinde sind die Deutschen eigentlich erst seit dem Jahr 1870. Das macht nur drei Kriege und nur ein dreiviertel Jahrhundert".* Der „Erbfeind" sei nicht Deutschland, das sei immer Großbritannien gewesen. Dass es seit den 1990er-Jahren den **Eurotunnel** gibt, eine von privaten Unternehmen (fünf französische, fünf britische) geplante Untertunnelung des Ärmelkanals, hat daher beide Länder wenig begeistert. Dass eine solche „Erleichterung" des Reiseweges zwischen England und Frankreich zu besseren Beziehungen geführt hat, möchte niemand behaupten.

# Begegnungen, Begrüßung, Verabschiedung

In Frankreich greift man oft ins Leere, wenn man zur **Begrüßung** den Arm ausstreckt, um dem Gegenüber die Hand zu schütteln. Hier wird nämlich geküsst. Nicht auf den Mund, sondern auf die Wange, unter Freunden und guten Bekannten, unter Männern wie unter Frauen – nicht jedoch unter Geschäftspartnern. Allerdings variiert je nach Region, ob es zwei, drei oder vier *bises* (Küsschen) sind.

Noch ein Hinweis zur **Anrede.** Es ist falsch zu glauben, gleiche Worte hätte auch die gleich Bedeutung. Sicher, in Frankreich gibt es *tu/vous* wie im deutschen du/Sie (und nicht nur engl. *you*). Die Entsprechung suggeriert, auch der Gebrauch sei gleich. Aber es wird vielmehr gesiezt in Frankreich, das hemmungslose Duzen unter jungen Leuten ist unüblich. Selbst

**Siezen** allein gilt manchmal schon als unhöflich. Um höfliche oder unhöfliche Anrede zu unterscheiden, gibt es in Frankreich weitere Anredezusätze. So wie es in Österreich fast unhöflich ist, nicht jeden gleich als Doktor oder Professor zu titulieren, so wenig reicht in Frankreich das einfache Siezen. Im Geschäft, beim Einkauf und auf der Straße empfiehlt es sich, *Monsieur* oder *Madame* an das *Bonjour* zur Begrüßung anzuhängen, ebenso bei Antworten mit *oui/non*. *Oui, Madame* oder *Pardon, Monsieur* sollte man brav sagen, um dem Höflichkeitskodex gerecht zu werden. Dafür ist es in Frankreich vollkommen unüblich, den akademischen Grad oder Titel zu nennen, außer bei Ärzten oder der Anrede *maître* für Rechtsanwälte und Notare.

# Gestik und Mimik

Auch Körpersprache, Gesichtsausdruck und Handbewegungen sind keine allen Menschen gemeinsame Universalien, sondern je nach Kultur sehr unterschiedlich. In einer Untersuchung stellte der Kommunikationsforscher *Mehrabian* fest, dass bei gelungener Kommunikation nur 7 % über die Bedeutung der Worte vermittelt wird, aber 38 % über die Betonung und 55 % über den Gesichtsausdruck. Wie hinderlich Missverständnisse gerade auf dieser Ebene sein können, wird von Sprachlehrern oft vergessen. Selbst wer eine Fremdsprache perfekt beherrscht, behält seine typischen Bewegungen bei. Gestik, Mimik und Körpersprache sind jeweils charakteristisch für eine Kultur und am schwierigsten zu verändern. Französischkenntnisse allein sichern also das genaue Verständnis eines Gesprächs nicht. Ein wenig Wissen über typische Gestik und Mimik hilft zur Orientierung; wie wichtig die Kenntnisse solcher Kulturunterschiede bei nonverbaler Kommunikation sind, hat man für entfernte Länder schon häufig betont. Westeuropäer haben im Allgemeinen die meisten Probleme mit Japanern und Arabern. Kaum jemand weiß jedoch, dass am dritthäufigsten Probleme mit Franzosen auftauchen!

Ein paar typisch französische Beispiele aus der **Zeichensprache:**

Wenn man mit dem Zeigefinger ein unteres Augenlid herunterzieht, dann heißt das: „Versuch nicht, mich über's Ohr zu hauen, ich durchschaue dich."

Der nach oben gerichtete Daumen soll zeigen, dass etwas okay, prima oder in Ordnung ist.

Mit dem Daumen am Kinn signalisiert ein Franzose „ätsch!", „siehste!"

Mit Zeigefinger und Daumen wird ein „O" gebildet. In manchen Ländern ist das eine Beleidigung; in Frankreich heißt es „super", „perfekt!"

Kurz über die eigene Wange streicheln, signalisiert dem Gegenüber: „Alle Hochachtung!"

Wenn jemand seine Hand sehr schnell schüttelt, heißt das *oh là là!*, also „Aufgepasst!", „Vorsicht ist angebracht".

Eine beliebte Geste der Franzosen beim Autofahren ist der angewinkelte Arm, an dessen Oberarm man mit der anderen Hand fasst; das heißt soviel wie „Du Vollidiot!".

Mit der **Körperhaltung** hat sich besonders der amerikanische Forscher *Laurence Wylie* beschäftigt. Selbst bei den so selbstverständlich scheinenden Bewegungsabläufen wie dem Gehen und sogar beim Sitzen lassen sich Unterschiede beobachten. *Wylie* weist auf einige französische Charakteristika hin: Mit den Händen wird viel gestikuliert, fast nie sieht man Franzosen mit den Händen in den Hosentaschen. Beim Sitzen geht es immer sehr ordentlich zu. Unangenehm fällt auf, wer sich im Sessel lümmelt und die Beine unter dem Tisch ausstreckt. Niemals sollte man die Füße auf den Tisch oder einen anderen Stuhl hochlegen, das gilt als Flegelei.

Auch das relaxte Zurücklehnen, während man die Hände hinter dem Kopf verschränkt, mag in Deutschland als entspannte Sitzhaltung gelten, in Frankreich überschreitet man damit die Regeln des höflichen Verhaltens. Das Überschlagen der Beine ist zulässig, den einen Fuß auf das andere Knie zu legen, wirkt auf Franzosen aber ordinär; ganz ausgeschlossen ist diese Haltung für Frauen.

Bei der aufrechten Haltung fällt vor allem auf, dass Franzosen unbewusst unter ständiger Anspannung der Muskeln stehen oder gehen. Schlaksiges Schlendern sieht man selten, ebenso wenig Franzosen, die sich an eine Mauer oder an einen Tisch lehnen, während sie stehen. Die ständige (unbewusste) Selbstkontrolle hindert sie daran, Entspannung durch Anlehnen zu suchen. Entlastung des Körpers wird stattdessen durch Gewichtsverlagerung von einem Bein auf das andere erreicht.

Selbst beim Gehen wirken Franzosen immer kontrolliert. Sie gehen sehr regelmäßig und verbrauchen wenig Platz, da sie nicht so viel mit den Armen schlenkern.

Auffallend viel drücken die Franzosen mit ihren Schultern aus. Sie sind ein Instrument der Kommunikation wie die Hände. Zum Beispiel sind die nach oben gezogenen Schultern, begleitet von geöffneten Handflächen und einem Ausatmen eine typisch französische Geste, die meint: „Weiß ich auch nicht, kann ich auch nicht ändern."

## Gesprächsverhalten

**Höflichkeit, Takt und Manieren** gehören zu den französischen Tugenden. Zu viel Aufrichtigkeit und Direktheit scheinen dem Franzosen brutal. Niemals verletzend sein, ist die Maxime. Knallharte Offenheit mag man nicht, Diskretion wird erwartet. Die *politesse* (Höflichkeit) verbietet bestimmte Fragen, z. B. „Wie viel verdienen Sie?" oder Fragen nach Privatleben und Intimsphäre. Ein verheirateter Franzose, der eine Affäre hat, spricht nicht darüber oder nur in höchst geheimnisvollen Andeutungen.

Im Widerspruch dazu sind Franzosen zu Fremden oft grob und unhöflich. Oft liegt das daran, dass Ausländer die französische Sprache nicht perfekt genug beherrschen und dadurch Schnitzer machen, die ihnen selbst gar nicht bewusst sind, von den Franzosen aber falsch verstanden werden. Sozusagen die Mindesthöflichkeit, die Franzosen von Touristen erwarten, ist die Beherrschung des Französischen. Dieser Forderung, die Sprache des Gastlandes zu sprechen, stellen sie sich selbst allerdings seltener. Jedem Frankreichreisenden ist daher nur zu empfehlen, einen Kurs zu belegen, sich mit Sprachführer, Wörterbuch und Grammatik zu bewaffnen. Ein bisschen französisch klingendes Radebrechen hilft in vielen Situationen; wirkliche Aufnahme in die französische Gesellschaft findet jedoch nur, wer akzentfrei und fehlerlos die Sprache beherrscht. Weit verbreitet ist eine gewisse **Arroganz** demjenigen gegenüber, dem die perfekte Beherrschung des Französischen abgeht, dessen Kenntnisse nicht ausreichen, jede Anspielung zu verstehen: dem Kauderwelsch des Ausländers, dem radebrechenden Immigranten, dem Vorstadtjugendlichen, der nur seinen Unterschichtsslang beherrscht. Franzosen beurteilen Menschen sehr häufig nach ihrer Fähigkeit, korrekt (französisch) zu sprechen.

Phlegmatisch sind Franzosen jedoch, wenn es daran geht, dass sie selbst sich in einer ihnen fremden Sprache ausdrücken sollen. Ohne Hemmungen sprechen sie Fremdworte französisch aus, sodass Englisch

Jugendliche unter sich: Hier ist lockere Haltung angesagt

044fr Foto: hei

nicht immer leicht als Englisch zu identifizieren ist. Wo es in Deutschland inzwischen fast einen Übereifer gibt, Namen oder anderes in der politisch korrekten Umschrift und Aussprache zu verwenden, sagt man in Frankreich: Das ist hier nicht so wichtig. Auch in Frankreich ist es Pflicht, während der Schulzeit eine oder mehrere Fremdsprachen zu erlernen, doch bedeutet dies nicht, dass sich ein Franzose dieser Sprache auch bedient. Umgekehrt gilt es fast als selbstverständlich, dass der in Frankreich reisende Besucher Französisch spricht. Wer sich für sprachliche Feinheiten, Redewendungen oder bestimmte Ausdrücke interessiert, kann damit schnell ein Gespräch in Gang bringen, an dem sich jeder enthusiastisch beteiligt und das in endlose Debatten ausufert. In Deutschland lässt das Thema Sprache, Sprachveränderung, richtiger Gebrauch, Umgangssprache den einen gähnen, den anderen erbost die Rechtschreibreform nur noch.

Mit Komplimenten geizen die französischen Gesprächspartner nicht, wenn man bereit ist, französisch zu sprechen und sei es auch noch so holprig. Ernst nehmen sollte man solche Aussagen wie, man spräche fehlerlos und akzentfrei, jedoch nicht – solche Schmeicheleien gebietet die Höflichkeit. Es ist durchaus freundlich gemeint, auch wenn es die französischen Bekannten nicht davon abhält, sich über den barbarisch deutschen Akzent oder unfreiwillige Fehler köstlich zu amüsieren.

**Diskussionen** dagegen werden in Frankreich anders geführt als in Deutschland. Man wartet nicht geduldig ab, bis ein Gesprächspartner ausgeredet hat. Franzosen sind ungeduldig, sie fallen anderen ins Wort. Häufig reden alle gleichzeitig. Auf eine Redepause zu warten, um auch etwas zu sagen, lohnt nicht unbedingt – oft kommt diese Pause nie. Häufig fühlen sich ungeübte Gesprächspartner durch diese Debattierweise übergangen. So entsteht der Eindruck, Franzosen redeten ständig, fragten auch viel, würden aber die Antworten nicht abwarten. Die einzige Abhilfe: Unterbrechen, nicht warten, bis jemand das Wort erteilt – das gilt bei weitem nicht als so unhöflich wie bei uns.

Unter Geschäftspartnern kommt man beim gemeinsamen Mittagessen nicht gleich zur Sache. In Deutschland gilt das Motto „Erst die Arbeit, dann das Vergnügen". Geschäftspartner laden in der Regel dann zum Essen ein, wenn die Verhandlungen abgeschlossen sind. In Frankreich gilt eher der umgekehrte Fall: Das Essen dient dem gegenseitigen Kennenlernen. Es ist auch unüblich, Arbeitsunterlagen mitzunehmen. Zunächst beginnt das Gespräch mit Smalltalk, über das Tagesgeschehen, über Kunst und Kultur. Über Geschäftliches spricht man erst beim Dessert oder Kaffee. Dem deutschen Geschäftspartner mag dieses Verfahren als Zeitverschwendung erscheinen, das französische Gegenüber wäre aber sehr irritiert, wenn man gleich zum Auftakt des Gesprächs zielstrebig „zur Sache kommt".

## Konfliktverhalten

Den Deutschen wird eine direktere Art nachgesagt als den Franzosen. Französische Gesprächspartner, die Vorschläge ablehnen, machen dies nicht unbedingt mit einem klaren Nein, sondern sie werden eher Formulierungen bevorzugen wie „Ich gebe Ihnen recht, aber ..." oder „Ja, wenn Sie wollen ...". Auch letzteres ist nicht als Einverständnis zu werten. Im Umkehrschluss achte man als Deutscher darauf, nicht zu forsch mit Ablehnung oder Unangenehmen zu konfrontieren.

Dem Gast in Frankreich kann es nicht schaden, Umgangssprache, Schimpfworte und Szeneausdrücke zu kennen, doch sollte man selbst mit der Benutzung ausgesprochen vorsichtig sein. Meist lässt sich zu schlecht einschätzen, wie stark eine Beleidigung in einer Fremdsprache wirkt oder ob ein „lässiger" Szenejargon gerade die richtige Sprachebene ist.

Diskretion ist das A und O im Gespräch

# Bocuse oder McDonald's – Essen in Frankreich

Keine andere Küche ist so hochgelobt worden wie die Frankreichs, keiner anderen wurde aber auch so oft vorgeworfen, sie sei schlechter als der ihr vorauseilende Ruf. *Savoir-vivre,* die Lebenskunst, ist für die meisten Franzosen vor allem anderen die **Kunst des Essens und Trinkens.** Auf vieles andere verzichten sie leichter als auf anständige Mahlzeiten. Selbst einfache Leute mit niedrigem Einkommen geben ganz selbstverständlich viel Geld für Essen aus; hier wird zuletzt gespart. Man sagt, dass die Franzosen eher leben, um zu essen als umgekehrt. Genau das glaubt man auch im Ausland: *Les femmes, la bouffe, le vin* – Frauen, Essen und Wein sind die drei häufigsten Assoziationen, die sich mit Frankreich verbinden. Frankreichs kulinarischer Einfluss ist weltweit unbestritten, seine großen Küchenchefs werden kopiert und viele ambitionierte Restaurants verfassen die Speisekarte auf französisch.

Typische Rezepte und Spezialitäten gehören genauso zur Esskultur eines Landes wie die Regeln ihres Verzehrs. Nicht nur die Gerichte, auch die Essgewohnheiten können kulturspezifische Unterschiede aufweisen. Das zeigt sich an den leicht späteren Essenszeiten, am **höheren Stellenwert,** den die Mahlzeiten im französischen Alltag einnehmen, an der festgelegten Art und Reihenfolge der Gerichte und an der längeren Dauer einer Mahlzeit in Frankreich. Das Essen liefert einen wichtigen Beitrag zur Lebensfreude, da will man es auch genießen. Also nimmt man sich Zeit zum Essen, isst langsam, redet zwischendurch, raucht auch mal eine Zigarette zwischen den Gängen. Auch für die Vor- und Zubereitung des Essens wird mehr Zeit aufgewendet. Während es in Amerika die ersten Häuser ganz ohne Küche gibt und man im Durchschnitt eine halbe Stunde für die Zubereitung einer Mahlzeit aufwendet und noch eine halbe, um sie zu essen, benötigt man in Frankreich im Schnitt fast zwei Stunden für die Zubereitung und anderthalb für den Verzehr, in ländlichen Gegenden sogar zwei. Ausgedehnte Essenszeiten bestimmen den Tagesrhythmus des französischen Alltags.

Am deutlichsten sieht man das französische Verhältnis zum Essen in der **Mittagspause:** Während in Deutschland in ungemütlichen Kantinen schnell „Sättigungsbeilagen" hineingeschaufelt werden, schätzen in Frankreich nicht nur die Privilegierten ein ausgedehntes Mittagsmahl. Ein gutes Essen dauert eben seine Zeit. Für viele ist die Mittagspause ohne Hektik ein unverzichtbares Element des Tagesablaufs. Die Eiligen müssen sich

---

Die Franzosen nehmen sich Zeit und Geld für ihre Mahlzeiten

eben mit einem ordinären Imbiss zufrieden geben. Wer es irgendwie schafft, scheut weder Zeit noch Mühe zu Hause zu essen; wer das nicht kann, der geht essen. Deshalb sind in Frankreich auch über Mittag die kleinen Restaurants und Bistros voll besetzt. Die Hauptessenszeit ist zwischen halb eins und zwei Uhr. Abends geht der Andrang dagegen erst ab 20 Uhr los. Touristen sind oft daran zu erkennen, dass sie schon gegen 18 oder 19 Uhr die noch leeren Restaurants ansteuern und hungrig vor gerade gedeckten Tischen sitzen, an denen wenig eifriges Personal den Dienst beginnt.

Folgende **Mahlzeiten** gibt es in Frankreich:

Das *petit déjeuner,* das **Frühstück.** Üblich ist es etwa, einen Milchkaffee zu trinken (und den trinkt man wirklich nur morgens; nachmittags oder gar nach dem Abendessen gilt der *café au lait* eher als unüblich), am liebsten aus einem *bol.* Diese große, fast dreimal soviel wie normale Tassen fassende Schale ohne Henkel eignet sich hervorragend, um darin ein Croissant einzutippen. Bis heute gehalten hat sich das „tellerlose" Frühstück, serviert wird der Kaffee oder ein anderes heißes Getränk, eine Schokolade vielleicht, das Hörnchen dazu oder *tartines* (Brote; *au beurre* = Butterbrote, aber auch mit Wurst, Schinken, Käse o. Ä., manchmal Baguette, manchmal auch Graubrot), maximal erhält man eine Serviette. Butter und Marmelade machen das Frühstück geradezu frugal, Frühstückseier sind nahezu unbekannt, in Hotels mit vielen Touristen allerdings erhältlich; in kleinen Pensionen wird dieser Service sicherlich große Überredungskunst erfordern. Viele Franzosen allerdings verlassen morgens das Haus, ohne überhaupt etwas zu essen.

Das *déjeuner,* das **Mittagessen,** unterscheidet sich vom deutschen dadurch, dass es aus mehreren Gängen besteht, selbst in der Kantine, in der Mensa oder im *self-service,* im Selbstbedienungsrestaurant.

Es besteht zumeist aus dem ersten Gang *(hors-d'œuvre),* der Vorspeise: Das kann eine Suppe sein, eine Pastete, kalte Vorspeisen, Salate, warme Vorspeisen. Der zweite Gang *(entrée)* kann ein Fischgericht sein oder Nudeln, überbackenes Gemüse oder ein Salat; bei ein-

fachen Menüs entfällt dieser Gang meistens. Als dritter Gang folgt das Hauptgericht, *plat (du jour),* Fleisch, Fisch, Geflügel oder Meerestiere. In der Regel besteht das Hauptgericht aus einem Stück Fleisch plus etwas Gemüse. Auch Kartoffeln zählen als Gemüse, nicht als selbstverständliche Beilage zu jedem Essen. Salat wird niemals zum Hauptgang serviert, sondern davor oder danach als getrennter Gang. Nach dem Hauptgang folgt der Käse, meist sucht man sich von einer großen Käseplatte ein paar Sorten aus. Als letzter Gang folgt das *dessert* (Obst, Kuchen oder Eis) und ein *café* als Abschluss. Das Weißbrot zu allen Gängen ist unentbehrlich, viele Franzosen essen es selbst zu Nudelgerichten. Auch mittags ist es an der Tagesordnung, Wein zum Essen zu trinken. Das gilt weder als Ausschweifung noch als Hindernis für den weiteren Arbeitstag, sondern ist überall üblich (zum Beispiel auch in den Mensen der Universitäten). Als selbstverständlicher Service findet sich eine Karaffe frischen Wassers auf dem Tisch, es sei denn man bestellt lieber Mineralwasser.

Das *diner,* das **Abendessen,** ist in Frankreich normalerweise die zweite warme Mahlzeit, oft die Hauptmahlzeit des Tages und noch reichhaltiger als das Mittagessen; kaltes Abendessen mit Brot und Aufschnitt ist völlig unüblich. Das Abendessen wird zwischen 19 und 21 Uhr serviert, häufig sogar noch zu Mitternacht *(souper).*

Die vierte Mahlzeit, die den Deutschen meist mehr Kalorien zuführt als die anderen drei, nämlich der Nachmittagskaffee mit Kuchen oder Sahnetorte, ist in Frankreich so gut wie unbekannt. Süßspeisen, Süßigkeiten und Kuchen haben zwar einen hohen Stellenwert, doch nicht als eigene Mahlzeit, sondern als Nachspeisen, als krönender Abschluss eines Menüs. Für Kinder ist allerdings ein kleiner **Nachmittagsimbiss** üblich, das *goûter:* Brot mit Marmelade oder im Süden Weißbrot mit Öl und Salz.

Unüblich unter Berufstätigen mit begrenzter Mittagspause sind allerdings die ganz aufwendigen Menüs mit sechs, sieben oder acht Gängen; aber selbst das kommt vor – man lädt Geschäftspartner zu solch Zeit raubenden Essen ein und demonstriert damit, dass in Frankreich für gut zubereitete Nahrung immer Zeit und Geld übrig sind. Die sehr kostspieligen, Zeit raubenden und festlichen Menüs sind aber heute auch in Frankreich besonderen Anlässen vorbehalten, offiziellen Empfängen oder großen Familienfesten. Die Zeiten sind vorbei, in denen man noch stöhnen musste wie *Friedrich Sieburg: „Nicht jeder Erdenbewohner erträgt es, auf dem Höhepunkt seines Arbeitstages ein Frühstück von acht Gängen mit Bordeaux und Kognak zu sich zu nehmen. Mit wüstem Kopf steht er nachher auf der Straße, dem Endiviensalat, dem Ananaspudding und dem Calvadosschnaps nachträumend, den er soeben genossen hat. Der Träumende gehört sicher jener zweifelhaften Menschensorte an, in der ei-*

ne gute Mahlzeit den bohrenden Wunsch erweckt, auf einem Sofa ein Stündchen zu dösen."

Das Minimum sind jedoch drei **Gänge.** Wer im Restaurant in Frankreich nur ein Hauptgericht oder, noch schlimmer, nur einen Salat essen will, wird unfreundlich behandelt. Obwohl Franzosen selbst im Urlaub leichten Herzens von dieser Regel abweichen, gehören Vorspeise und Dessert in Frankreich immer dazu.

Der Trend geht heute zwar auch in Frankreich zur **leichten, schnell zubereiteten Kost;** Diät, biologischer Anbau und Vollwertnahrung sind keine Fremdworte mehr in Frankreich, aber die Menüfolge gehört zu den Tabus. Ein Sakrileg wäre, daran rütteln zu wollen. Vegetarier und Gemüsefreunde haben es immer noch schwer, das Hauptgericht muss Fleisch sein, alles andere überstiege französisches Vorstellungsvermögen. Die Ekelwelle gegenüber Hormon-Schweinefleisch oder BSE-Rindfleisch hat Frankreich noch nicht erreicht. Wer aus medizinischen oder ideologischen Gründen auf Fleisch verzichten will, dessen Auswahl ist in Frankreich leider äußerst reduziert.

Die Rezepte allein sind nicht der Grund für den Ruhm der französischen Kochkunst. In erster Linie wird hoher Wert auf die Qualität und Frische der Zutaten gelegt. Neben den Fastfoodketten haben die Franzosen den zweiten großen Angriff auf ihre Esskultur im Siegeszug der **Tiefkühlkost** entdeckt. Je nach zufälligem Griff in die Kühltruhe taut man sich eine Pekingente mit Morcheln auf oder Canneloni. Wo bleibt da die französische Küche, wo die Rezepte, die sorgfältig von der Mutter an die Tochter vererbt werden und wo allein die Zubereitung der Sauce zwei Tage dauert? Der Vormarsch der Tiefkühlkost ist zwar auch in Frankreich nicht mehr aufzuhalten, aber Kochfanatiker bleiben kompromisslos bei ihrer Forderung: Grundsätzlich sollen alle Basiszutaten frisch sein, Gemüse und Obst am besten nicht mal aus dem Treibhaus stammen, der Fisch am gleichen Tag gefangen sein. Die Zutaten werden in Spezialgeschäften oder auf dem Markt besorgt, wo man, anders als in den Supermärkten, noch über die Herkunft der Ware Auskunft geben kann. Wo dieser **Respekt vor dem Produkt** verloren gegangen ist, bewegt sich auch die französische Gastronomie im internationalen Mittelmaß. Geschmacklosem Obst oder Gemüse lässt sich schlecht Geschmack abgewinnen, fader Fisch in fertiger Einheitssauce bleibt fade.

**La bouffe** ist ein altes Argotwort, das längst in den Alltagsslang übergegangen ist und von jedermann benutzt wird. Es meint zugleich Essen und Fressen, die Tatsache des Essens wie die notwendigen Nahrungsmittel, es kann die Gastronomie bezeichnen oder ganz allgemein die Ernährung. *La bouffe* ist ein großes Thema in einem Land, das sich ständig selbst zu seiner hervorragenden Küche gratuliert. In Frankreich gilt als selbstverständlich, nicht nur lustvoll zu essen und zu trinken, sondern auch darüber zu reden, zu streiten und zu schreiben. Jede Zeitung, die etwas auf sich hält, hat eine regelmäßig erscheinende Gastronomiekolumne. Restaurantkritiker sind populär wie in Deutschland inzwischen nur *Wolfram Siebeck*; Starköche sind so berühmt wie Filmstars. *Robert J. Courtine* etwa war von 1952 bis 1993 der Kochkolumnist von *Le Monde* und veröffentlichte unter seinem Pseudonym *La Reynière* einflussreiche Kritiken. Die von den **Gourmetführern** Gault-Millau und Michelin vergebenen Sterne, Punkte und Kochmützen sind zentrale Ereignisse im Leben ambitionierter Köche; zudem bringen Gewinn und Verlust der Auszeichnungen erhebliche wirtschaftliche Auswirkungen mit sich. Die neue Ausgabe der Feinschmeckerbibeln ist jedes Jahr ein Medienereignis und die Sternvergabe wird von der Öffentlichkeit ähnlich aufmerksam verfolgt und kommentiert wie die Vergabe der Literatur- und Filmpreise. Für Diskussionen über Sinn und Grenzen der Gastronomie-Kritik sorgte der Selbstmord von Drei-Sterne-Koch *Bernard Loiseau* im Jahr 2003, dem gerüchteweise ein Michelin-Stern aberkannt werden sollte – was nicht stimmte, doch der Gault-Millau stufte ihn von 19 auf 17 Punkte herunter.

**Haute Cuisine** ist französische Spitzenküche, das Wissen der besten Kochprofis über Zubereitungsarten, Garzeiten, Produktqualitäten. Der Unterschied zur Alltagsküche liegt im Zeitaufwand. Spitzenköche kombinieren hochwertige Produkte, handwerkliche Perfektion und Kreativität – und führen eine üppige Küchenmannschaft: bei „Jahrhundertkoch" *Joël Robuchon* etwa kamen 47 Köche, Sommeliers, Konditoren und Kellner auf 45 Gäste. Zu den bekanntesten Sterneköchen Frankreichs zählen *Michel Bras, Alain Ducasse, Pierre Gagnaire, Guy Martin, Guy Savoy* und *Marc Veyrat*. Bei Drei-Sterne-Köchen zahlen die Gäste deshalb dreistellige Euro-Summen für ein Mahl. Das passe nicht mehr in die Zeit fand *Alain Senderens* in Paris. Auch der hohe Aufwand, den Standard zu halten, bewog ihn und *Philippe Gaertner* im elsässischen Ammerschwihr dazu, die Sterne zurückzugeben und mit preiswerterem Konzept neu zu eröffnen. Auch *Joël Robuchon* schloss sein Drei-Sterne-Restaurant schon vor einigen Jahren und bewirtet jetzt Gäste am Tresen.

Auch die hohe Kochkunst ist Moden unterworfen. Eine davon war die **Nouvelle Cuisine,** die „neue Küche". Furore machte damit zunächst *Paul Bocuse*, der Meisterkoch aus Collonges-au-Mont d'Or bei Lyon, bald zogen aber viele ehrgeizige Kollegen nach. Zuerst propagierte man sie nur als „leichte", bekömmliche Küche, die sich von den aufwendigen, kalorienreichen Rezepten der Großmütter emanzipieren wollte, deren eierreiche und fetttriefende Traditionsküche als sündige Völlerei verteufelt wurde. Opulente Schlemmereien, gewaltige Gerichte, üppige Portionen, acht bis zwölf Gänge, schwere Weine und sahnige Buttersaucen waren passé. Fingerhutgroße Beilagen zu Miniaturfleischstückchen verlangten vom Kenner Entzücken über die Kochkunst, nicht über die Menge auf dem Teller. Doch bald wurde die *Nouvelle Cuisine* zum Selbstzweck – „Ikebana auf dem Teller", hieß es spöttisch über die immer artifizielleren Kreationen. Zutaten dienten nur mehr dazu, Farbkompositionen zu bilden oder geometrische Muster auf Tellern zu entwerfen, die Gerichte wurden immer exaltierter, der neueste kulinarische Erfolg war oft bloße Effekthascherei. In den Tages- und Wochenzeitschriften jedenfalls häuften sich die Berichte über neue Trends und die Ablösung der *Nouvelle Cuisine*. Ihre Extravaganz wurde ihr nun vorgeworfen, als Firlefanz kritisiert. Und man redete von völlig unangemessenen Preisen: *„Nichts auf dem Teller, alles auf der Rechnung."* (SPIEGEL) Auf die *Nouvelle Cuisine* folgte die Fusion- oder Crossover-Küche, fast alle Köche experimentierten mit asiatischen Ingredienzien und Techniken.

Der Avantgarde treten neuerdings wieder mehr Traditionalisten gegenüber, die heimatliche Tafel- und Gaumenfreuden versprechen: **Cuisine du terroir** statt Globalisierung, „echtes" Essen statt modischem Unsinn. *Le terroir* heißt „der Boden"; gemeint ist, was vor Ort wächst und angebaut wird. Also Linsensalat und Pot-au-feu statt Thunfisch mit Ingwer und Kokossuppe. Man strebt zurück zur *Cuisine grandmère*, zu Großmutters Küche und zur Regionalküche. Weniger Prätention, so wird allgemein gefordert, dafür wieder lokale, bodenständige Spezialitäten. Zwei, drei Gastronomen Frankreichs gaben ihre Sterne bereits zurück, um eine neue Schlichtheit zu propagieren: frische Zutaten vom Markt, herzhafte, deftige Gerichte, „realistische" Portionen, bürgerliche Hausmannskost.

## Im Restaurant

In Frankreich geht man häufig, gerne und selbstverständlich zum Essen aus. Während in Deutschland mancher noch eines besonderen Anlasses bedarf, um eine Einladung ins Restaurant auszusprechen (Geburtstag, Silberne Hochzeit oder ähnliche Familienfeste) oder nur geschäftlich auswärts isst, wenn es die Firma bezahlt, geht man als Franzose regelmäßig zum Essen aus. Man verabredet sich mit Freunden nicht auf ein Bier in der Kneipe, sondern zum Essen ins Restaurant. Allein in Paris gibt es über 10.000 Gaststätten aller Klassen und Preiskategorien, die nicht nur von den Touristen leben. In Frankreich haben die wenigsten Firmen Kantinen, sie geben deshalb ihren Mitarbeitern Essensbons aus für ein Bistro ihrer

Wahl. Also geht man ins Restaurant um die Ecke. Das dort servierte schnelle Mittagessen kann allerdings einem allenfalls mittelmäßigen Kantinenessen durchaus entsprechen. Und während das Lokal selbst aussieht wie ein typisch französisches *bar-tabac,* wird das Essen von Köchen aus Pakistan, Sri Lanka oder Vietnam zubereitet.

Wer von französischen Bekannten **nach Hause zum Essen eingeladen** wird, kann das als großen Freundschaftsbeweis werten. Es bedeutet fast die Aufnahme in die Familie, denn die Privatsphäre wird nach außen gut geschützt. In Frankreich schaut man nicht „gerade mal so" vorbei; es be-

## Französische Lokalitäten

- **Auberge,** wörtlich: Herberge. Leider manchmal die Bezeichnung für als Landgaststätten verkleidete Restaurants, die mehr Aufwand für die rustikale Einrichtung als für die Qualität der Küche zu treiben scheinen.
- **Bar:** Eine Bar meint selten eine Nachtbar; in Frankreich heißen Nachtlokale eher (auf *Franglais*) *nightclub,* Cocktailbars nennen sich meist *bar américain.* Eine *bar* entspricht eher einer deutschen Eckkneipe. Auch die Preise sind in einer Bar nicht höher als in einem *café,* ja in der Tat ist es meistens das Gleiche, manche Lokale führen sogar die Doppelbezeichnung *café/bar.* Hier trinkt man einen Espresso, einen Pastis oder ein Glas Wein und liest die Zeitung. Meist gibt es kein Speisenangebot oder nur Kleinigkeiten wie Eier oder Sandwiches. Auf keinen Fall allerdings gibt es Kuchen oder Sahnetorten. Wer ein Café in der Bedeutung von Konditorei sucht, der muss in einen *salon de thé* gehen.

  In sogenannten *bar-tabacs* erhält man Zigaretten und Tabak; oft werden hier auch Lottoscheine angenommen. Die nachts geöffneten *bar-tabacs* sind für Raucher oft die letzte Rettung in einem Land, in dem es keine Zigarettenautomaten gibt.
- **Bistro(t):** Kleines Lokal, häufig vergleichbar dem *café.* Zum Teil auch kleine Speiselokale, in denen wenige, vom *Patron* selbst zubereitete Tagesgerichte angeboten werden, meist deftige Hausmannskost oder regionale Küche. Oft sind die Bistros kleine Familienbetriebe.
- **Boite de nuit:** Diskothek.
- **Brasserie,** wörtlich: Brauerei. Aber es ist nicht üblich, hier zum Biertrinken hinzugehen; eine Brasserie ist erster Linie ein Restaurant. Hier findet der Reisende häufig (nicht immer) deftige regionale Küche, oft elsässische Spezialitäten (Sauerkraut, Würstchen, Schinken). Hier kann man zu jeder Tageszeit essen, nicht nur mittags und abends.
- **Café:** häufig mit Straßenterrasse. Zum Frühstück findet sich dort wohl ein Croissant, ansonsten gibt es üblicherweise keine Speisenangebote.
- **Crêperie:** In diesen Lokalen werden nur *crêpes* angeboten, hauchdünne Pfannkuchen mit unterschiedlichen Füllungen. Es gibt die süße Variante, bei der der Teig aus Weizenmehl hergestellt wird, die Füllung kann Marmelade sein, Eis, Schokoladensauce oder Honig. Die salzige Variante *(galettes),* deren etwas dunklerer Teig

darf einer Verabredung oder Einladung, auch unter jungen Leuten, die kaum lockere Wohnformen wie WGs kennen.

Die *Haute Cuisine* ist aufgrund der astronomischen Preise leider nur für eine kleine Elite erschwinglich. Doch auch wer dafür nicht das Geld besitzt, der muss in weniger teuren Gaststätten nicht auf hervorragend zubereitete Mahlzeiten verzichten. Zwischen der Luxusküche und französischer Hausmannskost liegen zwar Welten, aber den Hang zur Perfektion pflegen beide. Nach ein bisschen Sucherei findet sich sicherlich ein kleines Restaurant an der Ecke, wo *Madame* kocht, wo *Monsieur* die Gäste empfängt und den

aus Buchweizenmehl besteht, wird mit Käse gefüllt, mit Schinken, Tomaten oder Pilzen. Das klassische Getränk dazu ist *Cidre,* der leichte französische Apfelwein. Die meisten Crêperien findet man in der Bretagne.

- **Glacier:** Eisdiele.
- **Pub:** Im Französischen bezeichnet *pub* oder *bar américain* etwa das, was wir unter Cocktailbar oder Kneipe verstehen.
- **Restaurant:** In den meisten Restaurants gibt es zwei Möglichkeiten zu essen: entweder ein Menü (häufig finden sich mehrere Menüs unterschiedlicher Preisklasse auf der Karte) oder à la carte (individuell von der Karte aus einzelnen Gerichten zusammengestellt). Die zweite Variante ist teurer als ein Menü. Man sucht nicht selbst einen Tisch, sondern wartet an der Bar, bis der Ober einen freien Platz zuweist. Es ist auch nicht üblich, sich zu fremden Personen zu setzen. Früher stand auf der Rechnung noch das *couvert,* ein fester Grundbetrag für das Gedeck, der inzwischen aber abgeschafft wurde. Auf angemessene Kleidung wird in französischen Restaurants großer Wert gelegt. Wer allzu leger erscheint, muss damit rechnen, dementsprechend bedient zu werden.
- **Rôtisserie:** Solche Restaurants sind auf gegrillte Gerichte spezialisiert, sie führen natürlich auch einige andere Mahlzeiten auf ihrer Karte.
- **Routiers:** Fernfahrergaststätten, in denen man schnell und preiswert eine Mahlzeit erhält, deren Qualität aber sehr viel besser ist als alles, was deutsche Autobahnraststätten zu bieten haben.
- **Salon de thé:** Diese Lokale entsprechen am ehesten den deutschen Cafés. Hier findet man „Kaffee und Kuchen" bzw. Tee, allerdings Kuchen französischer Art, meist kleine gefüllte Törtchen, *petits fours,* Obststücke, Gebäck. Sahnetorten gibt es fast gar nicht. *Tarte aux pommes* und *Tarte aux fraises,* also Apfelkuchen und Erdbeerkuchen sind eher als Dessert bei Menüs zu finden, an Feiertagen auch mal eine Schokoladentorte. Die *salon de thés* sind nur tagsüber geöffnet.
- **Self-Service:** Selbstbedienungsrestaurant. Man defiliert mit seinem Tablett entlang von Vitrinen mit fertigen Vorspeisen, Hauptgerichten, Desserts, Käse und Salaten, aus denen man sich sein Menü zusammenstellt.
- **Snack:** Imbiss

Weinkeller verwaltet und wo man zu gemäßigten Preisen die lokalen Spezialitäten probieren kann. In Frankreich gibt es zwar viele traditionelle Gerichte, aber nicht ein einziges, typisch französisches Essen. Die **regionale Vielfalt der Küchen** ist noch weitgehend intakt. Jede Provinz Frankreichs hat exquisite Spezialitäten zu bieten, immer wieder anders zubereitet. Den Regionen werden oft bestimmte Produkte zugeordnet, die auch die Rezepte der jeweiligen Küche dominieren, im Perigord

### Fastfood

Selbstverständlich kann, wer will, in Paris exakt das Gleiche essen wie in New York oder Berlin, Stockholm oder Sydney. Schnellimbisse gibt es an jeder Straßenecke. Wie sagte doch Andy Warhol (sinngemäß jedenfalls): Das schönste in Paris war McDonald's. Das Schönste in Rom war McDonald's. In Moskau und Hongkong gab es noch nichts Schönes.

Das hat sich längst geändert. Gegen die großen amerikanischen Ketten, deren Produkte man weltweit „genießen" kann, in international gleicher (schlechter) Qualität, kontert Frankreich mit eigenen Angeboten an typisch französischen Imbissen. Besser als mit dem Big Mac liegt man z. B. mit dem klassischen Sandwich. Genau hinschauen muss man aber schon: Auch ein Sandwich ist (lieblos belegt und mit altem Weißbrot Fülle vortäuschend) bisweilen nicht wohlschmeckend, eher ungenießbar. Manchmal entwickelt es sich jedoch fast zur Delikatesse, mit Rillettes (eine Art Schmalzfleisch), Schinken oder ausgezeichnetem Käse belegt.

Daneben sind *Quiche Lorraine* und Zwiebelkuchen aus dem Elsass, *Croque Monsieur* (Schinken-Käse-Toast) oder verschiedene *Tartes* (mit Porree oder Champignons) zu empfehlen. *Pan Bagnat* ist eine südfranzösische Sandwichvariante mit schwarzen Oliven, Tomaten, Sardellen. *Pain tunisien*, das tunesische Pendant zum Sandwich, ist mit Oliven, Tomaten, Peperoni, Gemüse und einer scharfen Sauce, Ei und Kartoffeln gefüllt, *Falafel* heißt die ägyptische Variante, zu der frittierte Kichererbsenbällchen gehören.

Daneben hält sich das internationale Angebot an Pizzas, Hot Dogs, Hamburgern und Pommes Frites – Fastfood hat in Frankreich ähnliche Zuwachsraten wie überall. Neben dem Plastikfraß der amerikanischen Schnellimbisse („Burgers") werden vor allem asiatische Schnellimbisse immer zahlreicher, *traiteurs asiatiques*, die tiefgefrorene Schalentiere oder Fisch nur kurz in der Mikrowelle erhitzen, dann in eine scharf gewürzte Sauce werfen und konkurrenzlos billig anbieten.

Bevor die ungemein erfolgreiche Trilogie Hamburger-Pommes-Cola zum Publikumsliebling avancierte, gab es allerdings schon ein französisches Lieblingsschnellgericht: **Steak frites.** *Roland Barthes* schrieb darüber in seinem Buch „Mythen des Alltags": *„Wie der Wein ist das Beefsteak in Frankreich ein Grundelement und mehr noch nationalisiert als sozialisiert. Es kommt in jedem Dekor des Ernährungslebens vor: flach, gelb umrandet und sohlenartig in den billigen Restaurants; dick und saftig in den*

---

Auf die Hand: Baguettes mit Käse, Schinken, Hühnchen oder Thunfisch

Gänse, Trüffel und Walnüsse, in der Bresse Hühner, Sahne und Butter, am Mittelmeer Fisch, Tomaten und Knoblauch, in und um Bordeaux wird viel in Rot- oder Weißwein gedünstet, in der Bretagne Fisch und Muscheln, im Elsass Sauerkraut, Schinken und Würstchen.

Generell zu warnen ist der Gourmet vor **Touristenrestaurants** oder Touristenmenüs. Ein auf den ersten Blick verlockend günstiger Fixpreis und fantasievolle Bezeichnungen versprechen kulinarische Genüsse, die sich leider

*spezialisierten kleinen Bistros; würfelförmig, mit feuchtem Inneren unter einer dünnen verkohlten Kruste in der Hohen Küche. Es gehört zu allen Rhythmen der Nahrungsaufnahme, zur ausgiebigen bürgerlichen Mahlzeit und zum Bohemien-Imbiss des Junggesellen; es ist die zugleich geschwinde und konzentrierte Nahrung.*

*Wie beim Wein gibt es keine aufgezwungene Mahlzeit, die den Franzosen nicht von seinem Beefsteak träumen ließe. Kaum ist er im Ausland meldet sich bei ihm die Sehnsucht danach. Im Allgemeinen mit den Pommes frites verbunden, vermittelt es diesen seinen nationalen Glanz: die Frites sind Objekte der Sehnsucht und patriotisch wie das Beefsteak. Paris-Match hat uns wissen lassen, dass nach dem Waffenstillstand in Indochina General de Castries für seine erste Mahlzeit um Pommes frites gebeten hat. Die Bitte des Generals war gewiss kein materialistischer Reflex, sondern eine rituelle Handlung: Aneignung des wiedergefundenen französischen Brauchtums. Der General kannte sehr genau unsere nationalen Symbole; er wusste, dass Pommes frites das Nahrungszeichen des Franzosentums sind."*

viel zu oft als lieblos zubereitete und hastig aufgetischte, fade Gerichte erweisen. Je größer der Werbeaufwand, desto misstrauischer sollte man sein. Touristenrestaurants zeichnen sich leider durch mäßige bis schlechte Küche und schlampigen Service aus. Essen in Frankreich ist teuer, darüber muss man sich klar sein. Wer sehr aufs Geld achten muss, ist am besten in den tunesischen Restaurants aufgehoben, die preiswerten und schmackhaften Couscous zubereiten. In den teuren Restaurants ist das Mittagsmenü meist billiger als das Abendmenü, man kann also auch dort sparen.

## Regeln und Etikette

Für alles gibt es Regeln, neben der spezifischen Reihenfolge der Gerichte und den jeweils dazu passenden Getränken gibt es vielfältige Geschirrvorschriften und spezielle Bestecke, Teller und Geräte zum Servieren. Die hohe Kunst des Essens wurde in Frankreich entfaltet, vielfach wurde die französische Essetikette sogar zum Modell für vorbildliche Manieren schlechthin und findet sich auch in deutschen Benimmbüchern. Formvollendetes Verhalten während des Essens wird erwartet, weil man die Einhaltung der Regeln als Würdigung der Mahlzeit, als Respekt vor dem Koch versteht. Nicht alle Vorschriften sollen hier aufgezählt werden, das wäre zu viel. Die meisten Regeln (Kartoffeln nicht mit dem Messer, Spargel gar nicht schneiden usw.) sind inzwischen international, daher seien nur ein paar Besonderheiten erwähnt.

- Die Tabuisierung aller Essgeräusche besteht in Frankreich eher noch deutlicher als in anderen westeuropäischen Ländern. Schlürfen oder Rülpsen wie in asiatischen Kulturen sind völlig verpönt.
- Auch Obst (als Nachtisch) isst man mit dem Messer.
- Es gilt als unfein, den Teller anzuheben, um die letzten Löffel Suppe herauszukratzen. Ebenso wenig sollte man in die Suppe blasen, um sie abzukühlen.
- Verpönt ist es, das Fleisch erst mit dem Messer in der rechten Hand zu schneiden und dann mit der Gabel in derselben Hand aufzupicken; die Gabel wird immer links gehalten.
- Ungern gesehen wird auch das Auftunken der Saucenreste mit Weißbrot. Brot nie schneiden, sondern brechen.
- Die Serviette nach dem Essen nicht wieder zusammenfalten.
- Als Respektlosigkeit gegenüber der Kunst und Mühe des Kochs gilt das Salzen oder Nachwürzen eines Gerichts, bevor man überhaupt den ersten Bissen probiert hat.

- Was den Franzosen oft an den Deutschen missfällt, ist deren Art, immer alles aufzuessen. In Frankreich lässt man einen „Anstandsrest" übrig, häuft sich auch nicht hemmungslos den Teller voll, sondern isst vornehm, d.h. wenig.
- Vollends unmöglich benimmt sich der, der sich auch noch die Reste einpacken lässt, wie es zum Beispiel Amerikaner in sogenannten *doggie bags* (Hundepaketen) machen lassen.

In allen Lokalen sollte man als Gruppe die Rechnung immer gemeinsam bezahlen. Die deutsche Angewohnheit, getrennt abrechnen zu lassen, stößt auf Kopfschütteln oder Verärgerung. Auseinandersetzungen um Pfennigbeträge werden als Kleinkrämerei interpretiert. Wenn auf der Speisekarte *service compris* steht, ist das Geld für die Bedienung im Preis inbegriffen. Wenn jedoch *service non compris* vermerkt ist, werden etwa 15 % auf den Betrag aufgeschlagen.

# Weinland Frankreich

*„Man kann nicht stets das Fremde meiden, das Gute liegt uns oft so fern. Ein echter deutscher Mann mag keinen Franzen leiden, doch ihre Weine trinkt er gern. "*

(*Goethe*, Faust)

Die europäischen Länder zerfallen deutlich in Weinländer und Bierländer: Frankreich ist wie Spanien und Italien unbestritten ein klassisches Weinland, Deutschland und Tschechien beispielsweise gelten als Bierländer. Wein ist das **französische Nationalgetränk** wie der Tee für die Engländer. Aus Unterschieden bei den Lieblingsgetränken sind oft Rückschlüsse auf die nationale Mentalität gemacht worden. Ende des 18. Jahrhunderts behauptete ein Deutscher, *Christian Heinrich Schmid,* dass die Bierländer ungleich mehr Genies geliefert haben, als die Weinländer.

Auch Deutsche trinken Wein, aber anders als Franzosen: In Deutschland trinkt man Wein zu Hause. Abends öffnet man eine Flasche, nach dem Essen. Man lädt auch mal Gäste zum Wein ein oder besucht eine Weinstube, jedenfalls war der Wein als Getränk häufig reserviert für besondere Anlässe.

In Frankreich trinkt man ihn einfach so, nebenbei. Dort ist Wein ein **Getränk zur Mahlzeit,** selten wird er solo ausgeschenkt. Nach beendetem Essen wird zudem keine weitere Flasche Wein bestellt, höchstens ein Schnaps zur Verdauung, ein Digestif. Außerhalb der Mahlzeiten gibt es schon mal ein Pinnchen am Tresen im Bistro; aber ausgesprochene Weinstuben findet man nur im Elsass, selbst in den anderen Weinbaugebieten nicht. Dort finden sich *caves vinicoles,* **Probierkeller für Kunden,** die Wein beim Winzer kaufen wollen. Die *wine bars* in Paris sind eine Einrichtung für Engländer.

Das Wissen darüber, welches Getränk man zu welcher Mahlzeit wann und wie trinkt, war früher ein Gebiet, auf dem sich der Ausländer leicht durch Ignoranz lächerlich machen konnte. Deutsche (Biertrinker) erkannte man daran, dass sie nicht recht wussten, ob die Temperatur des Weißweines richtig war, ob der Jahrgang ein guter war und welcher Wein zum Fisch passte. Inzwischen hat sich die Rigidität der Regeln gelockert und die Deutschen sind nicht mehr so ganz borniert.

Zu einer alltäglichen Mahlzeit trinkt man einen schlichten Wein, im Restaurant einen offenen Haus- oder Tischwein. Selbst in der Mensa gibt es Wein zum Essen, undenkbar in deutschen Universitäten oder Kollegs. In einer binationalen Garnison im Saarland gab es Ärger unter den Soldaten, weil die Franzosen Wein zum Mittag erhielten, die Deutschen nicht.

**Guter Wein** muss in Frankreich nicht teuer sein. Es gibt hervorragenden Tisch- oder Landwein, den man glasweise bestellen kann. Der Billigwein, der *gros rouge,* den man für ein paar Euro im Supermarkt erhält, ist das allerdings nicht. Er zeichnet sich meist nur durch hohen Alkoholgehalt aus und später einsetzende Kopfschmerzen. Viele kleine Restaurants dagegen führen einen preiswerten Wein, der beim Winzer direkt gekauft ist und für dessen Qualität garantiert wird.

Selbstverständlich steht auch immer eine Karaffe **Wasser** auf dem Tisch, eine Sitte, die sich in allen südlichen Ländern findet. Zum Essen wird in Frankreich viel Wasser getrunken. Mineralwasser ist in Frankreich ohne Kohlensäure beliebter *(eau minérale).* Auch mit Kohlensäure ist Mineralwasser erhältlich, man muss es allerdings jeweils explizit bestellen: *(eau gazeuse).*

Zu aufwendigeren Mahlzeiten gelten auch andere Trinkregeln. Das Menü beginnt schon mit einem Getränk, dem **Aperitif.** Er soll den Appetit anregen. Das kann ein Martini oder ein Campari sein, ein *Kir* (*Cassis,* ein Likör aus schwarzen Johannisbeeren, der mit Chablis aufgegossen wird oder mit Champagner, dann ist es ein *Kir Royal*). Typisch französisch ist der *Pastis,* ein Aperitif, der aus Anis hergestellt wird (Pernod, Ricard). Meist trinkt man ihn mit Eis und Wasser gemischt, wodurch der *Pastis* seine charakteristische Trübung annimmt.

Zur Mahlzeit wählt man den jeweils passenden Wein. Traditionalisten halten sich an die alte Regel: Weißwein zu Fisch, Geflügel, hellem Fleisch; Rotwein zu dunklem Fleisch, Käse. Vor ein paar Jahren noch war es ein Sakrileg, einen Rotwein zum Fisch zu trinken; heute werden die Regeln weniger eng ausgelegt. *Die Folge der Getränke geht von den leichteren zu den schweren,* so lautet eine Regel von *Jean-Anthelme Brillat-Savarin* (1755–1826), einem der ersten Gastronomiekritiker, die zu befolgen immer noch richtig ist, wenn man unterschiedliche Weine zu einem Menü trinkt.

Rotwein trinkt man temperiert, d. h. mit Zimmertemperatur. Das wird heute, zu Zeiten überheizter Zimmer von 22–24 Grad, oft falsch verstanden. Früher, als es noch keine Zentralheizungen gab und die Temperatur in den Kellern etwa bei 12 Grad lag, holte man den Wein ein paar Stunden vor dem Essen herauf und ließ ihn langsam die Temperatur des Zimmers annehmen, die bei 16–18 Grad lag. Weißweine trinkt man kühler, 8–12 Grad, manche sogar kühlschrankkalt (5–7 Grad).

Nach dem Essen genehmigt man sich gerne einen **Digestif,** einen Verdauungsschnaps; das kann ein Obstbrand *(eau de vie)* sein, ein Marc (Tresterschnaps wie Grappa), ein Cognac oder Calvados.

Schon fast gleichermaßen nationalisiert wie der Wein ist der **café.** An jeder Straßenecke, im Bistro und zu jeder Tageszeit wird in Frankreich *café* getrunken. Wie der Espresso in Italien ist er zugleich Bestandteil eines kompletten Menüs; nach jedem Essen gilt ein *café* als unverzichtbar.

Um die Jahrhundertwende galt der **Absinth** als das französische Getränk. Der smaragdgrüne, hochprozentige, aus der Wermut-Pflanze gewonnene Absinth ruinierte ganze Generationen von Malern und Dichtern. Seit man erkannte, dass sein Genuss zu Gehirnschäden und Lähmungen führte, wurde der Absinth in vielen Ländern verboten.

## Das Weinetikett

Auf dem Etikett stehen so viele Informationen, dass es sinnvoll ist, die wichtigsten Begriffe zu kennen.

- **AOC:** Die Abkürzung steht für *Appellation d'Origine Contrôlée.* Weine mit dieser Bezeichnung stammen aus einer bestimmten Anbauregion, ohne mit anderen Weinen verschnitten zu sein. Sie kommen von Weingütern, die sich einer strengen staatlichen Qualitätskontrolle unterziehen. AOC oder AC auf einem Etikett sind eine zuverlässige Garantie für einen guten Wein. Der Maximalertrag pro Hektar wird ebenso vorgeschrieben wie der Alkoholgehalt des Weines.
- **V.D.Q.S:** *Vins Delimités de Qualité Supérieure,* ausgesuchte Weine von besserer Qualität, ist ein ähnliches Gütesiegel von etwas minderer Qualität.
- **Vin de Pays:** Landwein aus einem bestimmten Anbaugebiet, der nicht mit anderen verschnitten werden darf.

- **Vin ordinaire, Vin de table:** Für Tafelwein darf Wein aus verschiedenen Anbaugebieten verschnitten werden. Fast zwei Drittel der französischen Weinproduktion fällt in diese Kategorie.
- **Primeur** findet sich häufig bei Beaujolais. Kurz nach der Ernte abgefüllter Wein, den man ganz frisch trinkt, vom 21. November bis zum Januar des auf die Ernte folgenden Winters, also nur sechs Wochen lang.
- **Mis en bouteille** bezeichnet den Ort der Abfüllung in Flaschen. Das kann beim Winzer selbst sein *(par le propriétaire)*, beim Händler *(par le négociant)* oder bei einer Gesellschaft. Ein guter Wein ist meist im Anbaugebiet abgefüllt, möglichst vom Erzeuger selbst.
- **Grand Cru, cru, clos** und **domaine** sind Herkunftsbezeichnungen: *Clos* bedeutete ursprünglich die mauerumschlossenen Rebgärten eines Klosters. Heute bezeichnet *clos* bestimmte Einzellagen im Burgund, in manchen Gebieten bezeichnet *clos* auch den Weinberg überhaupt. *Domaine* bezeichnet ein bestimmtes Weingut. Das Etikett verzeichnet neben Ort und Lage oft auch den Namen des Besitzers.
- **Château:** wörtlich Schloss, bezeichnet in Frankreich ebenfalls ein Weingut. Die berühmtesten Châteauweine kommen aus der Gegend um Bordeaux und genießen in Frankreich einen außerordentlichen Ruf.
- **Réserve** oder **Grande Réserve:** reine Phantasiebezeichnungen seitens der Winzer oder Abfüller, die Qualität vortäuschen sollen. Die Bezeichnung ist selten, weil inzwischen bekannt ist, dass sie nichts aussagt.

Etwa 5–10% der französischen Weine gehören zur Spitzenklasse, weitere 10% gelten als sehr gute Weine, die restlichen 80% gehören zu den durchschnittlichen Tisch- und Tafelweinen.

## Champagner

*„Ich will Champagner Wein und recht moussierend soll er sein."*

*(Goethe,* Faust)

Champagner ist nicht die französische Übersetzung von „Sekt", sondern die Bezeichnung für ein Getränk, das nach einem bestimmten Verfahren hergestellt wird und aus einem bestimmten Anbaugebiet stammt – echter Champagner kommt aus der **Champagne** (um Reims und Epernay). Der Kreideboden der Gegend sorgt für die einzigartige Qualität des Weinertrags. Das Anbaugebiet umfasst gut 22.000 ha, die Jahresproduktion liegt bei ca. 90 Milo. Flaschen: exklusiv aus Frankreich, universal für die Welt.

*Vin mousseux méthode champenoise* bezeichnet Schaumwein aus anderen Gegenden Frankreichs, der aber nach der gleichen Methode wie

Champagner hergestellt wurde. *Crémant* ist die gesetzlich geschützte Bezeichnung für Schaumweine mit Flaschengärung, zur Abgrenzung gegen Tankgärung.

Der Champagner wurde angeblich von dem Benediktinermönch *Dom Pérignon* erfunden, der ab 1668 Kellermeister der Abtei Hautevillers war. Schaumwein gab es wohl schon vorher, doch der verschnürte Korken und die Weinmischung scheinen seine Erfindung zu sein.

Es sind, anders als beim Wein, nicht die Winzer, die den Champagner bereiten und verkaufen. Wenn die Trauben gelesen und gekeltert sind, wird der Most in das Stammhaus der Kellerei gebracht, die die eigentliche Herstellung übernimmt. Hier werden die Weine verschiedener Lagen gemischt *(Cuvée)* und auf Flaschen gezogen.

Die Winzer erhalten für ihre Trauben festgelegte Preise, je nach Anbaulage. Die besten Lagen werden dabei als 100 % des Preises gerechnet *(Grand Cru)*, die sogenannten *Premier Crus* erzielen 90 bis 99 %, die Randbezirke nur noch 50 %.

Die erste **Gärung** beginnt unmittelbar nach dem Pressen des Traubensaftes. Schon nach einigen Wochen wird die Flüssigkeit in Flaschen abgefüllt. Diese frühe Flaschenabfüllung ist der erste Schritt im Prozess, der aus Wein Schaumwein werden lässt. Bei der zweiten Gärung (Flaschengärung) wird der Zucker völlig verbraucht und verwandelt sich in Alkohol und Kohlensäure. Der Champagner muss dann zwischen 1 und 4 Jahren gelagert werden; dabei werden die Flaschen mit dem Hals nach unten befestigt, damit der Bodensatz sich auf dem Korken ablagert. Vor dem Versand werden diese Trübstoffe entfernt und der Champagner wird glasklar.

Bei süßem, halbtrockenem und sogar bei trockenem Champagner wird nachträglich **Zucker** beim Degorgieren (Entfernen der Trübstoffe) zugefügt, indem je nach Geschmack 11 % gesüßter Wein zugesetzt werden. *Dom Pérignon* verfeinerte dieses Verfahren Ende des 17. Jahrhunderts mit dem verschnürten Korken, mit der Verwendung dickerer Flaschen (die 45 Atü Druck aushalten müssen), vor allem aber durch die Kunst, die verschiedenen Weine zu mischen.

So wird aber auch in Deutschland Sekt hergestellt; das Geheimnis des Champagners sind die Rebsorten. Die Unterschiede in den Champagnersorten beruhen auf dieser Mischung, der *cuvée* (Verschnitt).

Die *Witwe Clicquot* verbesserte um 1800 das Verfahren, die trüben Stoffe aus dem Champagner zu entfernen, ohne dass die Kohlensäure entweicht; die *Witwe Pommery* gilt als Erfinderin der Geschmacksnote *brut* (trocken). Heute, da sich der Geschmack gewandelt hat und nicht nur der Kenner trockenen Wein und Sekt bevorzugt, gibt es auch *brut de brut,* extratrocken.

75 % der Ernte sind Rotmoste aus der Pinot-Noir-Traube, 25 % Weiß-
moste der Chardonnay-Rebe. Der Verschnitt wird aus Rot- und Weißwein
hergestellt, die „weiß" gekeltert werden. Ein Blanc de Blanc als Champagner ist daher eine Rarität, da er nur aus der weißen **Chardonnay-Traube**
hergestellt wird. Auf dem Etikett eines Weißweins hat die Bezeichnung
*blanc de blancs* allerdings wenig Informationsgehalt, da sich jeder Weißwein so nennen darf. Die großen Champagnerhäuser Frankreichs heißen
Moët et Chandon, Pommery, Veuve Cliquot, Taittinger, Roederer, Bollin-
ger und Heidsieck. Dass die Taittinger-Dynastie 2005 ihr Unternehmen an
einen Amerikaner verkaufte, hat ihr patriotische Kritik eingebracht.

# Verkehr und Transportmittel – unterwegs in Frankreich

## Unterwegs zu Fuß und mit dem Rad

Als **Fußgänger** ist man in Frankreich in einer schwachen Position: Für die
Autofahrer ist man Freiwild, auf Kavaliere der Straße sollte man nicht hof-
fen, sondern lieber schnell zur Seite springen! Zumal Franzosen die deutsche (Un-)Sitte amüsiert, bei roten Ampeln zu warten, auch wenn weit und
breit kein Fahrzeug zu sehen ist. Mit fast selbstmörderischem Leichtsinn,
aber erfolgreich, überqueren sie auch
dicht befahrene Straßen.

In den Städten wälzt sich der Verkehr durch die alten Gassen, während dem Fußgänger knapp 30 cm
bleiben zwischen Verkehr, Müllton-
nen und der Hauswand. Die Bürger-
steige sind meist von parkenden Autos blockiert. Überall stört der Hun-
dekot, dessen auch die Fahrer der
mit Saugvorrichtung ausgestatteten
Motorräder nicht Herr werden. Fuß-
gängerzonen gibt es erst seit einigen Jahren – das ist vielleicht aber
gar kein Nachteil, da sie ja als
städtebauliche Maßnahme nicht un-
umstritten sind. Da macht Flanieren
nur Spaß, wo es platanengesäumte

Boulevards mit breiten Bürgersteigen gibt. Noch haben französische Autofahrer nicht verinnerlicht, dass sie selbst gelegentlich zu Fuß gehen.

Auch **Wandern** gehört nicht zu den bevorzugten französischen Freizeitbeschäftigungen, man unternimmt höchstens Ausflüge, um etwas zu besichtigen. Wenn auch das Auto nicht im vergleichbaren Maß wie in Deutschland ein Prestigeobjekt ist (Beulen und Kratzer werden nicht immer sofort repariert und bei Zusammenstößen auch mal kulant hingenommen), so gilt es doch als *das* Fortbewegungsmittel. Wanderer ernten eher verwundertes Kopfschütteln. Noch immer ist vielen Franzosen unbegreiflich, wie man freiwillig aufs Auto verzichten kann. Allerdings gibt es für die Touristen ausgearbeitete Routenvorschläge, viele gekennzeichnete Rundwanderwege *(randonnées)* und sehr gute Spezialkarten für alle Regionen Frankreichs. Von alpinen Kraxeltouren bis zu ausgedehnten Spaziergängen durch Weinberge herrscht an Tourenmöglichkeiten auch in Frankreich kein Mangel.

Frankreich ist ein ideales Land für **Radurlaube und Radwandern;** die Landschaften sind abwechslungsreich und bei Routen abseits der großen Nationalstraßen kann man ungefährdet und unbelästigt von Autofahrern wunderbare Strecken entdecken. Überall finden sich kleine Nebenstraßen, auf denen nur hin und wieder ein Wagen überholt.

Fahrradverleihe gibt es in vielen Orten. In den Großstädten allerdings ist das Fahrrad kein empfehlenswertes Verkehrsmittel; es gibt so gut wie überhaupt keine Fahrradwege und als Verkehrsteilnehmer auf der normalen Fahrspur wird man nicht ernstgenommen. Für die Franzosen ist Radfahren eine Sportart, keine Fortbewegungsart; der *Tour de France,* dem großen Etappenrennen durch Frankreich, widmet die ganze Nation große Aufmerksamkeit, als Alltagstransportmittel jedoch ist das Fahrrad unpopulär.

## Mit der Bahn

Bei Reisen mit der Eisenbahn von Deutschland nach Frankreich oder innerhalb Frankreichs ist nur ein Problem zu beachten: das **Nadelöhr Paris.** Aufgrund der Zentralisierung ist auch das Eisenbahnnetz vom Mittelpunkt Paris her organisiert. Man gelangt von überall her nach Paris, nur unter großen Umwegen aber etwa von Bordeaux nach Rennes oder von Bordeaux nach Lyon. Es gibt kaum Querverbindungen zwischen den Großstädten der Provinz. Die meisten Verbindungen enden oder beginnen in einem der sechs Kopfbahnhöfe von Paris. Für die Weiterreise durchquert man Paris mit dem Taxi oder der Métro und setzt seine Reise von einem anderen Bahnhof aus fort.

Seit einigen Jahren setzt die SNCF, die französische Eisenbahn, ihren Hochgeschwindigkeitszug **TGV** *(Train à grande vitesse)* auf den Strecken von Paris nach Lyon, Bordeaux, Rennes oder Brüssel ein. Der Zug erreicht eine Durchschnittsgeschwindigkeit von 260 km/h, dadurch verkürzt sich die Reisezeit um mehrere Stunden gegenüber konventionellen Zügen. Allerdings sind die Fahrkarten geringfügig teurer und man muss unbedingt vorher einen Platz reservieren. Das Streckennetz des TGV wird weiter ausgebaut, seit 2007 verkehrt auch ein ICE von Paris nach Frankfurt.

Wie in Deutschland gibt es Ermäßigungen für Jugendliche, für Gruppen, zu wenig frequentierten Zeiten *(Période bleue,* blaue Periode genannt), daneben Touristen- und Monatskarten. In den Bahnhöfen ist ein *Guide pratique du voyageur* erhältlich, der über Preise und Rabatte informiert.

## Mit öffentlichen Verkehrsmitteln

In den Großstädten wie Lyon, vor allem aber in Paris ist die **U-Bahn** das schnellste und praktischste Fortbewegungsmittel. Das Netz der *Métro* ist gut ausgebaut, fast immer findet sich die nächste Station gleich um die Ecke, nur wenige Minuten entfernt. Der Takt beträgt in der Hauptverkehrszeit zwischen 9 und 17 Uhr nur 3–6 Minuten, in der Stoßzeit zwischen 7 und 9 Uhr und von 17 bis 19 Uhr sogar nur 1,5–3 Minuten, d. h., fast sofort kann man in die nächste Métro einsteigen. In Paris ist das Streckennetz fast 200 km lang, es gibt 360 Stationen für mehr als 4 Millionen Benutzer pro Tag. Angeblich muss man nie weiter als 500 m zur nächsten Station laufen; das macht die *Métro* auch zum bequemsten Transportmittel in Paris. Einziger Nachteil: Zu den Stoßzeiten morgens vor der Arbeit und nachmittags nach Feierabend sind die Wagen überfüllt und ziehen auch Taschendiebe magisch an. Morgens allerdings fährt die erste Bahn erst ab 5.30 Uhr, nachts die letzte gegen 1 Uhr – da ist auch Paris nicht besser als die Provinz.

**Busse** haben in Frankreichs Städten oft eigene Fahrspuren zur Verfügung, die der Autofahrer nicht benutzen darf, die aber die Zirkulationsgeschwindigkeit für die Busse enorm erhöhen, da sie weniger in die üblichen Verkehrsstockungen geraten. Die Durchschnittsgeschwindigkeit der Busse in Paris beträgt (immerhin) 35 km/h, die der Autos nur 17 km/h.

## Mit dem eigenen Wagen

Statistisch gesehen kommen die meisten deutschen Urlauber, die ihre Ferien in Frankreich verbringen, mit dem eigenen Wagen. Bekanntlich ist den Franzosen ihr Auto nicht halb so ans Herz gewachsen wie vielen

Deutschen. Für den Franzosen ist es ein praktischer Gebrauchsgegenstand, ohne den er sich selten fortbewegt. Frankreich gehört zu den Ländern mit der höchsten Motorisationsrate der EU (Autos pro Einwohner): ca. 600 pro 1000 Einwohner (in den USA: 800 pro 1000 Einwohner).

Der Franzose ist *accro à l'automobile* in dem Sinne, dass er sich nichts anderes vorstellen kann – 65 % der Berufstätigen fahren mit dem Auto zur Arbeit (Stand 2005). Doch zum Kultgegenstand oder Statussymbol macht der Franzose seinen Wagen nicht. Weder poliert er ständig Zierleisten und Spoiler, noch stören ihn ein paar Beulen oder Kratzer. Bei Unfällen wird über kleinere Blechschäden oft kulant hinweggegangen, ohne gleich die Polizei zu rufen. „Nach Gehör" zu parken ist ebenfalls üblich. Und der Stadtverkehr ist eigentlich immer und überall chaotisch, jedenfalls für den an Ampeln, Radarfallen, Geschwindigkeitsbeschränkungen, Stoppschilder und Polizisten gewöhnten Deutschen. Rote Ampeln, grüne Ampeln, Vorfahrtsschilder, Rechts vor links – das schert französische Autofahrer wenig. Das funktioniert überraschend gut, da auf die anderen Autofahrer geachtet wird und nicht jeder eingebaute Vorfahrt hat. Auch die deutsche Unsitte, nur noch die linke Fahrspur auf Autobahnen zu benutzen, ist in Frankreich weniger ausgeprägt. An kaum etwas erkennt man die alten Grenzübergänge besser als im Verkehrsverhalten auf der Autobahn.

Französische **Autobahnen** sind gebührenpflichtig. An den Mautstellen *(péage)* muss bei der Einfahrt ein Ticket gezogen werden. Der Tarif für den jeweiligen Streckenabschnitt ist dort verzeichnet und muss bei der Ausfahrt bezahlt werden. Die Franzosen selbst fahren lieber auf den Landstraßen als über die Autobahnen, denn erstens sind diese teuer und zweitens kosten die Stopps an den Mautstellen auch Zeit.

*Bison futé,* schlauer Büffel, nennt sich das französische Umleitungssystem, das besonders für die Hauptreisezeit im Juli und August entwickelt wurde. Ratschläge für Umleitungen *(itinéraire bis)* und Hinweise auf Staus oder unfallverdächtige Straßen sollen den Ferienverkehr entzerren. Dennoch kommt es zu Beginn und Ende der Ferienmonate immer wieder zu endlosen Staus. Wer einmal von Bordeaux bis Paris nur Stop-and-go vorankam, wird zukünftig seine Urlaubsplanung ändern.

Die Nationalstraßen in Frankreich sind gut ausgebaut. Wer kennt nicht die typischen französischen Straßen, von Platanen gesäumt, oft meilenweit schnurgerade, ihr Auf und Ab ist weit voraus zu sehen. Eine französische Besonderheit sind die **dreispurigen Straßen,** die dem ungeübten Fahrer vielleicht gefährlich werden könnten, da auf der mittleren Spur von beiden Fahrtrichtungen aus überholt werden darf. Daher muss jederzeit mit entgegenkommenden Autos gerechnet werden. Vor allem vor Kurven und Anhöhen oder anderen unübersichtlichen Stellen darf man nicht davon ausgehen, dass ein entgegenkommender Franzose sich an der mangelnden Sicht stört – überholt wird immer. Höchstgeschwindigkeiten sind auf Autobahnen 130 km/h, auf Fahrstraßen mit zwei getrennten Fahrstreifen 110 km/h, auf Landstraßen 90 km/h und in Ortschaften 60 km/h.

*„Die Verrückten am Steuer"* – dieser Titel einer Reportage über das Fahrverhalten der Franzosen entspringt nicht, wie man vermuten könnte, der Feder eines ausländischen Journalisten, sondern eines einheimischen Schreibers. Frankreich erschrickt jedes Jahr über seine eigene **Unfallstatistik.** Alkohol und überhöhte Geschwindigkeit sind die häufigsten Unfallursachen. Der Höhepunkt war 1972 mit 16.617 Verkehrstoten erreicht. Muss man denn international immer ganz vorn liegen, fragt sich das ganze Land, wenn wieder die Zahlen veröffentlicht werden. Um die Zahl der Unfallopfer zu verringern, wurden in Frankreich schon rigorose Vorschläge gemacht: So dachte man darüber nach, in alle Autos einen Geschwindigkeitsregler einzubauen, der den Wagen bei 160 km/h drosselt, da immer wieder Fahrer mit über 200 km/h erwischt werden.

Als Autofahrer sind die Franzosen berüchtigt: Sie fahren mit einem Hang zum Anarchismus, unvorsichtig und aggressiv, scheren sich kaum um Geschwindigkeitsbeschränkungen und rote Ampeln. Sie erregen sich schnell, fast jähzornig über lahme Enten und lassen sich durch Alkohol nicht vom Fahren abhalten. Die Promillegrenze beträgt wie in Deutschland 0,5, doch sie wird wenig ernst genommen. Einmütigkeit herrscht darüber, dass man betrunken nicht fahren sollte, doch jeder Einzelne glaubt selbst bestimmen zu können, wann er betrunken ist. Der Rekord stammt aus Toulouse, wo 2004 ein Fahrer mit 6 Promille von einer Streife angehalten wurde – eigentlich hätte er im Koma liegen müssen oder tot sein.

Die Musterschüler Europas fahren übrigens in Großbritannien, wo Alkohol am Steuer gesellschaftlich geächtet ist. Dass auch in Frankreich langsam immer mehr Raser gewillt sind, sich an Verkehrsregeln zu halten, gleicht einer Kulturrevolution. Nach den Wahlen 2002 machten Präsident *Chirac* und Premier *Raffarin* ernst: Mit Aufklärung über TV-Kampagnen, Radarkontrollen, sozialem Druck und hohen Haft- und Geldstrafen sorgten sie für zivilisiertere Verhältnisse. Für junge Fahrer wurde der provisorische Führerschein eingeführt – die 16- bis 25-Jährigen stellen ein Viertel der Verkehrstoten. Der Erfolg: Im Jahr 2002 wurden in Frankreich 7600 Verkehrstote gezählt, mehr als 20 % weniger als im Jahr zuvor.

Wer nur nach **Paris** will, dem sei davon abgeraten, das private Auto zu benutzen, es ist hier einfach das falsche Verkehrsmittel. Immer wieder bricht der Verkehr zusammen: Zwischen 1,5 und 2 Millionen Autos fahren jeden Morgen nach Paris hinein und abends wieder heraus. Permanenter Stau gehört überall zu den Selbstverständlichkeiten des Pariser Alltags.

Wer daran Spaß hat und sich am wilden Hupkonzert wie am Macht-kampf um die Vorfahrt beteiligen will, dem sei dies Abenteuer gerne ge-gönnt; wer gerne riskant fährt, dem wird das schnelle Wechseln auf den fünf Spuren des *Boulevard Périphérique* großes Vergnügen bereiten. Ver-stopfte Straßen und blockierte Kreuzungen reduzieren die mögliche Fort-bewegungsgeschwindigkeit auf ein Minimum. Mit den Nahverkehrsmit-teln dagegen ist jeder Ort leicht zu erreichen. Zu den Rushhours hat aller-dings auch die *Métro* die Grenze ihrer Leistungskapazität erreicht. Kommt ein Streik hinzu, ist ganz Paris lahmgelegt.

An gelb markierten Bordsteinen ist das **Parken** grundsätzlich verboten, auch wenn nicht extra durch Parkverbotsschilder darauf hingewiesen wird. In manchen Straßen gilt eine Parkregelung, in der man an geraden Tagen auf der einen, an ungeraden auf der anderen Straßenseite parken darf. Strafen für falsches Parken können in Frankreich zu einem teuren Vergnü-gen werden, je nach Grad des Halteverbots steigen die Tarife rapide an und können schnell mehrere hundert Euro betragen. Der verwöhnte Deutsche, der überall riesige Parkflächen erwartet, muss sich in Frankreich umstellen.

Nachts auf französischen Straßen weiß man immer, dass man nicht in Deutschland ist: Die **gelben Scheinwerfer** der entgegenkommenden Au-tos wirken ebenso ungewohnt wie die merkwürdig diffuse, sehr dunkle und orange getönte **Straßenbeleuchtung.** In gut beleuchteten Ortschaf-ten darf zudem nachts mit **Standlicht** gefahren werden, was die Franzo-sen weidlich auszunutzen scheinen. Ausgerechnet hier scheint ihr Ehrgeiz geweckt, Energie zu sparen!

## Mit dem Boot

Frankreich bietet neben den oben genannten Reisemöglichkeiten den gro-ßen Anreiz einer zusätzlichen Fortbewegungsart: **Ferien auf dem Haus-boot** finden immer mehr Anklang. Das Angebot an zu vermietenden Schif-fen – mit Kapitän oder zum Selbststeuern – ist groß und Frankreich besitzt ein weitverzweigtes Wassernetz. Neben den großen Flüssen Loire, Seine, Rhône und Gironde sind viele Nebenflüsse und 1000 km Kanäle schiffbar.

Wer sich auf diese gemächliche und etwas altmodische Art fortbewe-gen will, der wird in Frankreich vieles entdecken, was ihm vom Auto aus verborgen bliebe. Eile ist ein Fremdwort bei dieser Reiseart im Schnecken-tempo. Die Geschwindigkeit beträgt etwa 7 km in der Stunde. Die Schiffe sind ohne Vorkenntnisse und ohne Bootsführerschein zu handhaben und auch der Umgang mit Schleusen ist schnell erlernt. Wer die Reiseroute nicht individuell planen will, für den gibt es auch **Kahnhotels,** ausgediente

Last- oder Schleppkähne, die zu komfortablen Unterkünften umgebaut wurden. Sie fahren entlang fester Routen, Verpflegung gibt es an Bord, Ausflüge werden organisiert. Meist hat man genügend Zeit, die Umgebung zu erkunden. Informationen sind beim Amtlichen Französischen Fremdenverkehrsbüro erhältlich.

## Grand lit – Übernachten in Frankreich

Der bekannteste Unterschied zwischen einer Übernachtung in Frankreich und einer in Deutschland ist das sogenannte **französische Bett**, das *grand lit*. Zweibettzimmer sind selten in französischen Hotels und teurer. Schon im Schlafzimmer beginnen die Kulturunterschiede: Die Kuhle in der Mitte, in der man nachts zusammenrollt, statt einzelner Betten oder Doppelbetten, die gemeinsame Bettdecke, Laken statt Bettwäsche, kein Federbett, sondern zum Teil sehr dünne Wolldecken, die Nackenrolle statt des Kopfkissens – wer hat nicht schon mal schlecht geschlafen in französischen Hotelbetten? Es bleibt unerfindlich, wie es den Franzosen gelingt, zwischen zwei glattgestrichenen Laken einzuschlafen und auch wieder aufzuwachen. Dem ungeübten Schläfer wickeln sich morgens Lakenstränge um den Körper, die Wolldecke ist irgendwo weit weg, der Nacken ist steif und der Rücken verspannt. Zum Glück war die Unsitte, Bettwäsche aus Nylon zu verwenden, in Frankreich nie so weit verbreitet wie in England.

Die staatlich geprüften **Hotels** sind mit Sternen klassifiziert. In einem blauen, achteckigen Schild mit einem weißen H sind die Sterne angegeben, von der einfachsten Kategorie mit einem Stern bis zur Luxuskategorie mit vier Sternen. Die Anzahl der Sterne lässt grundsätzlich und verbindlich Rückschlüsse auf Ausstattung und Preisniveau zu, jedoch nicht unbedingt auf Komfort und Service. So ist ein weiterer Stern häufig davon abhängig, ob ein Telefon in den Zimmern installiert ist, sagt jedoch nichts über die vielleicht fantastische regionale Küche, die im Hotel serviert wird.

International gleichen Standard bieten die großen Hotelketten. Wer hier übernachtet, geht kein Risiko ein. Französischer und individueller wird es in den privaten Hotels. Gerade in der Provinz kann man ausgezeichnet in kleineren Pensionen oder Familienhotels wohnen. Die Franzosen selbst sind oft mit bescheidener Ausstattung zufrieden, altertümliche sanitäre Einrichtungen, schadhafte Tapete oder abgestoßene Möbel gelten nicht als Beschwerdegründe. Kompensiert wird das durch freundlichen Empfang und zum Teil hervorragende Küche.

Die Hotels sind mit Badezimmern ausgestattet, deren Installationen oft noch sehr altertümlich sind, deswegen aber nicht weniger funktionstüchtig als neuere. Ansonsten unterscheiden sich französische Bäder nur durch die Existenz eines *Bidets* von den unseren. In vielen französischen WCs geht übrigens das Licht erst an, wenn man die Tür verriegelt – den Schalter sucht man vergeblich.

Wen kleine Unannehmlichkeiten wie eine kaputte Glühbirne oder eine quietschende Zimmertür ärgern, sollte darauf verzichten, in kleinen Landgasthäusern zu nächtigen und sich lieber gleich für ein besterntes Hotel entscheiden.

In allen Hotels müssen die Preise an der Rezeption und im Zimmer aushängen. Zu allen obengenannten Kategorien sind Broschüren beim Französischen Fremdenverkehrsbüro erhältlich.

*Hôtel* bedeutet nicht nur Hotel, sondern ist auch die Bezeichnung für die ehemaligen Stadthäuser des Adels und manche öffentliche Gebäude: *Hôtel de ville* ist das Rathaus, *Hôtel-Dieu* das älteste Pariser Krankenhaus, das *Hôtel Drouot* ein renommiertes Pariser Auktionshaus.

## Unterkunft auf Französisch

- **Logis de France:** Zusammenschluss kleiner Familienhotels. Das beim Fremdenverkehrsbüro erhältliche Verzeichnis erweist sich vor allem außerhalb der Hauptreisesaison als nützlich, da diese Hotels fast alle auch im Winter bzw. in der Vorsaison geöffnet sind. Diese Hotels geben sich Mühe, den Komforterwartungen von Touristen zu entsprechen. Sie bieten häufig auch Mahlzeiten mit regionaler Küche an.
- **Auberge:** etwas bescheidener und kleiner, preiswerte Gasthöfe
- **Chalet:** einfache Holzhütten auf Campingplätzen
- **Chateaux-hôtel:** zu luxuriösen Hotels umgebaute Schlösser
- **Routier:** Übernachtungsmöglichkeit für Fernfahrer
- **Colonie de vacances:** Ferienlager für Kinder bis 14 Jahre, mit Betreuung (auch *village de vacances*)
- **Auberge de Jeunesse:** Jugendherberge
- **Gîte:** Wanderhütte, oft mit Schlafsälen
- **Gîtes ruraux:** Ferienhäuser auf dem Land. Das Angebot reicht, je nach Preislage, von bescheidenen Bungalows bis zu großzügigen alten Häusern. Diese Ferienhäuser sind besonders für den Urlaub in der Familie oder in der Gruppe geeignet. Eine Küche bietet die Möglichkeit zur Selbstverpflegung.
- **Camping municipal:** kommunaler Campingplatz
- **Camping à la ferme:** Camping auf einem Bauernhof
- **Ferme Auberge:** Übernachten auf dem Bauernhof
- **Chambre d'hôte:** die französische Variante von „bed and breakfast". Privatleute vermieten Gästezimmer und servieren ein Frühstück. Hier kommt man schnell mit den Gastgebern ins Gespräch. Wenn die Französischkenntnisse nicht ausreichen, auch mal mit Zeichensprache.
- **Pensions de famille:** bescheidene Unterkünfte bei Privatleuten, ähnlich wie die *Chambres d'hôte*

# ANHANG

# Die wichtigsten Abkürzungen

In Frankreich grassiert die Abkürzungsmanie: Hinweisschilder in der Stadt sind für den Ausländer oft nicht zu deuten, Kürzel in den Zeitungen bleiben unverständlich. Selbst in Gesprächen hört man Abkürzungen in jedem zweiten Satz. Kürzen Franzosen häufiger ab? Mag sein, dass die rätselhaften Buchstabenkombinationen mehr auffallen, weil sie dem Kulturfremden unentzifferbar bleiben.

In Unterhaltungen kann man ja nachfragen, was es nun heißt, jemand habe sein *DEUG* gemacht (ein Abschluss an der Uni nach zwei Studienjahren, nicht ganz unserer Zwischenprüfung vergleichbar, häufig kommt danach schon der Einstieg in den Beruf) oder sein *BAC* (Kurzform für *Baccalauréat* = Abitur). Eine Auswahl der häufigsten schriftlichen Abkürzungen:

| | | |
|---|---|---|
| ● AC | Appellation Contrôlée | Qualitätssiegel für Wein |
| ● AFP | Agence France Press | frz. Nachrichtenagentur |
| ● ANPE | Agence Nationale pour l'emploi | Arbeitsamt |
| ● arr | Arrondissement | Stadtteil |
| ● av | Avenue | Straße |
| ● BCBG | Bon Chic Bon Genre | (In Kleinanzeigen): gepflegte Erscheinung |
| ● BD | Bande Dessinée | Comics |
| ● bd | Boulevard | Boulevard |
| ● CEE | Communauté Européenne | EG |
| ● DOMTOM | Départements Outre-Mer | Übersee-Departements Territoires Outre-Mer |
| ● FF | Francs | französische Francs |
| ● FN | Front National | Rechtspartei von *Le Pen* |
| ● HLM | Habitation à Loyer Moderé | Sozialwohnungen |
| ● IVG | Interruption Volontaire de Grossesse | Schwangerschaftsabbruch |
| ● MLF | Mouvement Liberation Femmes | Frauenbewegung |
| ● OTAN | Nato | |
| ● PAF | Paysage audiovisuel français | Gesamtheit der frz. Medien |
| ● PAF | Police de l'Air et des Frontières | Luft- und Grenzpolizei |
| ● PC | Parti Communiste | Kommunistische Partei |
| ● PDG | Président Directeur Général | Generaldirektor, Vorstand |
| ● PR | Parti Républicain | Republikanische Partei |
| ● PS | Parti Socialiste | Sozialistische Partei |

| | | |
|---|---|---|
| • PTT | Poste Télégraphe Télécommunication | Post |
| • PV | Procès Verbal | Strafzettel |
| • RATP | Régie Autonome des Transports Parisiens | Metro |
| • RER | Réseau Express Regional | S-Bahn, Nahverkehr |
| • RFA | République Fédérale d'Allemagne | Bundesrepublik Deutschland |
| • RPR | Rassemblement pour la République | konservative Partei |
| • SIDA | Syndrome Immunodéficitaire Acquis | AIDS |
| • SMIC | Salaire Minimum Interprofessionel de Croissance | Mindestlohn |
| • SNCF | Société Nationale des Chemins de Fer Francais | Eisenbahn |
| • SOFRES | Société Francais d'Enquête par Sondage | Meinungsumfrage-institut |
| • SVP | S'il vous plaît | Bitte! |
| • TGV | Train à grande vitesse | Hochgeschwindig-keitszug |
| • TVA | Taxe à la Valeur ajoutée | Mehrwertsteuer |
| • ZUP | Zone à urbaniser en priorité | Sanierungsgebiet |

Bei allen anderen Abkürzungen, die sich umgangssprachlich einschleifen, handelt es sich um relativ leicht zu entschlüsselnde Kurzformen von langen Wörtern, ähnlich wie bei Foto und Fotografie. Die gym(nastique), der prof(esseur) oder die pub(licité) (= die Werbung) sind ja nicht schwer zu identifizieren. Am weitesten verbreitet sind daneben noch télé, ciné, manif, métro, frigo, resto U, météo, also Fernsehen, Kino, Demo, U-Bahn, Kühlschrank, Mensa, Wettervorhersage sowie weitere, die hier nicht alle aufgezählt werden sollen.

# Literaturtipps

## Reiseführer

Abgesehen von der unüberschaubaren Menge von Reiseführern zu einzelnen Regionen und Städten Frankreichs, gibt es einige wenige empfehlenswerte Bücher über ganz Frankreich, die trotz der Seitenknappheit informativ sind:

- **National Geographic Traveler Frankreich,** MairDuMont, Stuttgart
- **Vis-à-vis Frankreich,** Dorling Kindersley, London
- Im REISE KNOW-HOW Verlag erschienen Titel zu Regionen wie **Bretagne, Provence, Auvergne, St. Tropez, Côte d'Azur, Elsass, Korsika, Normandie** und **Atlantikküste.** Das komplette Verlagsprogramm findet man unter www.reise-know-how.de.

## Sprachführer

- Gabriele Kalmbach, **Französisch – Wort für Wort,** REISE KNOW-HOW Verlag, Bielefeld
- Hermann Kayser, **Französisch Slang,** REISE KNOW-HOW Verlag, Bielefeld,
- Gabriele Kalmbach, **Französisch kulinarisch,** REISE KNOW-HOW Verlag, Bielefeld

## Lexika und Nachschlagewerke

- Günther Haensch/Hans J. Fümmers, **Frankreich,** Beck, München
- **Der Frankreich-Brockhaus,** Frankreich von A–Z, Brockhaus, Wiesbaden 1982
- Alfred Pletsch, **Frankreich,** Wissenschaftliche Buchgesellschaft, Darmstadt
- Ernst Ulrich Große/Heinz-Helmut Lüger, **Frankreich verstehen.** Eine Einführung mit Vergleichen zur Bundesrepublik, Wissenschaftliche Buchgesellschaft, Darmstadt

## Reiseberichte

- Marc Walter (u.a.), **Legendäre Reisen in Frankreich,** Frederking & Thaler, München
- Kurt Tucholsky, **Ein Pyrenäenbuch,** ursprünglich 1927 erschienen, Rowohlt, Reinbek
- Heinrich Heine, **Französische Zustände,** in: Heinrich Heine, Sämtliche Schriften, Bd. 3, (Hg.) Klaus Briegleb, Hanser, München

- Wolfgang Koeppen, **Reisen nach Frankreich,** Suhrkamp, Frankfurt
- Laurence Sterne, **Yoricks empfindsame Reise durch Frankreich und Italien,** ursprünglich 1768 (jetzt unter anderem Ausgaben bei Insel, Eichborn)
- Henry James, **A little tour in France,** ursprünglich 1885 (Eine kleine Frankreichtour, vergriffen)
- Maria Antonietta Macciocchi, **Der französische Maulwurf.** Eine politische Reise, Berlin 1979 (Rotbuch), (frz.: De la France, Paris 1977)
- Martin Thomas (u. a.), **Die schönsten Routen in Frankreich,** Bruckmann, München
- Henry Miller, **Frankreich,** Schöffling, Frankfurt/Main

## Karten

- **Michelin** und das Institut Géographique National **(IGN)** sind die beiden großen französischen Kartografie-Verlage. Von der Wanderkarte bis zum Atlas haben beide ein umfangreiches Kartensortiment.
- **Frankreich,** 1 : 1.000.000, REISE KNOW-HOW Verlag, Bielefeld, world mapping project
- **RV-Reiseatlas Frankreich,** 1 : 300.000, RV Verlag, Ostfildern

## Politik und Geschichte

- Claus Leggewie, **Der König ist nackt.** Ein Versuch, die Ära Mitterrand zu verstehen, VSA, Hamburg
- Lothar Baier, **Firma Frankreich. Eine Betriebsbesichtigung,** Berlin 1988 (Wagenbach)
- Lothar Baier, **Französische Zustände.** Berichte und Essays, Fischer, Frankfurt/Main
- Ernst Hinrichs, **Kleine Geschichte Frankreichs,** Reclam, Ditzingen
- Axel Kuhn, **Die Französische Revolution,** Reclam, Ditzingen
- Klaus Harpprecht, **Mein Frankreich,** Rowohlt, Reinbek
- Jean Favier, Jean Tulard, **Geschichte Frankreichs,** 6 Bände, DVA, München
- Friedrich Sieburg, **Gott in Frankreich?,** Ullstein, Berlin

## Sonstiges

- Roland Barthes, **Mythen des Alltags,** Suhrkamp, Frankfurt/Main
- Ernst Robert Curtius, **Die französische Kultur.** Eine Einführung, Berlin und Leipzig 1930

- André Domine, **Französische Spezialitäten,** Könemann bei Tandem, Culinaria
- Theodore Zeldin, **Die Kunst, zu sich selbst aufzublicken.** Französische Innenansichten, Rowohlt, Reinbek
- Jacques Leenhardt/Robert Picht (Hg), **Esprit – Geist. 100 Schlüsselbegriffe für Deutsche und Franzosen,** Piper, München
- Jean-Yves Dournon, **Dictionnaire des proverbes et dictions de France,** Paris
- Alfred Grosser, **Wie anders ist Frankreich?,** Beck, München
- Susi Piroué, **Frankreich,** Gräfe & Unzer, München, Küchen der Welt
- Marc Peschke, **Baustile Frankreich,** Gräfe & Unzer, München
- **Hachette Weinführer Frankreich,** Gräfe & Unzer, München

# Informatives aus dem Internet

- **www.franceguide.com** – Das französische Tourismusamt mit Informationen rund ums Thema „Urlaub in Frankreich". Für alle Fragen betreffs Adressen von Unterkünften, Hotels, Regionen, Orten, Bootsvermietungen oder Sportkursen kann man Prospekte und Preislisten auch schriftlich oder telefonisch bestellen: Maison de la France, Westendstr. 47, 60325 Frankfurt/Main, Tel. 0190/57 00 25 (gebührenpflichtig), www.franceguide.com
- **www.viamichelin.com** – Reiseplanung im Internet. Der Reifenhersteller Michelin bietet einen Routenplaner und gibt den Guide Rouge heraus, den renommierten Restaurant- und Hotelführer, der jährlich aktualisiert wird
- **www.kultur-frankreich.de** – Informationen über französische Kultur in Deutschland, z. B. Kinostarts französischer Filme, Lesungen französischer Schriftsteller etc., mit den Schwerpunkten Bildende Kunst, Kino, Literatur, Musik, Theater und Tanz, mit Kulturkalender
- **www.culture.fr** – Kultur in Frankreich
- **www.frankreich-info.de** – Frankreich-Magazin mit Reiseteil und Unterkünften, aktuellen Informationen, Tipps fürs Auslandsstudium
- **www.frankreich-forum.de** – Nachrichtenmagazin und Informationsportal mit den Rubriken Staat, Politik, Wirtschaft, Geschichte, Kultur, Ausbildung
- **www.tourisme.fr** – Zusammenschluss der lokalen Tourismusämter in Frankreich
- **www.frankreich-business.de** – Informationen zum Wirtschaftsland Frankreich und für Geschäftsreisen

- **www.diplomatie.gouv.fr/label_france/index.de.html** – Das französische Außenministerium informiert über Frankreich
- **www.deutschland-und-frankreich.de** – Portal zur deutsch-französischen Partnerschaft
- **www.dfjw.org** – Deutsch-Französisches Jugendwerk
- **www.frankreich-links.de** – Weiterführende Links zu Regionen und Städten
- **www.meteo.fr** – Das Wetter in Frankreich
- **www.yahoo.fr** und **www.google.fr** – Sehr spezifische Informationen findet man besser unter den französischen Versionen der Suchmaschinen
- **www.insee.fr** – Das INSEE ist das Pendant zum Statistischen Bundesamt: alle wichtigen Kennziffern für Frankreich, von Bevölkerungszahlen bis zu Konjunkturdaten
- **www.logis-de-france.fr** – Charmante Hotels, oft mit regionaltypischer Küche
- **www.clevacances.com, www.gites-de-france.fr** und
  **www.resinfrance.fr** – Ferienwohnungen und Ferienhäuser in ganz Frankreich
- **www.campingfrance.com** – Campingplätze in Frankreich
- **www.fuaj.org** – Französischer Jugendherbergsverband
- **www.ign.fr** – Das Institut Géographique National gibt Karten heraus, Straßenkarten, Wanderkarten, Regionalkarten
- **www.parcs-naturels-regionaux.tm.fr** und **www.parcsnationaux.fr** – Nationalparks und Regionalparks in Frankreich
- **www.autoroutes.fr** – Autobahnen (und Mautgebühren) in Frankreich
- **www.sncf.fr** – Die französische Eisenbahn
- **www.ecoute.de** – Aktuelle Beiträge aus dem Sprachmagazin
- **www.lemonde.fr, www.liberation.fr, www.lefigaro.fr,**
  **www.lexpress.fr, www.nouvelobs.com** – Tageszeitungen und Magazine im Internet
- **www.radiofrance.fr** – Die öffentlich-rechtlichen Radiosender France Inter, France Culture, France Info und France Musique
- **www.elysee.fr, www.premier-ministre.gouv.fr** und
  **www.assemblee-nationale.fr** – Der Staatspräsident, der Premierminister und die Nationalversammlung im Internet
- **www.afp.com** – Die Agence France Presse ist eine der größten Presseagenturen der Welt

# Die Reiseführer von REISE

**Reisehandbücher**
**Urlaubshandbücher**
**Reisesachbücher**
**Wohnmobil-Tourguides**
**Edition RKH, Praxis**

# KNOW-HOW auf einen Blick

**REISE KNOW-HOW**

---

**Wo man unsere Reiseliteratur bekommt:**
**Jede Buchhandlung** Deutschlands, der Schweiz, Österreichs und der
Benelux-Staaten kann unsere Bücher beziehen. Wer sie dort nicht findet,
kann alle Bücher über unsere **Internet-Shops** bestellen.
Auf den Homepages gibt es **Informationen** zu allen Titeln:

## www.reise-know-how.de oder www.reisebuch.de

# Register

# Frankreich

NIEDERLANDE

DEUTSCHLAND

BELGIEN

GROSSBRITANNIEN

Ä R M E L K A N A L

Straße von Dover

Calais
LILLE
NORD-PAS-DE-CALAIS
Arras
PICARDIE
AMIENS
Beauvais
Laon
Charleville-Mézières
CHÂLONS-SUR-MARNE
CHAMPAGNE-ARDENNE
Troyes
Chaumont
METZ
Nancy
Bar-le-Duc
LORRAINE
Épinal
STRASBOURG
ALSACE (Elsäss)
Colmar
Belfort
Vesoul
FRANCHE-COMTÉ
BESANÇON
DIJON
BOURGOGNE (Burgund)
Auxerre
Nevers
Bourges
CENTRE
Blois
ORLÉANS
Melun
Évry
PARIS
ÎLE-DE-FRANCE
Versailles
Pontoise
Chartres
Évreux
ROUEN
HAUTE-NORMANDIE
Le Havre
CAEN
BASSE-NORMANDIE
Alençon
St-Lô
Cherbourg
Laval
Le Mans
Angers
PAYS DE LA LOIRE
Tours
NANTES
RENNES
BRETAGNE
St-Brieuc
Vannes
Quimper
Brest

202

ITALIEN

CORSE
(Korsika)
Bastia
AJACCIO

PROVENCE-
ALPES-
CÔTE D'AZUR
Nice
Cannes
Toulon
MARSEILLE

MITTELMEER

Annecy
Chambéry
Bourg-en-
Bresse
Grenoble
Gap
Digne
RHÔNE-ALPES

Mâcon
LYON
Valence
Privas
St-Étienne
Avignon
Nîmes

AUVERGNE
Le Puy-
en-Velay
Mende
MONTPELLIER
LANGUEDOC-
ROUSSILLON
Narbonne
Perpignan

CLERMONT-
FERRAND

Guéret
LIMOGES
Aurillac
Rodez
Albi
Carcassonne

Tulle
Cahors
MIDI-
PYRÉNÉES
TOULOUSE
Foix

LIMOUSIN
Périgueux
Montauban
Agen
Auch

Niort
POITOU-
CHARENTES
Angoulême
AQUITAINE
(Aquitanien)
Tarbes

La Rochelle
BORDEAUX
Mt-de-
Marsan
Pau
Bayonne

ATLANTISCHER
OZEAN

Golfe de Gascogne

SPANIEN

300 km

0

## Die Autorin

Gabriele Kalmbach hat Germanistik und Romanistik in Marburg, Tours und Bielefeld studiert und in Köln promoviert. Neben Tätigkeiten als wissenschaftliche Mitarbeiterin an der Universität und als Lektorin in einem Reiseverlag hat sie als Autorin mehrere Reiseführer zu französischen Regionen (Ardèche, Auvergne) und Städten (Paris) veröffentlicht. Außerdem verfasste sie die (vergriffene) Anthologie zum Thema „Paris unter der deutschen Besatzung". Im REISE KNOW-HOW Verlag sind von ihr der CityGuide Paris und die Kauderwelsch-Bände „Französisch – Wort für Wort" und „Französisch kulinarisch" erschienen.